Florian Schumacher
Bourdieus Kunstsoziologie

Florian Schumacher

Bourdieus Kunstsoziologie

UVK Verlagsgesellschaft mbH

Bibliografische Information der Deutschen Nationalbibliothek
Die Deutsche Nationalbibliothek verzeichnet diese Publikation in der Deutschen Nationalbibliografie; detaillierte bibliografische Daten sind im Internet über http://dnb.d-nb.de abrufbar.

ISBN 978-3-86764-221-7 (Print)
ISBN 978-3-86496-779-5 (EPUB)
ISBN 978-3-86496-780-1 (EPDF)

Einbandgestaltung: Susanne Fuellhaas, Konstanz
Printed in Germany

UVK Verlagsgesellschaft mbH
Schützenstr. 24 · D-78462 Konstanz
Tel. 07531-9053-0 · Fax 07531-9053-98
www.uvk.de

Inhalt

Vorwort: Bourdieu und die Liebe zur Kunst

Die Rezeption von Pierre Bourdieu ist durch ein Paradox gekennzeichnet. Die Arbeiten des Soziologen, Ethnologen und Philosophen, dem zu Lebzeiten vor allem in der angelsächsischen Welt nicht selten sein gallischer intellektueller Stil und seine Beschränkung auf französische Daten sowie bisweilen sogar „Parochialität" vorgehalten wurden, haben im letzten Jahrzehnt eine beispiellose globale Verbreitung gefunden. Sie werden mittlerweile international ungleich häufiger rezipiert als Schriften von Autoren, die Zeichen ihres kulturellen Herkunftsfeldes weniger deutlich erkennen lassen. In den Sozialwissenschaften wird Bourdieus internationale Resonanz heute lediglich noch durch die Aufmerksamkeit übertroffen, die dem Werk von Max Weber zuteil wird. Unter den Beiträgen von Philosophen des 20. Jahrhunderts finden nur Texte von Michel Foucault eine stärkere Beachtung im akademischen und intellektuellen Feld.

Aus der im vergangenen Jahr publizierten Studie von Gisèle Sapiro und Mauricio Bustamante geht hervor, dass bis zum Jahre 2008 die Zahl der außerhalb Frankreichs verfügbaren Buchtitel von Pierre Bourdieu auf 347 angestiegen war, wobei Monographien und in Buchform publizierte Sammlungen von Aufsätzen berücksichtigt wurden. Ungeachtet dessen, dass sich Englisch als lingua franca der Wissenschaftskommunikation durchgesetzt hat, lagen diese Bücher in nicht weniger als 34 Sprachen vor und waren in 42 Ländern erschienen (vgl. Bustamante/Sapiro 2009). Am häufigsten erfolgten Übertragungen in deutsch- und englischsprachige Kontexte. Ein für die Soziologie der Kunst zentrales Werk wie „La Distinction" wurde im internationalen Vergleich für deutschsprachige Leser besonders früh zugänglich gemacht, nämlich bereits drei Jahre nach dem Erscheinen dieses Jahrhundertwerks in Paris. „L'amour de l'art" hingegen erschien mit besonders großer Verzögerung in Deutschland, nämlich erst rund 40 Jahre nach der ersten, gemeinsam mit Alain Darbel und Dominique Schnapper, der Tochter Raymond Arons, in Paris publizierten Auflage. Immerhin war ein Teilprodukt dieser Forschungsarbeit bereits 1970 in dem Aufsatzband „Soziologie der symbolischen Formen" erschienen, der ersten deutschen Buchveröffentlichung von Bourdieu.

Den Intentionen von Karl Markus Michel zufolge, des für die frühe Bourdieu-Rezeption im deutschsprachigen Raum maßgeblichen Verlegers, sollte dieser Band den zu dieser Zeit modischen französischen „Strukturalismus“ vorstellen und im intellektuellen Feld verankern (vgl. Gemperle 2009: 6). In einem Interview aus den Anfängen der 1980er Jahre, in dem auch die Rezeption seiner Theorie im deutschsprachigen Raum angesprochen wurde, verwies Bourdieu auf die frühen Übersetzungen dieser dem Habitus- und Feldbegriff sowie der Kunst gewidmeten Arbeiten wie auf sein Netzwerk im deutschsprachigen Raum, das bereits zu dieser Zeit relativ stark war.[1]

Bourdieu hat in seinem Essay über „Die internationale Zirkulation von Ideen“ (Bourdieu 2009b), der auch die Bildung des von Franz Schultheis koordinierten Bourdieu-Netzwerks Pour un Espace des Sciences Sociales Européen (ESSE)[2] anregte, selbst auf die Feldabhängigkeit der Rezeption von wissenschaftlichen Texten und kulturellen Gütern hingewiesen, für die mit den Übertragungen von einem in ein anderes nationales Feld verbundenen Interessen, die damit einhergehenden spezifischen Selektionen, Dekontextualisierungen und Verzerrungen. Der Bourdieu etwa der spanischen oder der japanischen Welt ist mit dem des deutschsprachigen Feldes kaum vergleichbar. Alle diese Variationen des Werks ein und desselben „Autors“ unterscheiden sich wiederum erheblich vom frankophonen Bourdieu, der ein ungemein breites, in verschiedenen wissenschaftlichen Disziplinen und intellektuellen Diskursen verankertes Oeuvre hinterlassen hat. Durchgängig wurden etwa die visuellen Elemente seiner Schriften in den Übersetzungen stark abgeschwächt, insbesondere in Form der Eliminierung, des Austausches und der Bearbeitung von Bildern, ein Indiz für die Distanz der Sozialwissenschaften und der für dieses Wissenschaftssegment maßgeblichen Verlage gegenüber der visuellen Repräsentation. „Actes de la Recherche en Sciences Sociales“, das von Bourdieu Mitte der 1970er Jahre auf den Publikationsmarkt gebrachte Journal, in dem viele seiner Arbeiten zunächst erschienen, war eine ausgesprochen reichhaltig mit photographischen Reproduktionen und Diagrammen versehene Zeitschrift, eine Neuerung auf dem Gebiet der Verbindung von Text, Bild und Zahl. Dies gilt auch für die in

[1] Vgl. Pierre Bourdieu, Gespräch mit Maria Iser. In: Iser 1983, Anhang I.

[2] Vgl. die Website von ESSE http://www.espacesse.org/index.php?lang=en (15.08.2010).

diesem Journal erschienenen Texte von Bourdieu. In den Übersetzungen dieser Schriften finden sich davon kaum noch Spuren, die Übertragungen ins Deutsche bilden in dieser Hinsicht keine Ausnahme (vgl. Wuggenig 2008).

Aber auch die Bezüge auf die Bildende Kunst – der hauptsächliche Bezugspunkt für die als Rekonstruktion von Bourdieus genetischem Strukturalismus angelegte Studie von Florian Schumacher – sind in den Übersetzungen seiner Werke ungleich seltener anzutreffen als im französischen Korpus. Gemeinsam mit dem Frühwerk, insbesondere den in Algerien durchgeführten Studien, zählt dieser Teil seiner Schriften zu den außerhalb des frankophonen Raumes am relativ schwächsten zugänglich gemachten Teilen seines Oeuvres, was auch für die insgesamt durchaus zahlreichen Übersetzungen seiner Texte ins Deutsche gilt. Eine Reihe der für Bourdieus Analysen der Bildenden Kunst besonders interessanten Essays, auf produktionsästhetischer Ebene etwa die über die symbolische Revolution des Impressionismus, oder über den von Bourdieu in diesen Schriften als „kapitalistischen Revolutionär" bezeichneten Edouard Manet (vgl. Bourdieu 1987d), dem er eine ganze Vorlesung im Collège de France widmete, auf rezeptionsästhetischer Ebene etwa über den auf die Kunst bezogenen „ästhetischen Populismus", mit dem er sich in seinem Spätwerk befasste, harren noch einer Übersetzung.

Wendet man sich diesem Teil seines Werkes zu, dann wird man überrascht sein, wie eingehend sich Bourdieu mit bestimmten Aspekten der Kunstgeschichte beschäftigte, wie gut vertraut er mit den Werken eines guten Teils der führenden Köpfe dieser Disziplin war. Da er kein Studium dieses Faches durchlaufen hatte und ihm auch über sein Elternhaus kein Zugang zu dieser Disziplin eröffnet wurde, bleibt als Erklärung für sein alles andere als naives Verhältnis zu dieser Disziplin seine Ausbildung an der Ecole normale supérieure im Zusammenspiel mit seiner privaten Verbindung mit der Kunsthistorikerin Marie Claire Brizard, die er 1962 geheiratet hatte. In späteren Jahren kam die Zusammenarbeit mit der Pariser Kunsthistorikerin und -kritikerin Inés Champey, seiner Brücke in die Kunstwelt, auf einer Arbeitsebene hinzu.

Bourdieu nutzte und eignete sich auf seine Weise vor allem die Arbeiten von Kunsthistorikern an, die sich mit der Renaissance, mit dem 18., dem 19. und dem 20. Jahrhundert beschäftigten. Zu nennen sind insbesondere Erwin Panofsky, Michael Baxandall, Arnold Hauser, Carlo Ginzburg, J. C. Sloane, Albert Boime, Francis Haskell, Nicholas Pevsner, Dario Gambioni, Michael Fried, Rosalind Krauss, Timothy J. Clark und Jacques Tuilliers. Einigen von ihnen, wie vor allem Panofsky und Baxandall, die er selbst ins Französische übersetzte beziehungsweise für deren Übersetzung er sorgte, brachte er eine hohe Wertschätzung entgegen. Es ist bekannt, dass er sich von Panofsky sowohl für die Ausarbeitung des Habitusbegriffes anregen ließ als auch für die Entwicklung seiner soziologischen Theorie der Kunstwahrnehmung. Weniger bewusst ist, dass Baxandalls Studie über das Quattrocento, die Bourdieu 1981 auszugsweise in „Actes de la Recherche en Sciences Sociales“ veröffentlichte, ihn zur Relativierung der ursprünglich vertretenen intellektualistischen Theorie der Kunstwahrnehmung und zu einer praxistheoretischen Reformulierung seiner Rezeptionstheorie führte (vgl. Bourdieu/Delsaut 1981). Gegenüber anderen Kunsthistorikern nahm er hingegen eine sehr kritische Haltung ein. Dies gilt für den im intellektuellen Subfeld der Kunstgeschichte respektierten T. J. Clark genauso wie für den konservativen Kunsthistoriker Jacques Tuilliers. Diesem kurze Zeit vor ihm an das Collège de France berufenen Gelehrten, der in dieser Institution die Kunstgeschichte vertrat und für die französische Museumspolitik der 1960 bis 1980er Jahre überaus einflussreich war, warf Bourdieu den Versuch der Rehabilitierung der mit Namen wie Thomas Couture, Alexandre Cabanel, Jean-Léon Gérôme, Jean Louis Ernest Meissonier oder William Adolphe Bouguereau verbundenen art pompier vor, aus Bourdieus Sicht Repräsentanten einer heteronomen Staatskunst. Gegen das Kunstverständnis und die Kunstmarktdominanz dieser Ausgeburten des homo academicus im 19. Jahrhundert richtete sich die impressionistische Bewegung, die Bourdieu zufolge nicht nur eine symbolische Revolution herbeiführte, sondern auch die relative Autonomie des Kunstfeldes gegenüber dem Machtfeld durchsetzte und entscheidend dazu beitrug, den Künstler im modernen Sinne zu schaffen.

Wenn Bourdieu, woran Florian Schumacher zu Recht erinnert, in den 1980er Jahren schrieb, dass sich „Kunst und Soziologie nicht vertragen“, dann ist der in dieser Form angesprochene Antagonismus durchaus nicht nur auf die individualisierenden und hagiographischen Neigungen einer Disziplin wie der Kunstgeschichte zurückzuführen oder auf die charismatischen Strukturen des künstlerischen Feldes, sondern auch auf Denkstile, die sich in der Soziologie verbreitet haben. Zunächst betonte Bourdieu in diesem Zusammenhang vor allem die Neigung zur Negierung der künstlerischen Singularität, die zu berücksichtigen ein feldtheoretischer Zugang ohne weiteres erlaubt. In seinem Spätwerk, das noch einer Übersetzung harrt – ich denke vor allem an die schriftliche Fassung seines bemerkenswerten Auftritts an der Kunsthochschule im südfranzösischen Nimes aus dem Jahr 2000 oder an seinen Beitrag für den Katalog von Daniel Burens großer Ausstellung im Pariser Centre Beaubourg im Jahre 2002 (vgl. Bourdieu 2001c; 2002) – problematisierte Bourdieu anders als in seinem Frühwerk, in dem, wie in „L'amour de l'art" die Kritik der begrenzten Zugänglichkeit der Kunst im Vordergrund stand, den gegen die zeitgenössische Avantgardekunst gerichteten „ästhetischen Populismus". Dieser findet sich in der Soziologie selbst, in Teilen des kulturellen Feldes und bei den „konservativen Revolutionären", die sich Bourdieu zufolge den Umstand zu Nutze machen, dass die kulturelle Armut im Gegensatz zur ökonomischen den Betroffenen selbst nicht bewusst ist. Die nicht vorhandene Fähigkeit, Unterscheidungen zu treffen und das Fehlen von Wahrnehmungskategorien führen zu einer ungleich profunderen Indifferenz als zu derjenigen der blasierten Ästheten. Bourdieus Vorbehalte gegenüber dem Theoretizismus und bestimmten Spielarten des Intellektualismus sowie der scholastischen Disposition sind bekannt. Kaum weniger ausgeprägt waren jedoch seine Aversionen gegenüber dieser Spielart des Anti-Intellektualismus, die er als Ausdruck eines „inversen Klassenrassismus" interpretierte. Eine Verherrlichung der „vox populi" in dieser Form ist heute nicht nur im „sociology of the arts"-Subfeld der internationalen Soziologie verbreitet oder in einem Paradigma wie dem der Cultural Studies. Man findet sie auch in der frankophonen Soziologie und Ökonomie der Kunst, die auf einige namhafte Vertreterinnen und Vertreter wie etwa Raymonde Moulin, Eve Chiapello, Nathalie Heinich, Alain Quemin, Jean-Claude Passeron oder Pierre Michel Menger verweisen kann.

Im Gegensatz zu den kaum verhüllten kunstbezogenen Präferenzen von Bourdieu, der sich bis zum Ende seines Lebens hin offen für jene avancierte relativ autonome künstlerische Produktion zeigte, für die er an seinem von teleologischen Konnotationen befreiten Begriff der „Avantgarde-Kunst" auch in jener Zeit festhielt, als dieses Label im

Kunstfeld angesichts seiner Problematisierung durch Postmodernismus und Poststrukturalismus längst außer Mode geraten war, herrschen in den kunstsoziologischen Zirkeln des frankophonen Feldes andere Präferenzen vor. Einerseits wird abgesicherte historische Kunst bevorzugt, andererseits marktnahe heteronome Kunst. Nicht selten findet man den Hang zum ästhetischen Populismus, als dessen herausragender soziologischer Vertreter Howard S. Becker angesehen werden kann, der Theoretiker der „Art World", der auch in Frankreich über eine gewisse Popularität verfügt. In seinem Spätwerk verankerte er ungeachtet der friedliebenden Momente seiner interaktionistischen Soziologie, die auch die künstlerische Produktion im Sinne eines „doing things together" interpretiert, eine scharfe Abgrenzung gegenüber dem sukzessive zu einem theoretischen Hauptrivalen aufgestiegenen Paradigma der Feldtheorie (vgl. Becker 2008). Die kämpferische Haltung, mit der Bourdieus Theorie nicht selten von Autoren entgegengetreten wird, welche Kooperation und Konsens in der sozialen Realität und in den Kunstwelten betonen und die eine konflikttheoretische Perspektive, wie Bourdieu sie vertritt, als unrealistisch beziehungsweise als übertrieben agonistisch empfinden, kann als eine Art performativer Widerspruch der Argumentation und als ein weiteres bemerkenswertes Paradox in der Rezeption seines Paradigmas angesehen werden.

Bereits zu der Zeit als Bourdieus Äußerung über die Unverträglichkeit von Kunst und Soziologie fiel, gab es durchaus Gegenevidenz, die sich nicht ohne weiteres als Ausnahme von der Regel interpretieren lässt. So ist zunächst daran zu erinnern, dass sich eine bedeutende Künstlerin wie Martha Rosler (1984) in ihrem in jungen Jahren unternommenen Versuch, die Funktionsmechanismen des sich expansiv entwickelnden eigenen Feldes zu erhellen, auf soziologische Daten und Analysen stützte, die sie „L'amour de l'art" von Bourdieu und Darbel entnahm. Dieser Versuch erschien zunächst 1979 in „Exposure", einem Organ der "eingeschränkten Produktion", das heißt weitgehend außerhalb der Öffentlichkeit. Er wurde 1984 jedoch in das im künstlerischen Feld bis in die Gegenwart rezipierte Kultbuch „Art After Modernism: Rethinking Representation" aufgenommen, was ihren Ausführungen wie auch den Befunden von Bourdieu und Darbel breitere Resonanz im Kunstfeld sicherte.

Ein anderes Beispiel ist die Affinität zu soziologischen Studien, die ein Künstler wie Hans Haacke zeigte, einer der Hauptrepräsentanten der als „institutionelle Kritik“ (Buchloh) beziehunsweise „institutionelle Analyse“ (Jameson) bezeichneten Strömungen der Conceptual Art und der späteren postkonzeptuellen Kunst. Haacke hatte sich bereits in den frühen 1970er Jahren der Soziologie zugewandt. Seine mit Hilfe von Sozialwissenschaftlern durchgeführten Erhebungen in der New Yorker Kunstwelt erbrachten im Hinblick auf den sozialen Hintergrund der Besucher vergleichbares Datenmaterial zu dem von „L'amour de l'art“. Während sich die Studie von Bourdieu und Darbel auf die Welt der konsekrierten historischen Kunst und hauptsächlich auf den darauf bezogenen Kunsttourismus beziehungsweise schulisch organisierten Ausstellungsbesuchs bezog, sammelte Haacke in New York Daten im Subfeld der zeitgenössischen Avantgardekunst im Galerienkontext (vgl. Haacke 1975: 14ff.). Seit diesen Erhebungen sind die erheblichen Differenzen zwischen einem „großen Publikum“ historischer Kunst und einem Publikum der eingeschränkten Produktion beziehungsweise von Avantgardekunst hinsichtlich der im sozialen Raum eingenommenen Positionen empirisch belegt, im Prinzip bekannt und durch eine Reihe späterer Studien, auf die Florian Schumacher verweist, bestätigt worden. In diesem Subfeld findet sich unter Ausstellungsbesuchern nicht nur ein hoher Anteil von Künstlerinnen und Künstlern sowie von professionell involvierten Ausstellungsbesuchern, sondern es wird auch ein höheres Maß an kulturellem Kapital vorausgesetzt als in der Sphäre historischer, das heißt abgesicherter Kunst. Bourdieu selbst trug dem in Form der Formulierung der folgenden Gesetzmäßigkeit Rechnung: „Je stärker man sich dem Zeitgenössischen nähert, desto höher die Sozialstruktur des Publikums. Das musée d'Art moderne hat, um es kurz zu sagen, ein ‚kultivierteres‘ Publikum als der Louvre.“[3]

Hans Haacke lernte Bourdieu Ende der 1980er Jahre im Anschluss an seine Ausstellung in Paris kennen. Er blieb Bourdieu bis zu seinem Tod verbunden. Zunächst hatte Haacke auf Vermittlung von Jack Burnham vorübergehend jedoch mit Howard S. Becker kooperiert. Die Wahlverwandtschaft erwies sich jedoch als begrenzt, sodass Haacke sich zunächst dem gegenüber der Avantgardekunst ungleich aufgeschlosseneren Fredric Jameson zuwandte, jenem Theoretiker der

[3] Pierre Bourdieu 2001, a.a.O., S. 37. Übersetzung U.W.

kulturellen Logik des Postmodernismus, dem das Verdienst zukommt, früher als die meisten Fachsoziologen die Bedeutung, die Bourdieu als Sozialtheoretiker noch gewinnen würde, erkannt zu haben. In Haackes Katalog schrieb er im Hinblick auf dessen Kunsttheorie: "In this critical area of aesthetic ideology – that is, of the various theories and apologia of art and culture – no work has been more radical or profound than that of Pierre Bourdieu." (Jameson 1986: 44)

In den 1980er Jahren war die New Yorker Künstlerin Andrea Fraser, die später zur führenden Figur der zweiten Generation der institutionellen Kritik aufsteigen sollte, in sehr jungen Jahren in Kontakt mit Bourdieus Arbeiten geraten (vgl. Fraser 2008). Anfang der 1990er Jahre setzte unter ihrer maßgeblichen Beteiligung im Zuge einer sozialreflexiven Wende in der zeitgenössischen Kunst eine Konjunktur des Rückgriffs auf soziologische und ethnologische Theorien im künstlerischen Feld ein. Dies ließ Bourdieus Diagnose einer Unverträglichkeit von Kunst und Soziologie als einigermaßen obsolet erscheinen. Diese Konjunktur schlug sich unter anderem in der Integration von Bourdieus Analyseinstrumenten in künstlerische Arbeiten (am prominentesten in denen von Andrea Fraser) nieder, im Rückgriff auf soziologische Begriffe in der Kunstkritik, in einem großen Symposium über das „ästhetische Feld“ in Wien (1992) mit Künstlern, die zu dieser Zeit im Zentrum der Aufmerksamkeit des internationalen Kunstfeldes standen, wie u.a. Andrea Fraser, John Miller, Jeff Koons, Renée Green, Peter Fend, Raymond Pettibon, Christian Philipp Müller, Jessica Stockholder, Gerwald Rockenschaub und Peter Weibel. Sie machte sich in Interviews mit Niklas Luhmann und Pierre Bourdieu in der Anfang der 1990er Jahre von Stefan Germer und Isabelle Graw begründeten Zeitschrift „Texte zur Kunst“ bemerkbar oder in dem sich über mehrere Jahre erstreckenden „freien Austausch“ von Pierre Bourdieu und Hans Haacke, jener Stellungnahme in Reaktion auf die zunehmende Heteronomisierung des künstlerischen Feldes, das sich zunehmend sowohl politischen Zugriffen (insbesondere in den USA) als auch dem Eindringen von Modellen der „ökonomischen Ökonomie“ im Zuge der allgemeinen neoliberalen Strömung ausgesetzt sah.

Mitte der 1990er Jahre verfasste der einzige lebende Philosoph von Rang, der neben seiner Vertrautheit mit der Gegenwartskunst auch über einen nennenswerten Status als Kritiker im Feld der zeitgenössischen Kunst verfügt, anlässlich des Erscheinens von Bourdieus „The rules of art" in den USA eine erstaunliche Eloge auf den feldtheoretischen soziologischen Zugang. Über die auf die „Kunstwelt" beziehungsweise die „Institution Kunst" angewandte Theorie Bourdieus schrieb Arthur Danto im Buchbesprechungssupplement von Artforum, der zentralen Zeitschrift des Feldes der Gegenwartskunst, unter anderem den folgenden Satz, mit dem er die einschlägigen kunstphilosophischen Bemühungen der Vergangenheit für obsolet erklärte: „The ‚field' is an immeasurably more nuanced structure than whatever it is that philosophers subscribing to what is called the ‚Institutional Theory of Art' have so far sought to make explicit." (Danto 1996: 16) Während ein Philosoph wie Kant mit Formulierungen, die im Kunstfeld später in dieser oder ähnlicher Form weithin auf Zustimmung stießen, das „Genie" als eine „Naturgabe" und als eine Fähigkeit, „dasjenige, wozu sich ‚prinzipiell' keine Regel geben lässt, hervorzubringen" (Kant 1968: 307f.) bestimmte, hatte Bourdieu der soziologischen Auffassung zum Durchbruch verhelfen können, dass auch die Produktion der Kunst sich an Regeln orientiert und dass die Vorstellung von einer Naturgabe für die Kunst ein unhaltbarer Mythos ist. Heute wird die Vorstellung einer natürlichen Begabung für die Kunst unter dem Eindruck der Argumente von Bourdieu und anderen Sozialwissenschaftlern zumindest im Feld der zeitgenössischen Kunst nur noch von einer Minderheit vertreten.

Die Annäherung von Kunst und Soziologie kulminierte, was die soziologische Seite betrifft, nicht zuletzt in dem Entwurf, den Bourdieu für eine Beteiligung an der großen Ausstellung von Daniel Buren im Pariser Centre Beaubourg im Jahre 2002 hinterließ. Für diese Ausstellung, die er auf Grund seiner Erkrankung nicht mehr erleben sollte, entwickelte Bourdieu das kuratorische Konzept einer interaktiven Installation mit dem Titel „Habitus in situ et ‚vox populi'". Als künstlerische Arbeiten, die er im Rahmen dieser „Intervention" auf dem Plafond platzieren wollte, schlug Buren eines der abstrakten Bilder von Jackson Pollock sowie eine auf Pollock referierende figurative Arbeit von Erró vor, die Bourdieu in einem Text interpretieren wollte. Beisteuern wollte Bourdieu zudem einen Videofilm sowie Stellungnahmen zur Gegenwartskunst, die drei Kategorien im Sinne von drei Arten typischer Reaktionen auf die Kunst zugeordnet werden sollten: Bourdieu bezeichnete sie als „Niveau der ‚vox populi'", „Niveau der

Kritiken“ und „reflexives Niveau“. Auf diese sowohl an die Wand projizierten als auch von einem Schauspieler vorgetragenen Stellungnahmen, übertragen in alle Räume der Ausstellung von Buren, sollten die Besucher wiederum eingeladen werden, zu reagieren. Unter den letzten Zeilen des Konzepts für diese Ausstellung findet sich das Datum 15. 1. 2002, wenige Tage später, am 23.1.2002 verstarb Bourdieu.

Während Bourdieus Gegner nicht müde werden, zu versuchen, ihn auf jene Aspekte seiner Theorie der Kunst zu reduzieren, welche die Kunst als Fetischobjekt und als soziale Projektionsfläche relativiert (vgl. Heinich 2008; Albertsen/Diken 2004), verhält es sich in Wirklichkeit so, dass Bourdieu die Kunst auf seine Weise liebte. Immer wieder, wenn auch nicht kontinuierlich, ließ er seine Nähe zu einem bestimmten Typus von relativ autonomer künstlerischer Produktion erkennen. Davon zeugen u.a. die großformatige Abbildung eines der berühmten ready mades von Marcel Duchamp als visuelle Einleitung in eine seiner zentralen Arbeiten über symbolische Güter (vgl. Bourdieu 1977), die Beisteuerung eines Vorworts für die gesammelten textuellen Arbeiten von Andrea Fraser (vgl. Bourdieu 2005a) oder der erwähnte Entwurf für die künstlerisch-wissenschaftliche Intervention gegen den ästhetischen Populismus im Rahmen der Ausstellung von Daniel Buren, die er nicht mehr realisieren konnte.

Es hieße die Position Bourdieus gründlich zu verkennen, wenn man in ihm einen Vertreter einer simplen formalistischen Auffassung sehen würde, die postuliert, dass die Formästhetik an die Stelle einer Inhaltsästhetik zu treten habe und Wahl und Struktur des Gegenstandes sich nur nach rein ästhetischen Gesichtspunkten begreifen lassen. Der Gegensatz zwischen der „formalistischen“ und der „funktionalistischen“ These ist aus Bourdieus Sicht in Wirklichkeit ein fiktiver: „Eine Revolution der Form“, so heißt es etwa in dem Text über „Die impressionistische Revolution“, „beinhaltet auch eine Revolution des Inhalts, insofern der Bildaufbau nach formal begründeten Anforderungen (...) einen Bruch mit den Gesetzen der Bedeutungsabstufungen impliziert, die dem Aufbau des Bildinhalts (und der Wahl des Bildthemas) zugrunde lagen“ (Bourdieu 1987e: 15; Übersetzung U.W.).

Auf der Grundlage seines insgesamt durchaus ambivalenten, jedoch differenzierten Verhältnisses gegenüber der Kunst verfügt Bourdieu heute, wie eine in der Zürcher Kunstwelt in den Jahren 2009 und 2010 durchgeführte empirische Erhebung demonstriert, über eine Bekanntheit und Anerkennung im Feld der Gegenwartskunst, die jener der Hauptvertreter der philosophischen „Künstlerkritik“ (Boltanski / Chiapello), zu der u.a. Theodor W. Adorno, Michel Foucault, Gilles Deleuze und Jacques Derrida zu zählen sind, in nichts nachsteht (vgl. Munder/Wuggenig 2010). Lediglich Roland Barthes übertrifft Bourdieu in diesem Feld an Popularität. Die Soziologie, zumindest in ihren Spielarten von adornitischer kritischer Theorie und Bourdieuscher Feldtheorie, erscheint vor diesem Hintergrund heute durchaus ähnlich kompatibel mit der avancierten Kunst wie etwa die poststrukturalistische Philosophie, die sich in den 1980er Jahren eine dominante Stellung im Feld des Kunstdiskurses sichern konnte und diese bis heute behauptet.

Nur dem „französischen Bourdieu“ ist bislang zu entnehmen, dass die frühesten Spuren des Interesses an der Erforschung von Aspekten der Rezeption Bildender Kunst bis ins Jahr 1961 zurückführen, also bis in Bourdieus Anfangsphase als Soziologe. Zu dieser Zeit hatte er nach seiner Rückkehr aus Algerien und einer kurzen Zeit, die er in Paris als Assistenzprofessor bei Raymond Aron an der Sorbonne verbrachte, seine Tätigkeit als Maître de Conférences an der „Faculté des Lettres“ an der Universität Lille aufgenommen. Während die empirische Kulturforschung bis zum heutigen Tag oftmals an höchst allgemein formulierten Fragen zu künstlerischen, musikalischen oder literarischen Genres festhält[4], mit deren Hilfe sich kaum kunst- oder kultursoziologische Daten von Relevanz oder Informationsgehalt gewinnen lassen, war bereits Bourdieus frühe, gemeinsam mit Jean-Claude Passeron realisierte Forschung hinreichend spezifisch angelegt, um Aufschluss über kunstbezogene Praktiken und Präferenzen beziehungsweise über die, wie sie schrieben, „piktoriale Kultur“ in Abhängigkeit von der sozialen Position zu geben. Dem dienten Fragen nach der Vertrautheit nicht nur mit Malerei, sondern auch mit einer Reihe ihrer Repräsentanten. Noch war offenbar das Interesse an Manet und dessen Rolle in Zusammenhang mit der symbolischen Revolution, zu der es in der Mitte der zweiten Hälfte des 19. Jahrhunderts kam, bei Bourdieu nicht ausgebildet. Aber bereits die im Jahre 1961 gestellten

[4] Diesbezüglich sind auch die neueren Studien, die sich affirmativ oder kritisch an La Distinction orientieren, ziemlich enttäuschend und fallen bereits auf der Ebene der Erhebungsinstrumente weit hinter die von Bourdieu bereits in den 1960er Jahren zugrundegelegten methodologischen Standards zurück (vgl. Bennet et al. 2009; Chan/Goldthorpe 2007; Lahire 2004).

Fragen bezogen sich auf mehrere Protagonisten jener „impressionistischen Revolution“, der wir Bourdieu zufolge die Herausbildung des modernen, relativ autonomen Feldes der Kunst wesentlich mit verdanken: auf Degas, Monet, Renoir, Sisley und Cezanne. Für diese, aber auch eine Reihe weiterer Künstler, wie unter anderem van Gogh, Klee, Léger, Kandinsky, Mondrian, Toulouse Lautrec sowie – als Vertreter der kleinbürgerlichen „culture picturale moyenne“ (Bourdieu et al. 1964: 113) – Buffet und Utrillo wurden mehr als 1000 Studenten verschiedener Studiengänge in exemplarischer Konkretisierung einer soziologisch beziehungsweise für die „Wissenschaft des Geschmacks“ interessanten Fragestellung ersucht anzugeben, von welchen dieser Künstler sie gerne Reproduktionen an den eigenen Wänden sehen würden, und welche von ihnen sie in Museen, in Ausstellungen, in privaten Sammlungen oder auf Reproduktionen gesehen hätten. Außerdem wurde nach dem Besitz von Originalen wie auch von Kunstbüchern gefragt.

Nicht weniger aufschlussreich als die Ergebnisse über die Abhängigkeit der materiellen und symbolischen Aneignung der Kunst von der an der sozialen Herkunft und der gewählten Studienrichtung festgemachten Position im sozialen Raum oder als die von Bourdieu und Passeron konstruierte Typologie der Künstler auf der Basis ihrer ermittelten sozialen Konnotationen, ist aus heutiger Sicht die mit entsprechendem Dank versehene Auflistung der Namen jener Lehrenden, aus deren Veranstaltungen die Studierenden für die Befragungen rekrutiert wurden. Sie geben Aufschluss über die soziale Vernetzung des jungen Bourdieu in jener Phase, in der er begann, sich zunehmend stärker der Soziologie zuzuwenden. Unter ihnen finden sich eine Reihe jener Intellektuellen und Gelehrten, die sich einen Namen weit über Frankreich hinaus machen sollten, wie u.a. Jacques Derrida (Paris), Michel Serres (Clermont-Ferrand), Paul Veyne (Aix-en-Provence), Paul Vidal-Naquet (Lille), Raymonde Moulin (Paris) und Robert Castel (Lille) (vgl. Bourdieu et al. 1964: 9).

Mit Raymonde Moulin befand sich auch eine Soziologin auf dieser Liste, die später mit Bourdieu vorübergehend kooperierte, dann jedoch eigene Wege in einem sich herausbildenden Feld der Soziologie der Kunst ging. Dieses Subfeld weist dank der Arbeiten von Bourdieu und der Impulse, die von ihr für die theoretische Fundierung wie für die empirische Analyse ausgingen, aber auch dank der Tätigkeit einer nicht geringen Zahl an Schülern wie an Gegnern der feld- und habitustheoretischen Perspektive, heute eine bedeutend stärkere institutionelle und personelle Basis auf als das entsprechende Subfeld im deutschsprachigen Raum. Zur Institutionalisierung eines solchen Feldes im deutschsprachigen Raum haben in den letzten Jahren eine Reihe von jungen Sozialwissenschaftlerinnen und Sozialwissenschaftlern in Deutschland, Österreich und der Schweiz mit und gegen Bourdieu beigetragen.[5] Neben der Domäne der Soziologie der Literatur, in der vor allem ein Autor wie Joseph Jurt Entscheidendes für eine angemessene Rezeption von Bourdieus Theorie der Felder der kulturellen Produktion geleistet hat, gibt es mittlerweile eine ernsthafte soziologische Beschäftigung mit der lange vernachlässigten und weitgehend Disziplinen wie der Kunstgeschichte oder der Philosophie überlassenen Bildenden Kunst.

Eine einführende Studie der Art, wie Florian Schumacher sie vorgelegt hat, war lange überfällig. Sie ist ein weiteres herausragendes Beispiel für einen Beitrag zur Herausbildung eines Subfeldes der Soziologie der Kunst, das diese Bezeichnung auf Grund der realisierten Intertextualität, der paradigmatischen Auseinandersetzungen zwischen verschiedenen Zugängen und Perspektiven, aber auch der Bezüge auf die künstlerische Produktion im Sinne einer Soziologie nicht nur der Produzenten oder der Rezipienten, sondern auch der Werke verdient.

Lüneburg 18.08. 2010 — Ulf Wuggenig

[5] Ich denke an kunstsoziologische Arbeiten von jungen Sozialwissenschaftlerinnen und -wissenschaftlern aus Deutschland, Österreich und der Schweiz wie unter anderem Larissa Buchholz, Dagmar Danko, Patricia Holder, Andrea Glauser, Pascal Jurt, Jens Kastner, Valerie Moser, Christine Nippe, Sophia Prinz, Hilmar Schäfer, Florian Schumacher und Nina Tessa Zahner.

Einleitung

Betrachtet man das Bourdieusche Gesamtwerk, so fallt auf, dass sich zur Thematik der Kunst in jeder Schaffensphase Arbeiten finden. Bereits während seiner frühen Aufenthalte in Algerien veröffentlichte Bourdieu immer wieder kleinere Arbeiten zu künstlerischen Thematiken (Bourdieu et al. 1963a; 1963b). Insbesondere die intensive Auseinandersetzung mit verschiedenen Aspekten der Kunsttheorie von Erwin Panofsky trug entscheidend zu seiner Konzeption des Habitus bei. Nach der Rückkehr nach Frankreich wendete sich Bourdieu der Analyse der französischen Gesellschaft zu. Im Rahmen seines Entwurfs des sozialen Raums untersuchte er nun den Kunstkonsum und die Kunstrezeption, also die Zusammenhänge von ästhetischen Einstellungen, kulturellen Praktiken, Konsumgewohnheiten und sozialen Positionen. Zu erwähnen sind an dieser Stelle vor allem die beiden Studien aus den 1960er Jahren: „Eine illegitime Kunst" (Bourdieu 1981) zu den sozialen Gebrauchsweisen der Photographie und „Die Liebe zur Kunst" (Bourdieu 2006) über die Besucher europäischer Kunstmuseen. Diese frühen Analysen zu Ästhetik und Geschmack stellen dabei eine entscheidende Grundlage seiner meistzitierten Studie „Die feinen Unterschiede" dar (Bourdieu 1982). Auch seine spätere Konzeption des Feldes veranschaulicht Bourdieu Anfang der 1990er Jahre zunächst anhand einer Modellanalyse zum Feld der Kunst, die unter dem Titel „Die Regeln der Kunst" (Bourdieu 1999) erschienen ist. Im Unterschied zur wissenschaftlichen Rezeption, in welcher „Die feinen Unterschiede" als Bourdieus unumstrittenes Hauptwerk eingestuft wird, betrachtete der Autor selbst „Die Regeln der Kunst" als Krönung seines soziologischen Schaffens (vgl. Wuggenig 2009b: 9).

Obwohl inzwischen auch in Deutschland eine erste Einführung in das kunstsoziologische Werk Bourdieus erschienen ist (vgl. Kastner 2009), zählen seine Arbeiten zur Kunst dennoch zu den eher schwächer diskutieren Teilen seines Gesamtwerkes. Dies zeigt sich beispielsweise an der Tatsache, dass die gängigen soziologischen Einführungen zum Bourdieuschen Werk die Schriften zur Kunst vollkommen ausklammern (vgl. Schwingel 1995; Fuchs-Heinritz/König 2005; Barlösius 2006; Rehbein 2006).[6]

Auf Seiten der Sozialwissenschaft mag diese Distanz zum kunsttheoretischen Werk Bourdieus mit dem schwierigen Verhältnis von Soziologie und Kunst im Allgemeinen zusammenzuhängen. Bourdieu selbst reflektiert in seinem Vorwort von „Die Regeln der Kunst" (Bourdieu 1999: 9–16) dieses problematische Verhältnis als Ausgangspunkt der Konzeption eines Feldes der Kunst. „Soziologie und Kunst vertragen sich nicht", konstatierte er dabei bereits 1980 in einem Vortrag (Bourdieu 1993a: 197).[7] Denn die Soziologie greift das Selbstverständnis der Künstler an, wenn sie versucht, die Kunst sozial zu verankern. „Das Universum der Kunst" dagegen ist „ein Universum des Glaubens, des Glaubens an die Begabung, an die Einzigartigkeit des unerschaffenen Schöpfers" (Bourdieu 1993a: 197). Durch wissenschaftliche Analyse und rationale Methodik, so der Vorwurf, entzaubere Bourdieu die Besonderheit der künstlerischen Werke und zerstöre damit das ästhetische Vergnügen. In „Die Regeln der Kunst" führt Bourdieu dies auf zwei inkompatible Wahrnehmungsmodi der beiden Bereiche zurück:

„Der Soziologe [ist] zum Relativismus verdammt [...] , zur Nivellierung der Werte, zum Niedermachen des Großen, zur Abschaffung der Unterschiede, die doch die Singularität des ‚schöpferisch Wirkenden' ausmachen, der immer auf seiten des Einzigartigen steht?" (Bourdieu 1999: 10)

Die Soziologie ist demzufolge unfähig, die Einzigartigkeit von Künstler und Kunstwerk zu erkennen, weil sie „mit der großen Zahl im Bunde steht, mit dem Durchschnitt, dem Mittel und folglich mit dem Mittelmäßigen, dem Minderen, den minores" (Bourdieu 1999: 10). Die Einzigartigkeit der Kunst hingegen „entziehe sich der Definition nach rationaler Erkenntnis." (Bourdieu 1999: 11)

---

[6] Schwingel (1997) veröffentlichte jedoch an anderer Stelle einen einführenden Beitrag zu Bourdieus Kunstsoziologie. In der Einführung von Papilloud (2003) findet sich immerhin ein kurzer Abschnitt zur Kunst. Überraschenderweise streift auch Jurt, der etliche Arbeiten zum literarischen Feld veröffentlichte, in seiner Monographie zu Bourdieu den Bereich der Kunst nur am Rande (Jurt 2008).
[7] vgl. Bourdieu (1980).

Bourdieu versteht seine Soziologie der Kunst davon ausgehend als eine Art Sakrileg, wenn er konstatiert, „diese Niederlage des Wissens" nicht kampflos anerkennen zu wollen (Bourdieu 1999: 11). Seine Kunstsoziologie intendiert nichts anderes als eben diese Objektivierung des künstlerischen Glaubensuniversums. Bourdieu wehrt sich also dagegen, alle Versuche, eine rationale Analyse zu leisten, gleich vorneweg zu diskreditieren. Die vielfachen Widerstände gegen die soziologische Untersuchung von Kunstwerk und ästhetischer Erfahrung interpretiert er auch als fundamentale Angst der Vertreter der Kunstwelt vor ihrem Niedergang: Wenn Künstler und Kunstwerke auf die soziale Welt, das heißt auf ihre sozialen Entstehungsbedingungen, reduziert werden, so die beängstigende Vorstellung, könnten sie vollständig entzaubert werden und ihre magische Kraft einbüßen. Wird das „unsagbare Individuum" erst einmal „sagbar", dann ist der Künstler in seinem Narzissmus getroffen, denn er wird in der Sphäre der gewöhnlichen Menschen verortet und sein Schaffen dadurch banalisiert (vgl. Bourdieu 1999: 12; zudem Kastner 2009: 42; Jurt 1997: 160).

Obgleich Bourdieu diese Entzauberung nicht nur in Kauf nimmt, sondern sogar intendiert, geht es ihm explizit nicht darum, „der Reduktions- oder Destruktionslust zu frönen", sondern einfach darum, „den Dingen offen gegenüberzutreten und sie zu sehen, wie sie sind" (Bourdieu 1999: 15). Eine „wirkliche Wissenschaft des Kunstwerks", so Bourdieus Überzeugung, lässt sich nur auf einer „Suspendierung des komplizenhaften Einverständnisses gründen, das jeden Gebildeten mit dem Bildungsspiel verknüpft" (Bourdieu 1999: 364). Eben dieses Spiel, das den Sinn und den Wert des Künstlers und seiner Kunstwerke erschafft, versucht Bourdieu zum Gegenstand seiner Analyse zu machen. Oder anders ausgedrückt: Der Diskurs der Kunst und all seine Institutionalisierungen sind ein wesentlicher Teil des künstlerischen Schöpfungsaktes. Kunstwissenschaft und Kunsttheorie versteht Bourdieu damit selbst als „Teil des Gegenstands, den sie zum Gegenstand zu haben meinen" (Bourdieu 1999: 464). Seine Intention liegt darin, die sozialen Bedingungen des künstlerischen Denkens zu denken, um „damit die Möglichkeit einer Freiheit gegenüber diesen Bedingungen" zu erreichen (Bourdieu 1999: 489). Die Aufgabe der Wissenschaft ist es damit, „die Wahrheit dieser Kämpfe um die Wahrheit herauszuarbeiten" (Bourdieu 1999: 467). Damit stellt Bourdieu seine Kunstsoziologie in die Tradition der Aufklärung, wenn er bemerkt, „den Bannkreis des kollektiven Leugnens“ durchbrechen zu wollen und intendiert, ein Bewusstsein und ein Wissen darüber zu erschaffen, „wovon das Universum des Wissens – vor allem, wenn es selbst davon berührt ist – nichts wissen will“ (Bourdieu 2001b: 12).

Dem Vorwurf einer Entwertung von Kunst und einer Relativierung des künstlerischen Wertes durch seine soziologische Herangehensweise tritt Bourdieu dabei selbstbewusst entgegen: Seine Art der kunstsoziologischen Betrachtung von Schöpfer und Schöpfungen soll nämlich keinesfalls reduzieren und die Einzigartigkeit zerstören, sondern im Gegenteil eine allumfassende Perspektive auf Produzent und Produkt erst ermöglichen (vgl. Bourdieu 1999: 14).[8] Wenn die sozialen und historischen Umstände eines schaffenden Künstlers ausgeblendet werden, dann wird Bourdieu zufolge gerade das Außergewöhnliche aus dessen Biographie entfernt. Erst vor dem Hintergrund des Sozialen können künstlerische Leistungen tatsächlich gewürdigt werden. Denn erst dadurch würden die Anstrengungen sichtbar, die der Künstler vollbringen musste, um etwas Außergewöhnliches und Neues zu erschaffen (vgl. Bourdieu 2001b: 108f.). Den Vorwurf, die Soziologie reduziere und entwerte die Kunstwerke, wendet Bourdieu also umgekehrt gegen die etablierten Formen von Kunstgeschichte und Kunsttheorie. Alleine seine Methode zeige die künstlerische Einzigartigkeit auf, indem sie das künstlerische Universum einer bestimmten Epoche und damit die sozialen Bedingungen des Kunstschaffens mitdenkt (vgl. Bourdieu 2001b: 112). Indem Bourdieu die Kunsttheorie von ihrem Subjektivismus befreit, welcher immer nur das schaffende Subjekt als Genie inszeniert und in den Fokus nimmt, intendiert er, die Kunsttheorie zur tatsächlichen Wissenschaft machen (vgl. Bourdieu 1999: 450). Alleine der so verstandene soziologische Blick ist Bourdieu zufolge ein Rundumblick. Die Singularität des Kunstwerks wird vom soziologischen Blick also nicht zerstört, sondern wirkt durch ihn klarer (vgl. Jurt 1995: 102f.).

Bourdieus Perspektive auf die Kunst ist somit eine soziologische, die aber nicht nur aufzeigt, dass das künstlerische Schaffen kein rein individueller Prozess ist, sondern sich andererseits auch von der kont-

[8] So werfen etwa Dörner und Vogt Bourdieu vor, mit seinem Ansatz das Spezifische der Kunst nicht erfassen zu können (Dörner/Vogt 1994: 131f.). Eine Replik dieser findet sich von Jurt (1997: 163f.).

rären Ansicht abgrenzt, dass Kunstwerke direkter Ausdruck der sozialen Lebensbedingungen sind, also zwangsläufig substantiell mit der Klassenlage des Künstlers zusammenhängen. Bourdieu versucht, künstlerische Produktionen nicht als außerhalb der sozialen Welt stattfindend zu begreifen, sondern als genuin soziale Phänomene, ohne jedoch dabei den Künstler in der Struktur aufzulösen und als schaffendes Subjekt zu dekonstruieren. Durch das Überschreiten der Grenze zwischen Subjektivismus und Objektivismus erhebt er explizit den Anspruch, Kunst als Ganzes verstehen zu können und dies aus streng wissenschaftlicher Sicht (vgl. Jurt 2007: 212). Die in „Die Regeln der Kunst" intendierte „Wissenschaft von den Kulturprodukten" (Bourdieu 1999: 281) geht also mit einem Universalitätsanspruch[9] einher: Bourdieus Auffassung zufolge

„muss die Soziologie der kulturellen Werke sich die Gesamtheit der (objektiven und auch in Form von Interaktionen realisierten) Beziehungen zwischen einem Künstler und den anderen Künstlern zum Objekt nehmen, und darüber hinaus die Gesamtheit der in die Produktion des Werkes oder zumindest in die Produktion des sozialen Werts des Werkes engagierten Akteure (Kritiker, Leiter von Galerien, Mäzene usw.)." (Bourdieu 1993a: 199)

Bourdieu entwickelte seine Konzeption folglich gegen alle bestehenden theoretischen Ansätze, die er durchweg als zu einseitig zurückweist: Er grenzt sich dabei von den internen Lesarten (Strukturalismus, Poststrukturalismus) ebenso ab wie von den externen Lesarten (sozialistische Kulturtheorie) (vgl. Bourdieu et al. 1985: 30f.; Bourdieu 1991b: 103ff.; 1999: 328). Mit seiner Konzeption des künstlerischen Feldes können die unterschiedlichen Strategien und Machtverhältnisse bei der Kunstproduktion ebenso reflektiert werden wie die subjektive Intention vor dem Hintergrund der jeweils bestehenden Regeln und Normen einer Epoche sichtbar gemacht werden (vgl. Bourdieu 1993a: 200). Damit objektiviert er nicht nur die Künstler und die Kunstwerke, sondern darüber hinaus auch das komplette

[9] Ausgehend von Bourdieus Idee einer Überwindung des Gegensatzes von Objektivismus und Subjektivismus findet sich dieser universelle Anspruch auch bei Bourdieus theoretischem Ansatz im Allgemeinen. Um die sozialen Praktiken einer Gesellschaft zu erfassen, weist Bourdieu auch generell die Grenzziehungen der wissenschaftlichen Disziplinen als wenig sinnvoll zurück (vgl. Bourdieu/Paphael 1996: 63).

künstlerische Universum, welches Künstler „als Produzenten sakraler Objekte, von Fetischen, produziert oder, was auf dasselbe hinausläuft, das Kunstwerk als Objekt von Glauben, Liebe und ästhetischem Vergnügen" (Bourdieu 1993a: 209; vgl. auch 1999: 450).

Diese Überlegung begründet Bourdieu aus seiner sozialen Position als Intellektueller, die er aus seiner speziellen Biographie herleitet:

„Ich glaube, dass ich in meiner Jugend und in meinem ganzen sozialen Lebenslauf, der mich, wie das bei Aufsteigern oft der Fall ist, durch ganz unterschiedliche soziale Milieus geführt hat, im Geiste eine ganze Serie von photographischen Aufnahmen gemacht habe, die ich mit meiner soziologischen Arbeit zu entwickeln versuche." (Bourdieu 1996a: 240f.)

Seinen eigenen sozialen Standpunkt versteht Bourdieu also analog zu seiner Interpretation der künstlerischen Perspektive Gustave Flauberts, dem er eine ähnliche weitgehend objektive soziale Position zuordnet:

„Flaubert hat ungefähr gesagt: ‚Ich möchte alle Leben leben.' Das ist etwas, was ich sehr gut verstehen kann: alle nur möglichen menschlichen Erfahrungen machen zu wollen. Ich finde, dass eine der großartigsten Befriedigungen, die einem der Beruf des Soziologen verschafft, diese Möglichkeit ist, in das Leben anderer Leute einzutreten." (Bourdieu 1996a: 241)

In seinem Spätwerk sieht Bourdieu den Schnittpunkt zwischen Soziologie und Kunst zudem auch auf der politischen Ebene: Insbesondere ab den 1990er Jahren beschäftigte er sich mit dem damaligen Zustand des künstlerischen Feldes (vgl. v.a. (Bourdieu/Haacke 1995; Bourdieu 1999: 523–535). In seinem Mitte der 1990er Jahre erschienenen Band „Freier Austausch" (Bourdieu/Haacke 1995) drückte er seine Sorge um den schwindenden Grad an künstlerischer Autonomie aus. Das künstlerische Feld sah er dabei in einer zunehmenden Abhängigkeit von Politik und Ökonomie. Für eine weitreichende Autonomie eines Feldes der Kunst setzte er sich vor allem deshalb ein, weil er in ihr Möglichkeiten zur Aufklärung über soziale Ungleichheit und politische Missstände sah. Die Künstler stehen seinen Ausführungen zufolge in der Tradition der sozialen Figur des Intellektuellen. Der

Intellektuelle ist Bourdieu zufolge bereits per Definition dazu verpflichtet, seine (begrenzte) Freiheit politisch zu nutzen. Während er zur Figur des Intellektuellen zeitlebens ein gespaltenes Verhältnis hatte, finden sich in seinem Spätwerk eindeutig positive Bezugnahmen auf deren soziale Kraft.

Dieses problematische Verhältnis Bourdieus zur Figur des Intellektuellen behandelt das erste Kapitel dieses Buches. Die Verkörperung des Intellektuellen schlechthin war für Bourdieu der „totale Intellektuelle“ Jean Paul Sartre (vgl. Bourdieu 2003b). Bourdieu setzte sich nicht nur mit Sartres radikal subjektivistischem Existenzialismus auseinander, sondern auch konkret mit dessen Position im sozialen und intellektuellen Universum der Nachkriegszeit. Das Zentrum von Bourdieus Auseinandersetzung mit Sartre bildet zweifelsohne seine Flaubert-Interpretation (Bourdieu 1987a), die direkt gegen Sartres Biographie-Projekt über Flaubert „Der Idiot der Familie“ (Sartre 1977-1980) konzipiert ist.

Das zweite Kapitel verfolgt die entgegengesetzte Position der Grundlagen von Bourdieus Kunstsoziologie, nämlich die des Objektivismus. Bourdieu setzte sich nicht nur mit der sprachtheoretischen Konzeption des Strukturalismus von Ferdinand de Saussure auseinander, sondern auch mit dem Schaffen von Michel Foucault, dessen Poststrukturalismus er als Folgetheorie des Strukturalismus interpretierte. Zwischen Subjektivismus und Objektivismus entwickelte er einen seiner zentralen theoretischen Begriffe, den des Habitus. Dieses Kapitel argumentiert, dass der Bourdieusche Habitus direkt auf Bourdieus Auseinandersetzung mit der Kunsttheorie von Erwin Panofsky zurückgeht (vgl. Bourdieu 1974c).

Die erste Phase der Bourdieuschen Auseinandersetzung mit Kunst findet vor dem Hintergrund seiner Konzeption des sozialen Raums statt, die im dritten Kapitel diskutiert werden. Von zentraler Bedeutung ist dabei seine auf Immanuel Kant zurückgehende Differenzierung von „reinem“ und „barbarischem“ Geschmack. In dieser Unterscheidung von kulturellen Präferenzen von Akteuren sieht Bourdieu ein grundlegendes Merkmal sozialer Differenzierung. Dies veranschaulicht sowohl seine Studie zur Photographie als auch seine Untersuchung zu Museumsbesuchern.

Die zweite Phase von Bourdieus Auseinandersetzung mit Kunst findet vor dem Hintergrund seiner Konzeption des Feldes statt. Kapitel vier und fünf nähern sich dem Feld der Kunst aus zwei unterschiedlichen Perspektiven. Im vierten Kapitel wird die theoretische Konzeption des künstlerischen Feldes ausführlich beleuchtet, während das fünfte Kapitel schließlich die historische Ebene des Feldes der Kunst fokussiert. Bourdieu sieht den Beginn des künstlerischen Autonomisierungsprozesses in der Zeit der Renaissance und verfolgt diesen in Ausschnitten über das 19. Jahrhundert bis in die 1990er Jahre.

Für die ausführliche Lektüre des Manuskripts und unzählbare begleitende kritische Diskussionen danke ich insbesondere Alexander Lenger und Christian Schneickert. Für zahlreiche Literaturhinweise und weitere Korrekturen möchte ich mich zudem bei Ulf Wuggenig bedanken. Für seine Unterstützung bei der Formatierung möchte ich zudem auch Johannes Heim dankend erwähnen. In vielerlei Hinsicht ermöglicht hat dieses Buch Boike Rehbein, bei dem ich mich an dieser Stelle sehr herzlich bedanken möchte. Des Weiteren sollen die Studierenden meiner Lehrveranstaltung zu Bourdieus Kunstsoziologie im Wintersemester 2008/09, die zur Erweiterung meiner Bourdieukenntnisse beigetragen haben, an dieser Stelle nicht unerwähnt bleiben.

1. Sartre, Flaubert und die Figur des Intellektuellen

„Sartre war für mich eine Verkörperung all dessen, gegen das ich mich zu entwerfen hatte.“ (Bourdieu 2000a)

„Von der Soziologie, kann ich sagen, dass ich mich beim Verlassen des schulischen Universums, und um es verlassen zu können, gegen all das aufgebaut habe, was für mich das Unternehmen Sartre repräsentierte.“ (Bourdieu 2003d: 50)

Die Auseinandersetzung mit Sartre spielt für Bourdieus Soziologie im Ganzen eine entscheidende Rolle. Die theoretischen Konzeptionen Sartres bildet – neben den kunsttheoretischen Schriften Panofskys und der Erprobung ethnologischer Methoden während seiner Algerienaufenthalte[10] – für die Entwicklung der Bourdieuschen Kunstsoziologie die wichtigste Grundlage.[11]

Bourdieus Auseinandersetzung mit Sartre findet dabei auf verschiedenen Ebenen statt. Die grundlegende Sartresche Konzeption (1.1), die auch in seiner Auseinandersetzung mit der Künstlerbiographie Flauberts zum Ausdruck kommt (1.2), konfrontiert Bourdieu mit seiner eigenen Flaubert-Interpretation (1.3, 1.4, 1.5). Korrespondierend zur Zurückweisung der theoretischen Konzeption kritisierte Bourdieu Sartre wegen seiner Selbstinszenierung als Intellektueller (1.6). Davon ausgehend versteht Bourdieu die Figuren des Intellektuellen und des Künstlers weniger aus deren Selbstverständnis heraus als schaffende Genies, sondern vielmehr durch ihr Umfeld als soziale Figuren (1.7).

Bereits in seinen früheren Schriften finden sich immer wieder kurze Passagen zur Subjektphilosophie Sartres, gegen welche Bourdieu seine eigene theoretische Konzeption wesentlich entwickelte (vgl.

[10] Zur Auseinandersetzung Bourdieus mit ethnologischen Methoden, insbesondere Levi-Strauss (vgl. Bourdieu 1987b: 7-45, 264-489; 1974b; 1976).

[11] Wie Wuggenig in einem Aufsatz aufzeigt, ist Bourdieus Ablehnung gegenüber Sartre auch durch dessen Engagement in Algerien entstanden (vgl. Wuggenig 2006).

Bourdieu 1987b: 79ff.). Die wohl ausführlichste und tiefgreifendste Auseinandersetzung jedoch ist eine implizite: In Bourdieus Interpretation von Gustave Flauberts „Die Erziehung des Herzens“ (Flaubert 1979) ist Sartre als Abgrenzungsfolie stiller Gesprächspartner, wenn er auch explizit nur am Rande genannt wird. Sartres umfangreiches und mehrbändiges biographisches Werk „Der Idiot der Familie“ (Sartre 1977-1980) über den französischen Literaten kann als exemplarische Fallstudie seiner philosophischen Konzeption der Selbstschöpfung des Subjekts gelesen werden. Bourdieu dagegen stellt in seiner Interpretation von „Die Erziehung des Herzens“ konsequent die objektiven sozialen Strukturen in den Vordergrund.

Über die Auseinandersetzung mit seinen Schriften hinaus war Sartre für Bourdieu nicht als Person, sondern vielmehr als gesellschaftliche Figur von Bedeutung. Ganz Soziologe, analysiert Bourdieu nicht nur immer wieder Teile seines literarischen und philosophischen Werkes, sondern fragt explizit auch nach der sozialen Position des „totalen Intellektuellen“ Jean Paul Sartre im Nachkriegsfrankreich. Dabei geht es ihm letztendlich um mehr als um die Dekonstruktion einer prominenten Figur. Worauf Bourdieus Ausführungen letztendlich abzielen, ist eine Auseinandersetzung mit der charismatischen Aura des Künstlers und des Intellektuellen.

1.1 Den Menschen zum Projekt machen

Den Ausgangspunkt der Darstellung der Auseinandersetzung zwischen Sartre und Bourdieu muss eine kurze Annäherung an die Sartresche Subjektphilosopie bilden.

Anders als im Cartesianismus stellt das „Ich“ im Denken Sartres keinen Fixpunkt dar, sondern gründet sich auf dem Prinzip der Bewegung. Bereits in seine frühen Arbeiten zu Husserl (vgl. Sartre 1964; 1971) charakterisiert Sartre diese Bewegung als Flucht, als eine Abfolge von Explosionen, die uns von uns losreißen und in die Welt schleudern. Hieraus entwickelt Sartre später in seinem philosophischen Hauptwerk „Das Sein und das Nichts“ (Sartre 1952) die Projekt-Struktur des Handelns, welches er wiederum als Flucht konzipiert, als ein Sich-selbst-Entkommen oder ein Sich-von-sich-Losreißen (vgl. Bürger 2007: 23). Sartres Flucht ist eine Flucht vor Fremdbestimmung, eine Flucht von der Welt, die als vorhandene

Struktur Handlungsmöglichkeiten einschränkt. Das sich selbst bestimmende Subjekt Sartres beginnt mit einer Handlung. Diese ist als eine Intention auf ein zu verwirklichendes Ziel ausgerichtet, das in der Zukunft liegt. Indem der existenzialistische Mensch lediglich durch eine Intention, durch eine zukünftige Handlung bestimmt ist, erscheint er als nicht definierbar, weil er zunächst nichts ist: „Er wird erst nachträglich sein, und er wird so sein, wie er sich gemacht haben wird." (Sartre 2000: 150) Die grundlegende Formel des existenzialistischen Menschen lautet somit: „Der Mensch ist nichts als das, wozu er sich macht." (Sartre 2000: 22) Er erscheint als „Ursache seiner Selbst" (Sartre 1952: 123; vgl. dazu auch Hengelbrock 2005: 18f.). Einzig das Ziel in der Zukunft im Blick, ist er von seiner Vergangenheit durch eine Kluft getrennt, die er weder überbrücken will, noch kann. Um der Sinnlosigkeit seiner Existenz zu entfliehen, muss sich der Mensch einen Zweck setzen. Dieser findet sich weder in seiner Vergangenheit noch in seiner Gegenwart, und so muss er sich diesen erschaffen, indem er sich in die Zukunft entwirft, indem er in die Zukunft entflieht (vgl. Bürger 2007: 35).

Sartre lässt damit jede Determination verschwinden: „Nichts geht dem freien Selbstentwurf voraus, was nicht von der damit gesetzten Zielprojektion her erst seinen Sinn und seine Bestimmung erführe." (Bürger 2007: 28f.) Die Urszene der Sartreschen Konzeption ist damit keine allgemeine (soziale) Struktur, sondern ein individuelles Ereignis. Damit wird die Geworfenheit des Menschen zur ersten Bedingung seiner neuen Freiheit (Wannicke 1990: 89). Die existenzialistische Personwerdung ist wesentlich ein Überwinden und radikales Verneinen dessen, was die Welt aus einem gemacht hat (Frank 1980: 100f.). Der eigentliche Kern der Sartreschen Freiheit ist der authentische Selbstausdruck unserer inneren Natur. Damit ist die Handlungsfreiheit des Menschen die unaufhebbare Qualität seiner Existenz: „Die erste Bedingung der Tätigkeit ist die Freiheit." (Sartre 1952: 552) Sartre behauptet damit jedoch keineswegs, dass absolute Wahlfreiheit bestünde, schließlich stehe schon die Tatsache unserer Geburt außerhalb unserer Willensfreiheit. Was er analysiert, ist die Dualität von Freiheit und Geworfenheit und damit die Möglichkeit und Fähigkeit zur Transzendierung räumlicher und sozialer Strukturen (vgl. Wannicke 1990: 33f.). Oder anders ausgedrückt: Gegen den totalisierenden Entwurf der Welt versucht Sartre, den Menschen als Gegenentwurf zu totalisieren (vgl. Sartre 1977-1980: Bd.2: 15).

1.2 Sartres Flaubert

Mit seinem mehrbändigen Biographieprojekt „Der Idiot der Familie“ versucht Sartre, eben diese Idee, einen Menschen zu totalisieren, exemplarisch zu verfolgen. Im LE MONDE-Interview zu seiner Arbeit über Flaubert äußert er: „Mein Ziel war, eine Methode vorzuführen und einen Menschen." (Sartre 1985: 152) Anknüpfend an seine Theorie des Subjekts bezeichnet er den Menschen auch ein „einzelnes Allgemeines“. Durch die Zugehörigkeit eines Künstlers zu einer bestimmten Epoche – oder in Sartres Vokabular: zu einer Totalität – ist dieser damit als ein Allgemeines definiert. Demgegenüber zieht der Künstler die Grenzen dieses Ganzen seiner Epoche neu, indem er sich in ihr als Einzelheit wiederherstellt (vgl. Frank 1980: 92).

Ausgehend von diesem methodischen Hintergrund, führt Sartre den Menschen Flaubert sozusagen vor: Er fokussiert demnach nicht vorrangig die sachlichen Gegebenheiten oder die strukturellen Bedingungen der Biographie, sondern die höchst individuelle Wahl eines Menschen gegenüber den Problemen und Widersprüchen seiner Sozialisation und seiner Epoche. Zwar ist jede Personwerdung auch für Sartre immer ein determinierendes Ereignis, nämlich die Verkörperung eines vergesellschafteten Individuums, jedoch findet sich im einzelnen Menschen nicht nur das Allgemeine und Bekannte. Der individuelle Entwurf ist nach Sartre nie vollständig auf die Struktur reduzierbar. Was ihn im Wesentlichen auszeichnet, ist eben nicht das Allgemeine, sondern die Differenz zu diesem Allgemeinen: das Einmalige, Einzigartige und Singuläre (vgl. Frank 1980: 102f.). Sartre betrachtet den Schriftsteller Flaubert zunächst als denjenigen, zu dem man ihn gemacht hat. Ausgangspunkt sind die sozialen Strukturen: Flaubert wurde in eine bestimmte historische wie familiäre Situation hineingeboren. Seine Welt war damit weitgehend vorstrukturiert. Die Analyse des ersten Bandes konzentriert sich auf die Kernstruktur seines gesellschaftlichen Seins. Er beschreibt sozusagen die harten Fakten der Vorgeschichte Flauberts: seine soziale Lage und die Verhältnisse seiner Familie mit dem patriarchalen Vater und der übervorsichtigen Mutter (vgl. Sartre 1977-1980: Bd.1: Kap. 2-6). Der bürgerliche Sohn eines bekannten Mediziners ist mit Passivität geschlagen und ein wenig geliebtes zweitgeborenes Kind, so der Tenor des ersten Bandes von „Der Idiot der Familie“. Der zweite beginnt mit der resümierenden Feststellung: „So ist Gustave. So hat man ihn konstituiert.“ (Sartre 1977-1980: Bd.2: 11)

Davon ausgehend beginnt Sartre damit, Flauberts Biographie als einen zielgerichteten Selbstentwurf zu interpretieren. Er zeigt auf, wie es Flaubert gelang, die vorgefundene Situation zu überwinden und aus diesen feststehenden Koordinaten eine eigene Existenz hervorzubringen (vgl. Brunkhorst 1980: 33). So bricht er mit seiner Vergangenheit durch eine bestimmte Form der Überanpassung, durch eine spezifische Übertreibung der passiven Konstitution. Dem aufgezwungenen Jurastudium und dem dadurch vorgezeichneten Berufsweg zum Notar entgeht er durch die Wahl seiner Neurose. Indem er seine angeborene Passivität systematisch übertrieb und sich zum handlungsunfähigen Neurotiker machte, gelang es ihm, sich dem Willen des Vaters zu entziehen. Seine Autonomie und seinen eigenen freien Willen behauptete er, indem „die Freiheit in Form einer Neurose über ihn kam“ (Sartre 1977-1980: Bd.3: 864). Mit der im Januar 1844 durch eine Nervenattacke zum Ausbruch gelangten Neurose erzwingt Flaubert schließlich das Ausscheiden aus dem praktischen Berufsleben.

Hinter dieser scheinbar selbstdestruktiven Taktik der weltlichen Negation, so Sartres Interpretation, steht auf der anderen Seite eine positive Strategie, die es ihm ermöglicht, einen literarischen Stil zu entwickeln, der letztendlich zum Erfolg seines Werkes führen sollte: Davon überzeugt, dass durch die Nervenattacke sein Wille zum Leben abgetötet wurde und er aus der praktischen bürgerlichen Welt vollends ausgeschieden war, betrachtete Flaubert seine Umgebung aus der Perspektive eines Gestorbenen, der alle ihre realen Erscheinungen detailliert zu beschreiben vermochte. Anhand zahlreicher Briefzitate und anhand seines Romans „Die Erziehung des Herzens“ weist Sartre nach, wie Flaubert aus einer spezifischen Haltung gegenüber der Welt einen literarischen Stil entwickelte (vgl. König 1980: 14f.). Gegen die Welt machte sich Flaubert mithilfe seiner ihm anhaftenden Passivität nicht nur zum Idioten der Familie, sondern vor allem auch zum Künstler. Er begründete damit die Idee der modernen Kunst als einer reinen und absoluten. Seine Kunst um der Kunst willen war nicht länger „mit dem realistischen Utilitarismus der Bürger vereinbar, nicht länger klassisch-affirmative Überhöhung der bürgerlichen Praxis", sondern stand ganz alleine für sich (Brunkhorst 1980: 34f.). Flauberts Kunst entstand Sartres Interpretation zufolge alleine aus der Person Flaubert, die sich selbst geschaffen hatte. Dieser Akt der individuellen Selbstschöpfung kreierte demzufolge auch die Unabhängigkeit der Kunst gegenüber den sozialen Strukturen.[12]

Letztlich versucht Sartre jedoch zu zeigen, wie Flaubert sich selbst zu demjenigen gemacht hat, der er geworden ist. Der „Idiot der Familie" ist eine Veranschaulichung dessen, worin nach Sartre Freiheit bestehen kann. Darin geht es ihm auch um eine Zurückweisung marxistischer Interpretationsansätze, die es nicht vermögen, das Besondere des Lebens und der Person eines Autors zu erkennen. Aus marxistischer Perspektive müsste Flaubert als Bourgeois betrachtet werden, weil er aus der Bourgeoisie stammt und in einem bürgerlichen Umfeld aufgewachsen ist. Damit alleine jedoch lässt sich Sartre zufolge weder dessen Biographie hinreichend deuten, noch ist es möglich, den epochalen Entwurf seiner Kunst zu erklären. Die Betrachtung des Lebens als ein besonderes macht dies jedoch möglich: „Flaubert lernte, geprägt von den Besonderheiten einer Lebensgeschichte und den Widersprüchen, die dieser Familie eigen waren, verschwommen seine Klasse kennen [...] das Kind wird so oder so, weil es das Allgemeine als Besonderes lebt." (Sartre 1999: 67; vgl. dazu auch Jurt 2006: 66f.).

Sartres ausführliche Beschäftigung mit der Biographie Flauberts dient letztendlich einem allgemeineren Zweck: Er möchte seine theoretische Konzeption exemplarisch veranschaulichen. Sein Werk über Flaubert soll belegen, dass Menschen Wesen sind, die sich zu dem, was sie sind – zunächst einmal und dann immer wieder – machen müssen. Aufgrund des Fehlens einer natürlichen Bedeutung des Menschen, ist das Individuum in seinem Wesen zur Selbstauslegung gezwungen. Es muss seinen Sinn selbst und beständig neu entwerfen.

[12] Schwingel weist zurecht darauf hin, dass Sartres Methode der Literaturinterpretation oft zu subjektivistisch ausgelegt wird. Zwar dienen Sartres Entwürfe Bourdieu letztendlich als Abgrenzungsfolie, jedoch muss durchaus darauf hingewiesen werden, dass Sartre Flauberts „Personalisation" aus den sozialen Strukturen heraus entwirft. Er schildert dazu detailliert „das Konglomerat von psycho-sozialen Faktoren", die für Flauberts Neurose ausschlaggebend sind. Dabei geht er ausführlich auf die Stellung Gustaves innerhalb der Familie Flaubert ein, auf das großbürgerliche Umfeld des Aufwachsens sowie auf die gesamtgesellschaftliche Lage (vgl. Schwingel 1997: 114f.).

Sartre begreift die Welt damit als eine natürliche und selbstverständlich vorgegebene, der das Subjekt handelnd gegenüber steht. Die Frage nach den Bedingungen von Handlungsmöglichkeiten stellt Sartre jedoch nicht. In seinem Konzept der Totalisierung des Menschen stellt Sartre den inneren Zusammenhang der Totalität des Einzellebens und der Totalität der Gesellschaft und Geschichte her. Sein Fokus jedoch liegt dabei eindeutig auf der Seite des Subjekts. Die andere Seite, nämlich diejenige der objektiven Verhältnisse – oder des Allgemeinen, so Sartres Bezeichnung – ,dient lediglich als eine Kontrastfolie, als der Startpunkt des Subjekts. Wenn Sartre den Menschen als Projekt entwirft, geht es ihm vorrangig darum, für den Einzelnen Handlungsspielräume zu eröffnen, um „sich nicht von einer Gesellschaft ersticken zu lassen", die Welt jedoch kann dabei lediglich Kulisse sein (Bürger 2007: 7, 89). Eben auf diese Weise versteht Bourdieu Sartres existentialistische Philosophie, von der er sich entschieden abgrenzt. Damit stellten Sartre und dessen Philosophie für Bourdieu einen negativen Bezugspunkt dar, gegen den er seine eigene soziologische Konzeption entwarf. Im dritten Band von „Der Idiot der Familie" beschreibt Sartre Flauberts Neurose als Gründungsmythos seines individuellen Entwurfs: „Im Januar 44 hat er definitiv die soziale Umgebung gewählt, die noch gar nicht existiert und die seine Gesellschaft für einige Jahre werden wird." (Sartre 1977-1980: Bd.3: 447) Diese Idee von der „Einheit eines ursprünglichen Entwurfs" ist es, die Bourdieu konkret zurückweist.

1.3 Bourdieus Flaubert

Was setzt Bourdieu der Sartreschen Interpretation der Biographie Flauberts aber nun konkret entgegen? Kein eigenes biographisches Großprojekt über das Leben des Autors, sondern eine Interpretation von dessen Roman „Die Erziehung des Herzens" (Flaubert 1979). Dies mutet zunächst etwas sonderbar und umständlich an, erklärt sich jedoch mit der spezifischen Interpretationsweise, die Bourdieu wählt, er liest diesen Roman als eine soziologische Analyse:

„Dieses paradoxe Werk, eine Art absolutes Meisterwerk, liefert in der immanenten Beschreibung der sozialen Welt, in der der Autor seinen Ort hatte, zugleich die Mittel zu seiner Analyse. Die Lektüre macht dabei lediglich eine Struktur sichtbar, die, kaum aufgedeckt, als vollkommen evident erscheint, im Text selber jedoch nur in verschleierter Form zum Ausdruck kommt. Und zwar so perfekt, dass sie selbst und zugleich das, was in meinen Augen die zentrale Triebfeder des Werkes ausmacht, bislang allen Interpreten entgangen ist." (Bourdieu 1987a: 173)[13]

Bourdieus Interpretation zufolge hat Flaubert mit „Die Erziehung des Herzens" nämlich die sozialen Bedingungen der Kunst zu seiner Zeit, also Mitte des 19. Jahrhunderts, analysiert. Seine zentrale These lautet, dass die Möglichkeiten der Kunst an soziale Voraussetzungen und Bedingungen gebunden sind und weitestgehend aus diesen entstehen. Und eben dies, so Bourdieu, macht die Größe von Flauberts Roman aus. Bourdieu liest „Die Erziehung des Herzens" als eine Art Entwicklungsroman einer Person, der jedoch das Hauptaugenmerk auf die sozialen Strukturen in deren Umfeld legt. Diese sozialen Strukturen stellen Bourdieu zufolge das Grundgerüst des Romans dar. Bourdieus Intention liegt deshalb darin, „die implizite Struktur explizit zu machen, das Erzeugungsmodell herauszustellen, das dem Aufbau des gesamten Romans zugrunde liegt" (Bourdieu 1987a: 173; vgl. auch Kastner 2009: 46). Um die Wahrheit des Werks preiszugeben, so erklärt Bourdieu später, „müsste ich hier meine Analysen zu Flaubert vorlegen, in denen ich zu zeigen versucht habe, wie die Wahrheit des Flaubertschen Projekts, die Sartre verzweifelt (und endlos) in der singulären Biographie Flauberts sucht, außerhalb des Individuums Flaubert liegt" (Bourdieu 1993a: 202).

In „Die Erziehung des Herzens" wird auf eine spezifisch künstlerische Weise die Struktur und Entwicklung der französischen Gesellschaft Mitte des 19. Jahrhunderts beschrieben, genauer genommen ein spezifischer Teil dieser Gesellschaft, nämlich der Schnittpunkt zwischen Kunst und Wirtschaft. Bourdieu analysiert also eine Korrespondenz zwischen dem beschriebenen sozialen Universum, das Flauberts

[13] Bourdieus Studie über Flaubert wird größtenteils nicht aus „Die Regeln der Kunst" zitiert, wo sie in leicht veränderter Form als „Prolog" der Untersuchung von Bourdieu ein zweites Mal veröffentlicht wurde (Bourdieu 1999: 26: 19-79), sondern aus der Übersetzung der überarbeiteten Originalstudie Bourdieu (1987a: 173-189; 240-255). Die Studie wurde in ihrer ersten Form 1975 mit dem Titel „L'invention de la vie d'artiste" auf Französisch veröffentlicht, in „Actes de la recherche en sciences sociales. No 2, 1975, S. 67-94".

Roman zugrunde liegt, und der sozialen Struktur während der Mitte des 19. Jahrhunderts. Um den Bourdieuschen Interpretationsansatz nachvollziehen zu können, muss zunächst die Geschichte des Romans kurz skizziert werden: Frédéric Moreau, die Hauptperson des Romans, aus der französischen Provinz stammend, geht nach Paris, um sein Glück zu suchen. Dort erhofft er sich eine große Zukunft in der Politik und der Literatur. Obwohl sich ihm durchaus reale Zugangsmöglichkeiten zu den gesellschaftlichen Eliten bieten, scheitern seine Pläne letztendlich, weil Frédéric seine komplette Energie in die unerfüllte Liebe zu einer verheirateten Frau steckt. Zudem ebbt auch seine kurze Begeisterung für die politischen Ideale und Ziele der 1848-er Revolution schnell wieder ab, und Frédéric versinkt schließlich in intellektueller Mittelmäßigkeit. Lediglich eine stattliche Erbschaft bewahrt ihn am Ende der Handlung noch vor einem gleichzeitigen materiellen Niedergang.[14]

Bourdieu konzentriert sich in seiner Interpretation zunächst auf Flauberts Beschreibungen der Pariser Zirkel, in die Frédéric Einblick bekommt. Er konstruiert also das soziale Universum des Romans und zeigt auf, wie die Struktur des Werkes mit der Struktur der französischen Gesellschaft korrespondiert: Das Pariser Umfeld ist um zwei gesellschaftliche Zirkel aufgebaut, die durch die Figuren Arnoux und Dambreuse verkörpert werden. Dabei handelt es sich auch um zwei gegensätzliche Pole: auf der einen Seite stehen „Kunst und Politik“, während auf der Seite gegenüber „Politik und Geschäft“ verortet sind (vgl. Bourdieu 1987a: 174).[15] Sämtliche Figuren im Roman, und insbesondere diese beiden Hauptbezugspersonen Arnoux und Dambreuse, sind Bourdieu zufolge keine „Charaktere“, sondern „fungieren als Symbole zur Kennzeichnung und Repräsentation“ sozialer Positionen (Bourdieu 1987a: 174). Bourdieu analysiert dies anhand der „soziologisch belangvollen Merkmale“ insbesondere bei den Zusammenkünften der beiden gegensätzlichen sozialen Zirkel (Bourdieu 1987a: 174): Die Differenz zeigt sich insbesondere durch die bei den Empfängen anwesenden Personen.

[14] Eine ausführlichere Zusammenfassung von Flauberts Roman findet sich etwa in: „Kindlers Neues Literatur Lexikon, Bd.5, München 1989, S.602-604“

[15] Bourdieu zeigt das Universum des Romans mit seinen sozialen Positionen auch anhand eines graphischen Schemas (vgl. 1987a: 175). Dieses korrespondiert weitgehend mit seinem Entwurf des künstlerischen Feldes während der Mitte des 19. Jahrhunderts (siehe Kapitel 3).

Bei Dambreuse trifft sich die gesellschaftliche Elite: ein ehemaliger Minister, der Pfarrer einer großen Gemeinde, hohe Regierungsbeamte, Gutsbesitzer und einige weitere Persönlichkeiten aus Kunst, Wissenschaft und Politik (vgl. Bourdieu 1987a: 174–176). Diesen „herrschenden Kreise[n] der herrschenden Klasse" gehören keine Künstler oder Journalisten an (Bourdieu 1987a: 176). Die Unterhaltungen charakterisiert Bourdieu als „ernsthaft, langweilig, konservativ": gesprochen wird über Abstimmungen, Gesetzesanträge und -zusätze; die durch Journalisten verbreitete Meinungsfreiheit soll beschränkt werden; die „niederen Klassen werden getadelt" und es werden Vorurteile gegen Künstler geäußert (Bourdieu 1987a: 176). Die erlesenen Speisen werden auf Silbergeschirr serviert und es werden die besten und teuersten Weine getrunken.

Auf der anderen Seite steht mit Arnoux kein reiner Künstler, sondern ein Gemäldehändler, also ein „Kunstindustrieller". Arnoux betrachtet Bourdieu demnach als einen „Vertreter von Geld und Geschäft innerhalb der Kunstwelt" (Bourdieu 1987a: 176). Bei den Empfängen von Arnoux trifft sich demnach auch eine gemischte Klientel: neben diversen Künstlern (mehrere Maler, ein Komponist, ein Dichter, ein Bildhauer) und zwei Kunstkritikern auch „mehrere Stützen der industriellen Kunst", zudem ein Papierfabrikant (Bourdieu 1987a: 174). Die Unterhaltungen hier sind weniger gezwungen und es wird über komplexere und anspruchsvollere Thematiken gesprochen, zum Beispiel über ästhetische und politische Theorien. Dazu werden exotische Gerichte verzehrt und „auserlesene Weine" getrunken. Dieses Feld wird als eine Sphäre zwischen Kunst und Geld beschrieben: „Die Industrielle Kunst ist auch eine Kunstindustrie, die die Arbeit der Künstler ökonomisch auszubeuten vermag nicht obwohl, sondern weil sie eine genuin intellektuelle und künstlerische Machtinstanz darstellt" (Bourdieu 1987a: 176). Arnoux spielt als Kunsthändler sozusagen eine Doppelrolle, denn es herrschen zwei gegensätzliche Logiken vor: diejenige der Kunst und diejenige des Geschäfts. Und so erscheint Arnoux auch „den Künstlern zwangsläufig als Bürger und den Bürgern als Künstler" (Bourdieu 1987a: 177).

Bourdieu macht noch einen dritten gesellschaftlichen Zirkel aus, deren Mittelpunkt die Figur Rosanette mit ihrem Salon bildet. Bourdieu spricht hier von einer Zwischen- oder Halbwelt, deren Vertreter sich aus beiden gegensätzlichen Polen rekrutieren. Damit erscheint

Rosanettes Salon als neutraler Boden, „auf dem die Reaktionäre der verschiedenen Richtungen einander begegneten“ (Bourdieu 1987a: 177). Der Salon Rosanettes wird von „freien Frauen dominiert“, welche die Funktion von Mittlerinnen „zwischen – schlechthin herrschenden – ‚Bürgern‘ und den – beherrscht herrschenden – ‚Künstlern‘ erfüllen“ (Bourdieu 1987a: 177). In dieser Zwischenwelt werden Bourdieus Interpretation zufolge die Vorteile der beiden gegensätzlichen Welten vereint: der Luxus in der Welt der gesellschaftlichen Macht und die Freiheit in der Welt der Kunst. Der Umgang im Salon ist sehr ungezwungen, da bürgerliche Konventionen über Bord geworfen werden. Erlaubt sind Zoten, Witze, Prahlerei und allerlei ungebührliches Verhalten (vgl. Bourdieu 1987a: 177). Auf den rauschenden Feiern werden edle Weine und Champagner getrunken. Dennoch hat dieses Milieu Bourdieus Interpretation zufolge einen entscheidenden Haken: „Alle bürgerlichen Regeln und Tugenden sind verbannt außer der einen: der Achtung vor dem Geld.“ (Bourdieu 1987a: 178)[16]

Bourdieu interpretiert den Roman als eine Art soziale Versuchsanordnung. Diese wirkt wie ein Energiefeld, „worin soziale Kräfte wirken, Kräfte der Anziehung und Abstoßung, die sich in Form psychologischer Motivationen“ ausdrücken (Bourdieu 1987a: 178). Die verschiedenen sozialen Kreise stellen also Pole dar, welche auf die auftretenden Protagonisten der Handlung Wirkungen ausüben. Bourdieu versteht Flauberts Roman damit insgesamt als ein soziologisches Experiment. Zwischen den beiden äußeren Polen der Kunst und der gesellschaftlichen Macht besteht absolute Unvereinbarkeit. Entsprechend urteilt Bourdieu mit Blick auf die Kunst: „An beiden Tischen gleichzeitig kann man nicht spielen; alles gewinnen zu wollen geht nur um den Preis, alles verlieren zu können.“ (Bourdieu 1987a: 181) In diese vorgegebene Welt wirft Flaubert der Bourdieuschen Interpretation zufolge nun verschiedene Protagonisten hinein und zeigt den Verlauf von deren Entwicklung auf. Bourdieu beschreibt dieses Szenario wie ein hypothetisches Realitätsspiel mit verschiedenen Spie-

---

[16] Jurt interpretiert Bourdieus drei gesellschaftlichen Zirkel folgendermaßen: „Der reinen Liebe entspricht der Pol des ‚l'art pour l'art‘; der käuflichen Liebe entspräche ‚l'art bourgeois majeur‘ (‚théâtre bourgeois‘), das man mit der Figur von Madame Dambreuse assoziieren könne, und der ‚art bourgeois mineur‘ (Vaudeville, Cabaret, Feuilleton) lassen sich mit der Person Rosanettes in Verbindung bringen“ (Jurt 1995: 140).

lern: „Die Partie kann beginnen. Jeder der Protagonisten ist durch eine Art generativer Formel definiert, die nicht völlig explizit, noch weniger formalisiert sein muss, um die Entscheidungen des Romanciers zu leiten." (Bourdieu 1999: 35) Die potentielle Laufbahn der Protagonisten in diesem Kraftfeld wird vorrangig durch ihre soziale Herkunft und ihre derzeitige Position bestimmt. Als entscheidend identifiziert Bourdieu also vor allem die inkorporierten Eigenschaften der Figuren: Eleganz, ungezwungenes Auftreten, selbst Schönheit. Im Zentrum der Flaubertschen Versuchsanordnung sieht Bourdieu eine Vierergruppe: Frédéric, Deslauriers, Martinon, Cisy. Diese Konstellation versteht Bourdieu als „eine Gruppe in dem Sinn, dass jeder mit jedem zusammenhängt und zugleich von jedem getrennt ist, anhand eines Ensembles von Ähnlichkeiten und Unterschieden, die mehr oder minder systematisch verteilt sind" (Bourdieu 1987a: 178).

Cisy ist sehr reich und von adliger Herkunft. Sein Auftreten erscheint demzufolge als sehr vornehm. Er ist auf der anderen Seite nicht sehr intelligent. Im Verlauf der Handlung verkündet er schließlich, sein Jurastudium nicht beenden zu wollen. Da ihm seine Herkunft ohnehin einen angenehmen gesellschaftlichen Status verspricht, zeichnet sich seine Persönlichkeit durch keinen besonderen Ehrgeiz aus. Cisy stellt somit ein Beispiel für einfache soziale Reproduktion dar. Er verhält sich seinem hohen sozialen Status gemäß und führt mit seiner Biographie die adlige Tradition seiner Familie fort. Ihm gegenüber steht Deslauriers. Er ist überdurchschnittlich intelligent und nicht besonders hübsch. Ansonsten besitzt er Merkmale, die mit seiner kleinbürgerlichen Herkunft zusammenhängen: Er ist relativ arm und hat starkes Interesse an gesellschaftlichem Erfolg. Martinon wiederum steht im Gegensatz zu Cisy und Deslauriers. Er ist wie Cisy verhältnismäßig reich und ziemlich schön, gleichzeitig jedoch auch überaus ehrgeizig und erfolgshungrig. Maritinon ist damit jemand, der seine optimalen Startbedingungen dafür einsetzt, seinen sozialen Status weiter auszubauen. Sein Wille, sich die bestmögliche soziale Laufbahn zu sichern, findet sich sonst nur beim Kleinbürger Deslauriers (vgl. Bourdieu 1987a: 182).

Betrachtet man die sozialen Voraussetzungen, so hat Frédéric, der die Hauptperson in Flauberts Roman darstellt, ebenfalls alles, um eine erfolgreiche soziale und berufliche Laufbahn absolvieren zu können: „relativen Reichtum, Charme und Intelligenz – nur der Wille zum

Erfolg fehlt“ (Bourdieu 1987a: 178). Frédéric unterscheidet sich jedoch auch deutlich von Cisy, denn er verkörpert nicht einfach einen Sprössling aus dem Bürgertum, der später in eine hohe soziale Position gelangen wird. Er ist kein Erbe, der sein Erbe auch antritt, sondern besitzt einen auffällig widerspenstigen Charakter: Ihm haftet nämlich einerseits die Eigenschaft an, sich von seinem Besitz nicht vereinnahmen lassen zu wollen, während er andererseits auf diesen auch nicht verzichten möchte. Bourdieu charakterisiert ihn folgendermaßen: „Frédéric will erben, ohne von seinem Erbe in Besitz genommen zu werden. Ihm fehlt, was der Bürger ‚Ernst‘ nennt, jene Fähigkeit, zu sein, was man ist: die gesellschaftliche Form des Identitätsprinzips, die allein eine unzweideutige soziale Identität zu begründen vermag.“ (Bourdieu 1999: 33) Die Position Frédérics ist eine besondere, die Bourdieu zufolge den Schlüssel zur Interpretation des Romans darstellt. Dies versucht Bourdieu vor allem an der Beziehung Frédérics zu seinem Freund Deslauriers zu zeigen. Dieses Verhältnis zeichnet „die Opposition nach zwischen dem, der erbt, und dem, der nur über den Drang nach Besitz verfügt, in anderen Worten: den Gegensatz zwischen Bürger und Kleinbürger“ (Bourdieu 1987a: 182). Frédérics Position kennzeichnet sich demzufolge durch eine Verachtung alles Ernsthaften. Er kultiviert zudem seine soziale Unentschlossenheit und Unsicherheit. Ihm fehlt „jedes klare Ziel“ und „jeder sichere Bezugspunkt“ (Bourdieu 1999: 34). Durch seine Absage an das gesellschaftliche Erfolgsstreben auf der einen Seite und seine Weigerung, seinen ererbten sozialen Status des Bürgers anzuerkennen, auf der anderen Seite, fordert Frédéric das grundlegende Gesetz des sozialen Universum des Romans heraus (vgl. Bourdieu 1987a: 185):

„Ins Zentrum eines Kraftfeldes versetzt, das seine Struktur aus dem Gegensatz zwischen dem Pol der ökonomischen oder politischen Macht auf der einen, dem Pol des intellektuellen oder künstlerischen Prestiges auf der anderen Seite gewinnt, […] befindet er sich somit in einer Zone der gesellschaftlichen Schwerelosigkeit, in der die potentiell auseinanderstrebenden Kräfte sich auf Zeit gegenseitig aufheben und ausgleichen.“ (Bourdieu 1987a: 180)

So wendet sich Frédéric zeitweise gegen die revolutionären Ambitionen seiner Freunde und drückt diesen gegenüber seine Verachtung aus. Demgegenüber stellt er sich aber auch gegen die bürgerliche Geschäftswelt und freut sich, wenn die Geschäfte schlecht laufen. Er verteidigt etwa im Kreise Dambreuses „die Positionen der intellektuellen bis hin zum abschließenden ‚Ich pfeif auf die Geschäfte!'" (Bourdieu 1999: 60).

Die Figur Frédéric steht für Bourdieu symbolisch für die Position des Künstlers in der zweiten Hälfte des 19. Jahrhunderts. So ist der Künstler einerseits im weltlichen Besitz gefangen und gehört damit zur Sphäre des Bürgerlichen, zeichnet sich jedoch andererseits durch seine gleichzeitige Verachtung für Bourgeoisie aus, deren Lebensstil er grundsätzlich ablehnt. Bourdieu betrachtet den Künstler als einen gescheiterten Bürger. Dem Künstler haftet damit auch das Ressentiment des Gescheiterten an, „das ihn dazu verleitet, sein Scheitern zum Aristokratismus des freigewählten Verzichts zu stilisieren" (Bourdieu 1999: 60). Diese spezifische Position des Künstlerischen basiert – wie später im dritten Kapitel zum künstlerischen Feld genauer ausgeführt wird – auf einer grundlegenden Umkehrung, „die aus Armut verworfenen Reichtum, mithin geistigen Reichtum macht. Das armseligste intellektuelle Projekt ist ein Vermögen wert: das, was man ihm opfert. Mehr noch: kein weltliches Vermögen kann mit ihm konkurrieren, da es allemal vorgezogen würde." (Bourdieu 1999: 60)

Bourdieus Interpretation zufolge veranschaulicht Flauberts Konstellation in „Die Erziehung des Herzens" sehr exakt die damalige Position des Künstlers in der Gesellschaft. Der Roman veranschaulicht, wie der Künstler nur in einem sozialen Universum überhaupt in Erscheinung treten konnte. Nur in negativer Abgrenzung zum bürgerlichen sozialen Universum und dessen Machtstrukturen konnte die spezifisch künstlerische Position überhaupt erst entstehen (vgl. Kapitel 4.3; 5.3). Damit ist sie aber nur mit diesem sozialen Universum überhaupt denkbar und bleibt immer auch auf dieses bezogen. Und eben darin zeigt sich, dass Bourdieus Flaubert-Interpretation auch direkt gegen Sartres Flaubert-Projekt gerichtet ist. Bourdieus Beschreibung von der sozialen Verankerung der Kunst ist der Versuch, Sartre zu widerlegen, der die Möglichkeit zur Kunst als einen Akt der Selbstschöpfung begreift. Bourdieu verfolgt diese Argumentation gegen Sartre sogar noch einen Schritt weiter und bezieht seine Interpretation von „Die Erziehung des Herzens" direkt auf den Autor Flaubert. Damit wendet er sich konkret gegen die Idee, Flauberts Kunst liege in dem Akt zur selbstgewählten Neurose begründet.

1.4 Frédéric als Möglichkeit Flauberts

Bourdieu dagegen begreift Frédéric „als überwundene und bewahrte Möglichkeit von Gustave“ (Bourdieu 1987a: 242). Die Romanfigur steht demzufolge in einer grundlegenden Beziehung zum Autor Flaubert:

„Anhand der Figur von Frédéric, die er hätte sein können und die er auch noch ist, wenn auch auf andere Weise, objektiviert Flaubert den auf die soziale Welt bezogenen Idealismus, der sich in Frédérics Verhältnis zur Gesamtheit der seinen Aspirationen angebotenen Möglichkeiten bekundet“ (Bourdieu 1987a: 242).

Bourdieu führt dieses Verhältnis zwischen Autor und Romanfigur detailliert aus: Genau wie Frédéric habe Flaubert lebenslang versucht, „sich in jener unbestimmten sozialen Position zu halten, jenem neutralen Ort, von dem aus sich die Gruppen und ihre Konflikte überfliegen lassen“ (Bourdieu 1987a: 241). Wie Bourdieu anhand einiger Zitate belegt, weigerte sich Flaubert, an literarischen Auseinandersetzungen teilzunehmen oder soziale Positionen zu beziehen, da er nicht zu einer Gruppe oder Klasse gehören wollte. Aus dieser „Ablehnung sozialer Determinierungen“, so Bourdieu, „hat er ein ‚System‘, eine ‚Konzeption‘ gemacht“ (Bourdieu 1987a: 241). Die systematische Neutralität im sozialen Universum, so die Argumentation Bourdieus, stellt nun aber die Möglichkeit von Flauberts künstlerischem Standpunkt erst her:

„Gesellschaftlich zu existieren heißt, eine bestimmte Stellung innerhalb der sozialen Struktur einzunehmen und deren Stempel zu tragen – nicht zuletzt in Form verbaler Automatismen oder mentaler Mechanismen; heißt auch, von Gruppen abzuhängen, von ihnen gehalten zu werden und sich an sie zu halten, kurz: ihnen zuzugehören, in Netzwerke sozialer Beziehungen mit der Objektivität, Undurchdringlichkeit, Beständigkeit eines Dings eingebunden zu sein, die sich in Gestalt von Verbindlichkeiten, moralischen Schulden, Pflichten, also

Kontrollen und Zwängen in Erinnerung bringen.“ (Bourdieu 1999: 58f.)

Die Originalität der Flaubertschen Position besteht nun darin, diesem sozialen Universum durch eine radikale Selbstneutralisierung zu entfliehen. Flauberts „Schreiben setzt alle Determinierungen, alle grundlegenden Zwänge und Beschränkungen des gesellschaftlichen Daseins außer Kraft“ (Bourdieu 1999: 58). Flauberts Beziehung zu Frédéric ist also nicht diejenige „einer Projektion, sondern die einer Objektivierung, einer Selbstanalyse“ (Jurt 1995: 140). Indem er die Geschichte Frédérics und dessen sozialem Umfeld beschreibt, versuche Flaubert eine übergeordnete soziale Position, einen tatsächlich objektiven Standpunkt, einzunehmen. Von der anderen Seite aus betrachtet, könnte man auch sagen: Die „Erziehung des Herzens“ enthält alle möglichen sozialen Standpunkte und Positionen Flauberts. Bourdieu drückt dies folgendermaßen aus:

„Man hat durchaus den Eindruck, dass Flaubert in alldem, in diesem Universum von Beziehungen, die eine nach der anderen in ihrer doppelten Dimension – künstlerisch und gesellschaftlich – untersucht werden müssten, ganz präsent ist – und dass er gleichwohl unverrückbar jenseits davon steht: und sei es nur, weil die aktive Integration, die er vollzieht, ein Überschreiten impliziert.“ (Bourdieu 1999: 166)

Bourdieu liest den Roman als einen allumfassenden Versuch der sozialen Objektivierung, als den Versuch eine gesellschaftliche Metaposition einzunehmen. Frédéric träumt im Roman von der „Gabe gesellschaftlicher Allgegenwart“, die er jedoch am Ende nicht erreichen kann, woraufhin er schließlich im gesellschaftlichen Mittelmaß versinkt (Bourdieu 1999: 59f.). Diese Idee eines quasi göttlichen Standpunkts eines reinen Beobachters – so die Ausführungen Bourdieus – strebt Flaubert durch das Schreiben seines Romans an, „indem er sich gleichsam an den geometrischen Ort aller Perspektiven versetzt“ und die „Gesamtheit der Fragen, die sich im Feld stellen“ stellt (Bourdieu 1999: 166).

Mit dieser Position – so die Pointe von Bourdieus Ausführungen zu Flauberts „Die Erziehung des Herzens“ – erschuf Flaubert die Position des L’ART POUR L’ART. Die neutralisierende Distanz zum Sozialen ist eben die entscheidende Perspektive dieser spezifischen Position, in der sich die Kunst scheinbar von der Gesellschaft abspaltete und versuchte, sich alleine durch sich selbst zu definieren. Damit erklärt und verortet Bourdieu den Standpunkt Flauberts direkt gegen die Sartreschen Ausführungen. Flauberts künstlerischer Standpunkt entsteht demzufolge nämlich in direkter Beziehung zum sozialen Universum. Er ist grundlegend von diesem sozialen Universum abhängig und an dieses gebunden. Die Position der L'ART POUR L'ART, die Sartre alleine aus der Subjektivität des Künstlers Flaubert und dessen autonomer Entscheidung zur Neurose erklärt, entsteht Bourdieus Gegenposition zufolge im Wesentlichen aus einer sozialen Konstellation.

1.5 Die biographische Illusion

Wenn Bourdieu Flauberts „Die Erziehung des Herzens" als Rekonstruktion des Standpunktes Flauberts liest, dann ist Sartre nicht nur „als unsichtbarer Gesprächspartner präsent", sondern wird direkt herausgefordert und angegriffen (Jurt 1997: 156).

Bei Bourdieu kann das Subjekt nämlich niemals alleiniger und letztendlicher Erklärungsgrund sein. Vielmehr gilt es, das komplette soziale Umfeld zu objektivieren, welches sich in der historischen Figur Flaubert äußert und ihn als Person wesentlich mitbestimmte – ihn sozusagen erst ermöglichte und hervorbrachte. Sartres Vorstellung vom ursprünglichen Entwurf, die von der Idee eines freien und bewussten Aktes der Selbstschöpfung getragen wird, stellt Bourdieu zufolge einen „Gründermythos" dar, der auf dem künstlerischen Selbstbild eines „ungeschaffenen Schöpfers" basiert (Bourdieu 1999: 302). Anstatt das soziale Universum Flauberts zu objektivieren, das ihn als Künstler erst hervorbringen konnte, basiere Sartres Untersuchung auf einer Ideologie der künstlerischen Begabung des genuinen Ausnahmekünstlers, als dessen generierendes Prinzip lediglich seine eigene Persönlichkeit betrachtet wird (vgl. Bourdieu 1999: 303f.).

Mit dem Schreiben einer Biographie, so Bourdieus allgemeine Kritik, wird das Leben im Nachhinein als Einheit und Ganzheit erst konstruiert: Es wird damit behauptet, dass jedes Leben ein Ganzes darstellt, eine kohärente, zielgerichtete Gesamtheit, und dass es nur als einheitlicher Ausdruck einer subjektiven und objektiven Intention erfassbar ist, die sich in allen Erfahrungen abzeichnet, vor allem in den frühesten. Die retrospektive Illusion, die später Ereignisse zum Zweck ursprünglicher Erfahrungen oder Verhaltensweisen erhebt, und die Ideologie von der Begabung oder Prädestination, die sich ganz besonders bei den gern prophetischer Fähigkeiten verdächtigten Ausnahmegestalten aufzudrängen scheint, begünstigen die stillschweigende Annahme, dass das wie eine Geschichte aufgebaute Leben sich von einem als Ausgangspunkt, aber zugleich auch als erste Ursache – oder besser: als generierendes Prinzip – aufgefassten Ursprung her bis zu einem Ende abrollt, das zugleich ein Ziel ist (Bourdieu 1999: 300).

Bourdieu zufolge stehen diese impliziten Annahmen voraussetzungslos und unhinterfragt am Anfang seiner künstlerischen Existenz. Sartre konzipiere Flauberts Biographie dabei als Abfolge von Ereignissen, die alle von der Ausgangskrise (die subjektive Neurose) her gedeutet werden und demnach in dieser potenziell bereits enthalten waren.[17] Dies zeige sich etwa in der Verwendung von sprachlichen Wendungen wie „schon damals", „von da an" oder „von klein auf". Die chronologische Ordnung der Erzählung, die ein ablaufendes Leben beschreibt, wird damit auch zur logischen Ordnung gemacht: die geschriebene Biographie konstruiert die Einheit der gelebten Biographie. Diese erhält damit „einen Anfang, einen Ursprung im doppelten Sinne von Ausgangspunkt, Beginn, aber auch Urgrund, *raison d'être,* erste Ursache, und ein Ende, das auch ein Ziel ist, eine Vollendung" (Bourdieu 2003c: 36). Diesen Mythos vom „Schöpfer ohne Ursprung", so Bourdieus Ausführungen, konnte Sartre aus zwei Gründen nicht erkennen: zum einen, weil seiner Theorie zufolge jede „Handlung eine Art vorgeschichtslose Konfrontation zwischen Subjekt und Welt" bedeutet und zum anderen, weil Sartre als bedeutendster Intellektueller der Nachkriegsjahre selbst die höchste Position an der Spitze des intellektuellen Feldes einnahm und diesem Mythos vom sich selbst generierenden Schöpfer qua Position praktisch auferliegen musste (Bourdieu 1999: 304f.). „Er saß", so drückte es Bourdieu aus, „in einem Glashaus … seine ganze bürgerliche Herkunft umgab ihn" (Bourdieu 2000a).

[17] Darüber hinaus zweifelt Bourdieu vereinzelt auch Fakten aus Sartres Flaubert-Untersuchung an: So erwähnt er, dass einiges dafür spricht, dass Flauberts „literarische Berufung" nicht aus dem „väterlichen Fluch" entstand, sondern Flaubert seinen Vater vielmehr über seine literarischen Vorlieben aufklärte. Flauberts Neigungen zur Kunst wurden, so die These von Bourdieu, vom Vater sogar gebilligt (vgl. Bourdieu 1999: 142–144).

1.6 Bourdieus Sartrekritik

Bourdieus Interesse an Sartre beschränkt sich jedoch nicht auf die Auseinandersetzung mit dessen philosophischen Konzepten des Existentialismus und auf die Zurückweisung von dessen subjektzentrierter Flaubert-Interpretation, sondern galt auch der gesellschaftlichen Verkörperung der intellektuellen Figur Jean-Paul Sartres zu dessen Zeit.

Zur Ausführung dieses Punktes werden zunächst Bourdieus generelle Analysen zur Figur des Intellektuellen veranschaulicht: Der freie Intellektuelle wurde Bourdieu zufolge mit der DREYFUS-AFFÄRE geboren.[18] Emile Zolas Intervention und politische Parteinahme für den zu Unrecht des Landesverrats angeklagten jüdischen Artilleriehauptmann Dreyfus war alleine aufgrund seiner einzigartigen Position im Bereich der Literatur gerechtfertigt. Ohne politisches Amt oder staatlich zugewiesene Autorität oder Entscheidungsgewalt löste mit Zola erstmals ein Künstler eine Massen-Resonanz aus. Zola berief sich mit seinem offenen Brief „J'accuse" einzig auf Werte wie Wahrheit und Gerechtigkeit und zwang damit aufgrund seines Renommees als Intellektueller die Künstler und Literaten der Zeit, ebenfalls Stellung zu beziehen. „J'accuse" betrachtet Bourdieu als Ausdruck eines zur Autonomie gelangten gesellschaftlichen Bereichs (vgl. Jurt 1995: 219f.). Gegen die etablierten staatlich-gesellschaftlichen Machtinstanzen behauptet Zola eine subjektive Position aufgrund einer spezifischen Autorität, die er alleine aus dem Bereich des Intellektuellen gewonnen hatte (vgl. Bourdieu 1994: 38; 1999: 210). Die Figur des Intellektuellen analysiert Bourdieu als einen besonderen Typus, der sich aus dem intellektuellen Bereich zu diesem historischen Zeitpunkt herausbildete. Die Figur des Intellektuellen konnte nur vor dem Hintergrund einer „spezifisch intellektuelle[n] Ordnung" Gestalt annehmen. Aus dieser Ordnung entstanden, die von einem „besonderen Typus von Legitimation beherrscht und in Opposition zur ökonomischen, politischen und religiösen Macht" stand, ist es „eine spezifisch geistige Macht oder Autorität", die der Intellektuelle für sich in Anspruch nehmen kann (Bourdieu 1974a: 77).

Seit Zolas politischer Intervention für Dreyfus, die sich zur landesweiten DREYFUS-AFFÄRE ausweitete, gehört es zum Intellektuellen, dass dessen politische Äußerungen niemals mit der Durchsetzung

[18] Zur genaueren Analyse der DREYFUS-AFFÄRE und der Geburt des Intellektuellen vgl. Charle (1990; 1997) sowie Jurt (1995: 209–225).

eigener strategischer Interessen oder mit Machtkalkülen assoziiert werden. Intellektuelle Interventionen nämlich, so das allgemeine gesellschaftliche Verständnis, sind Erkenntnisse, die einer höheren Wahrheit entspringen, derjenigen des unabhängigen kritischen Denkers. Es handelt sich dabei um unbequeme Wahrheiten und Stolpersteine für Regierungen und Unternehmen, also für die weltlichen Machthaber. Die Schriftsteller, Künstler oder auch Wissenschaftler umgibt seither eine Aura eines rein intellektuellen und geistigen Bereichs, der alleine seinen eigenen Regeln folgt und als weitgehend machtfrei verstanden wird. Die reine Wissenschaft, die reine Literatur und die reine Kunst erscheinen ihrem Wesen nach als unabhängige und nur der Wahrheit verpflichtete Sphären. Ihre Vertreter sind damit scheinbar interessenlos – oder wie Bourdieu später in seinen (selbst-)kritischen Analysen der intellektuellen Felder ketzerisch anmerkt: Sie haben zumindest an „Interesselosigkeit Interesse" (Bourdieu 1999: 524).

In der Figur des Intellektuellen kreuzen sich reine Kultur und gesellschaftliches Engagement, wie Bourdieu ausführt:

„Der Intellektuelle ist ein zweidimensionales Wesen, das als solches nur existiert und fortbesteht, wenn (und nur wenn) es über eine spezifische Autorität verfügt, die ihm eine autonome (das heißt von religiösen, politischen, wirtschaftlichen Mächten unabhängige) Welt verleiht, deren spezifische Gesetze es respektiert, und wenn (und nur wenn) es diese spezifische Autorität in politischen Auseinandersetzungen geltend macht." (Bourdieu 1999: 524)

Hervorgebracht wird damit eine Art „Politik der Reinheit", die im Namen „transzendierender Werte oder anders gesagt: im Namen einer besonderen Form von ethischem und wissenschaftlichem Universalismus" steht. Diese reine Politik stellt damit die Antithese zur gängigen Staatsräson dar (Bourdieu 1999: 527).[19] Seit Zola haftet der Figur des Intellektuellen also eine moralische Autorität an. Der kritische

---

[19] Bourdieus eigene Haltung zur Figur des Intellektuellen war sehr ambivalent. Wie einigen Äußerungen zu entnehmen ist, fühlte er sich in der Figur des Intellektuellen nicht sonderlich wohl (Bourdieu 2001b: 15) und sprach sich deshalb gegen Sartre und für Foucaults Version des „spezifischen Intellektuellen" aus (vgl. Bourdieu (2000a; 2003a). Auf der anderen Seite finden sich im Bourdieuschen Werk aber auch sehr positive Äußerungen zur sozialen Kraft und zum gesellschaftlichen Nutzen des Intellektuellen (vgl. Bourdieu 1999: 523–535; Bourdieu/Haacke 1995).

Intellektuelle steht in Distanz gegenüber allen etablierten gesellschaftlichen Positionen und kann von diesen auch nicht wirklich legitim kritisiert werden. Er nimmt damit im Bereich zwischen Kunst und Politik eine Art absolute Position ein. Ausgeschlossen von irdischen Machtstellungen und Privilegien, steht der Intellektuelle als moralische Instanz auch immer in Distanz zu sich selbst als realer Person. Er erscheint damit vielmehr als eine gesellschaftliche Figur. Der Intellektuelle ist „getrennt von seinem Sein, folglich getrennt von all denen, die nichts weiter sind als das, was sie sind“ (Bourdieu 1999: 338).[20]

Sartre ist für Bourdieu nicht nur jemand, der diese historisch entstandene Figur des Intellektuellen für sich in Anspruch nahm und sie verkörperte, sondern auch derjenige, der die Position buchstäblich auf die Spitze getrieben hat. Bourdieus Äußerungen zu Sartre sind inhaltlich fast durchweg durch eine deutliche Ablehnung und formal durch ihre extreme Polemik gekennzeichnet.[21] Polemisch unterstellt er Sartre etwa intellektuelle Allmachts- und Allgegenwartsphantasien und bezeichnet ihn spöttisch als „den totalen Intellektuellen“ (Bourdieu 1999: 304, 333ff.; vgl. zudem 2003b). Basierend auf seiner eigenen philosophischen Konzeption säße Sartre der „Illusion der Allmacht eines Denkens“ auf, „das fähig ist, seine eigene Grundlage zu bilden“ (Bourdieu 1999: 304). Der absolute und grenzenlose Denker Sartre versuche, seine eigene Freiheit alleine aus sich heraus zu begründen, was Bourdieu spöttisch mit dem „Mythos von der unbefleckten Empfängnis“ gleichsetzt (Bourdieu 1999: 304f.). Bourdieu stieß an der Figur Sartre vor allem dessen Selbstinszenierung zum Intellektuellen sauer auf, die er letztendlich als einen strategischen Akt interpretierte.

---

[20] Hierbei muss auf Karl Mannheims Konzept der „freischwebenden Intelligenz“ verwiesen werden, mit welchem sich Bourdieu in diesem Zusammenhang kritisch auseinandersetzte. Nach Mannheim ist Wissen standortbezogen, weshalb nur Intellektuelle zu solchen von der sozialen Lage unabhängigen Erkenntnissen gelangen können: „Eine solche stets experimentierende, eine soziale Sensibilität in sich entwickelnde, auf die Dynamik und Ganzheit ausgerichtete Haltung wird aber nicht eine in der Mitte gelagerte Klasse, sondern nur eine relativ klassenlose, nicht allzu fest gelagerte Schicht im sozialen Raum aufbringen. (...) Jene nicht eindeutig festgelegte, relativ klassenlose Schicht ist (...) die sozial freischwebende Intelligenz.“ (Mannheim 1965: 135)

[21] Während Bourdieus theoretischen Auseinandersetzungen mit Sartres philosophischen Standpunkten überwiegend auf einer sachlichen Analyseebene angesiedelt sind (vgl. etwa Bourdieu 1987b: 79–96; vgl. auch seine Auseinandersetzung über Flaubert, 1987a), sind die Äußerungen zur Person Sartre häufig von einer unsachlichen Ablehnung durchzogen (vgl. Bourdieu 1999: 299f, v.a. 333-339; 2000a; 2003b; 2003d).

Bourdieus Äußerungen zur Person Sartre sind trotz aller Polemik dennoch von Interesse, weil Bourdieu mit einer eigenen Methodik versucht, die hegemoniale Position Sartres in der intellektuellen Welt nach dem Zweiten Weltkrieg zu verstehen. Dabei wählt Bourdieu keinen subjektiven Zugang über die Person Sartre, sondern einen Zugang von der Seite des Umfeldes: Er betrachtet die Figur Sartre, die in der intellektuellen Welt ihrer Zeit eine intellektuelle Vormachtstellung innehat. Er fragt also weniger nach den persönlichen Antrieben und Motiven des Subjekts, sondern vielmehr nach den objektiven Bedingungen der Möglichkeit einer solchen Position in der intellektuellen Welt: „Wie ist Sartre, der (französische) Intellektuelle schlechthin möglich gewesen? Welches waren die sozialen Bedingungen der Möglichkeit des totalen Intellektuellen, der an allen Fronten des Denkens gegenwärtig war, als Philosoph, als Kritiker, als Romancier, als Dramatiker?“ (Bourdieu 2003b: 44) Um die Einzigartigkeit der Figur Sartre zu analysieren, schlägt er eine vertiefte Sozialgeschichte als Methode vor, um sich der sozialen Persönlichkeit vor dem Hintergrund der gesellschaftlichen Situation seiner Zeit zu nähern (vgl. Bourdieu 2003b: 44f.). Dabei geht es Bourdieu nicht um die soziale Biographie des Individuums, sondern vielmehr um die Analyse der Bedingungen, welche diese außergewöhnliche Hegemonie Sartres zu seiner Zeit möglich machten. Ein umfassendes Verständnis dieses „Sartre-Effektes“ müsste eine Analyse der sozialen Nachfrage nach einer solchen Figur miteinbeziehen. Neben dem Zustand eines weitgehend autonomen intellektuellen Feldes entstand in den Nachkriegsjahren mit der Erfahrung des Bruchs, der Tragik und der Angst, die der Einschnitt des Zweiten Weltkriegs hinterließ, gleichzeitig ein intellektuelles Vakuum (vgl. Bourdieu 2003b: 50). Diese konjunkturelle Nachfrage nach „dem prophetischen Intellektuellen“ stellt die eine Seite der Medaille dar. Um diese Lücke auszufüllen, musste Sartre auf der anderen Seite auch die „meisterliche Selbstsicherheit“ mitbringen, „die notwendig ist, um dieser Aufgabe zu genügen“ (Bourdieu 2003b: 50). Als ehemaliger Schüler der ÉCOLE NORMALE SUPÉRIEURE, als Agrégé der Philosophie und als Sohn einer bürgerlichen Pariser Familie war es Sartre möglich, sich im „intellektuellen Milieu wie ein Fisch in Wasser“ zu bewegen (Bourdieu 2003b: 50). Er ist in der Terminologie Bourdieus eine „beispielhafte Verwirklichung des durch seine Erbschaft beerbten Erben“, da er mit sämtlichen Eigenschaften ausgestattet war, um in die Rolle des totalen Intellektuellen zu schlüpfen, „welche die gesamte Geschichte des französischen intellektuellen Feldes rückblickend gleichsam für ihn vorbereitet zu haben scheint" (Bourdieu 2003b: 51). Die allumfassende Anerkennung Sartres während der Zeit der Libération – nicht nur von den kulturellen Eliten, sondern auch von der breiten Öffentlichkeit – basiert Bourdieu zufolge im Wesentlichen auf zwei Faktoren: erstens gab es auf dem „Markt" eine Nachfrage nach einer charismatischen Intellektuellenfigur und zweitens war Sartre aufgrund seiner persönliche Disposition, also seiner Herkunft und seiner Laufbahn, wie dafür geschaffen, diese Lücke auszufüllen.

Bourdieu analysiert dabei, wie sich Sartre in die Tradition des Intellektuellen seit Zola einschrieb und diese Figur bis zu ihrer äußersten Grenze als totaler Intellektueller ausfüllte und inszenierte. Dabei kritisiert er vor allem auch Sartres Selbstkreation als Intellektuellen, als einen Schöpfer ohne Ursprung: Bourdieu zufolge arbeitete Sartre nämlich in fortwährenden Selbst-Analysen und Selbst-Kritiken lebenslang daran, sich als Intellektueller zu mythologisieren (vgl. Bourdieu 2003b: 44). Indem er immer wieder darauf insistierte, sein eigener freier Entwurf zu sein, sich beständig selbst zu entwerfen, basierte seine intellektuelle Existenz, so Bourdieus Kritik, auf dem Mythos des Glaubens an den unkreierten Schöpfer. Anstatt seine eigene Existenz und deren soziale Bedingungen darzustellen und zu objektivieren, inszenierte sich Sartre als unhintergehbare Selbstschöpfung ohne soziale Entstehungsgeschichte (Bourdieu 2003b: 44). Über diese Ausblendung aller sozialen Zusammenhänge, die Sartres soziale Existenz wesentlich bedingten und hervorbrachten, konnte er den Schein erwecken, sich als Schöpfer selbst geschaffen zu haben.

Bourdieus überaus polemische Argumentation geht dabei auf verschiedene Aspekte dieser Strategie Sartres ein:

Erstens war Sartre, anders als Flaubert, dessen intellektuelle Position auf einer umfassenden Reflexion der sozialen Welt seiner Zeit basierte, davon besessen, aus sich selbst heraus alles zu überschreiten, indem er sein Wirken nach und nach systematisch auf das komplette intellektuelle Universum ausdehnte:

„Der Umfang selbst des Werkes, der Umfang einer Summe oder einer Abhandlung, die Reichweite der behandelten Themenkreise, die sich dem Schein nach auf das ganze Leben erstreckt (Liebe, Tod, Begierde, Gefühl, Erkenntnis, Phantasie, Erinnerung und Geschichte), die souveräne Erhabenheit (auf die neben anderem auch der Verzicht auf Zitatangaben hindeutet) der Auseinandersetzung mit Autoren höchsten Ranges wie Hegel, Husserl oder Heidegger und insbesondere der Anspruch, alles zu überschreiten und alles zu integrieren, beginnend mit dem Bereich der rivalisierenden Denksysteme wie die Psychoanalyse oder die Sozialwissenschaften, alles in diesem Werk zeugt vom Willen, ausschließlich und auf allen Gebieten der Existenz und des Denkens, den Anspruch, sich als Grund-Instanz zu verstehen, der immer der Anspruch der Philosophia war, wahrzunehmen." (Bourdieu 2003b: 47)

Diese Sartresche Grenzenlosigkeit zeigt sich Bourdieu zufolge auch an der Gründung von Sartres eigener Zeitschrift, den „Temps Modernes", die Bourdieu als Projekt „der Konzentration und der Ausübung der intellektuellen Macht" darstellt. Bourdieu verweist dabei auf den Vorstellungstext der Zeitschrift, in dem es heißt: „Wir dürfen nichts von unserer Zeit verfehlen" und interpretiert das Ziel des Temps Modernes, als die maßlose Idee „alle Aspekte der Existenz zu denken" (Bourdieu 2003b: 47).

Zweitens ging mit Sartres allumfassendem Werk auch einher, dass Sartre zu fast allen bedeutenden Autoren und Philosophen Kommentare verfasste. Damit gelang es ihm, sich als „einzige legitime Realisierung des intellektuellen hinzustellen", während die Konkurrenten von ihm „negativ als partielle oder gar unfertige Intellektuelle" markiert wurden, da sie die Sartresche Universalität verfehlten. Bourdieu paraphrasiert Sartre folgendermaßen:

„Merleau-Ponty ist, trotz einiger Ausflüge in die Literaturkritik *mir* ein Philosoph; Camus, nachdem er mit Le Mythe de Sisyphe oder L'Homme révolté auf naive Weise verraten hatte, dass er nichts von einem professionellen Philosophen hat, ist nur ein Romancier; Blanchot ist nur Literaturkritiker und Bataille ein Essayist, ganz zu schweigen von Axon, der auf den Rang eines Soziologen oder Politologen verwiesen wird, der auf jeden Fall disqualifiziert ist, weil er nicht jene andere notwendige Komponente des totalen Intellektuellen aufweisen kann, das Links-Engagement" (Bourdieu 2003b: 46).

Drittens hätte Sartre „in der Philosophie wie im Theater, in seinen Romanen wie in seinen politischen Analysen oder kritischen Essays immer wieder dasselbe einzige Thema von allen Seiten beleuchtet: das Problem des sozialen Status des Intellektuellen" (Bourdieu 2003b: 49). So wies er nebenbei nicht nur sämtliche Konkurrenten durch Kommentare in die Schranken, sondern inszenierte sich selbst und seinen Selbstentwurf als Zentrum seines intellektuellen Gesamtwerkes. Indem er sein Leben zwischen Arbeitszimmer und Literatencafé, seine Meinungsäußerungen und Gedanken dauerhaft und allumfassend veröffentlichte und exponierte, konnte er die „Illusion der Transparenz seiner selbst bis zur äußersten Grenze" vorantreiben (Bourdieu 2003b: 49). Und mit dieser dauerhaften Universalisierung des Einzelfalls, das heißt seiner eigenen Person und seinem Denken, „wandelt Sartre die Erfahrung des Intellektuellen in eine ontologische, für die menschliche Existenz in ihrer Universalität konstitutive Struktur um" (Bourdieu 2003b: 49). Dies geht vor allem mit seinem philosophischen Entwurf des Existenzialismus einher. Indem Sartre den freien Entwurf der Akteure als Prinzip ihrer Existenz definierte, war es ihm möglich, ständig um den Entwurf seiner eigenen bewussten Selbstkreation zu kreisen: Der Schöpfer erlaubte es sich, sich selbst zu wählen. Und eben damit trieb Sartre den „Mythos des Glaubens an den unkreierten Schöpfer" auf die Spitze und stilisierte sich vom einfachen sozialen Akteur zum allmächtigen Intellektuellen (Papilloud 2003: 70).

Anna Boschetti, die ausgehend von Bourdieus Konzeption die Wirkung von Sartres Philosophie in mehreren Arbeiten systematisch untersuchte, analysiert Sartre weniger als Neuerer von philosophischen und literarischen Positionen, sondern vielmehr als Erben jener (Boschetti 1985; 1988; Galster/Boschetti 2001; vgl. dazu auch Jurt 1995: 283–295). Boschetti analysiert in ihren Untersuchungen vor allem die intellektuelle Welt zu Zeiten Sartres: Die alte Rechte hatte in der Phase nach dem Zweiten Weltkrieg keine Konjunktur, während die Kommunistische Partei eine relevante und starke politische Kraft darstellte. Davon ausgehend zeigt Boschetti auf, wie sich Sartre in dieser Konstellation seine eigenen Positionen strategisch klug wählte:

So schrieb sich Sartre zum einen in den traditionellen französischen Diskurs ein, wenn er Einwände gegen die deutsche Psychoanalyse erhob und seine Philosophie auf dem heroischen Bild der Freiheit und der freien Wahl des Einzelnen gründete (vgl. Boschetti 1985).

Zum zweiten knüpft seine philosophische Position zwar an die spiritualistische Philosophie der 1930er Jahre an, markierte gegenüber dem rechtskonservativen Heidegger aber dennoch eine deutliche politische Distanz. Mit „Das Sein und das Nichts“ wies Sartre zum dritten den im bürgerlichen Universum als bedrohlich wahrgenommenen Marxismus zurück und schloss an den weitaus harmloseren bürgerlichen Diskurs von der Reinheit des Bewusstseins an (vgl. Jurt 1995: 289). Strategisch klug positionierte er sich in der fast revolutionären Nachkriegszeit dennoch zur Kommunistischen Partei, indem er sein Verhältnis als freie Verbindung mit der Partei beschrieb. Damit hielt er gleichzeitig Distanz zum Linksradikalismus, behauptete jedoch andererseits seine eigene freie Position und konnte „einen Ausweis revolutionärer Tugend“ erhalten (Bourdieu 2003b: 48; vgl. auch 2000a).

Diese Strategie von gleichzeitiger Distanz und Zustimmung zu „allen festen Positionen und ihren Inhabern“ begreift Bourdieu dabei als generelles Merkmal des freien Intellektuellen (Bourdieu 2003b: 48). Sartre gelingt es damit, als Intellektueller von allem unabhängig und gleichzeitig geistig universal zu erscheinen, womit eine „ontologische Verklärung“ dieser historisch entstandenen Figur einhergeht (Bourdieu 2003b: 48).

Darüber hinaus fand seine Konzeption der engagierten Literatur, wie sie Sartre in „Was ist Literatur?“ (Sartre 1958) ausführte, in der intellektuellen Welt tosenden Beifall, da sie nicht die Unterordnung der Literatur unter die Politik bedeutete, sondern selbstbewusst eine „Verteidigung der Eigenständigkeit der Literatur durch den Hinweis, diese sei implizit immer schon politisch“, proklamierte (Jurt 1995: 291).

1.7 Die soziale Verortung der Figuren des Künstlers und des Intellektuellen

Sartre dient Bourdieu vor allem als ein prominentes Beispiel der sozialen Funktionsweise von Künstlern und Intellektuellen. Die Welten der Kunst und der Wissenschaft basieren Bourdieus Analysen zufolge grundlegend auf einem Mythos, den Bourdieu offenzulegen und zu entzaubern intendiert: darin werden die Figuren des Intellektuellen und des Künstlers zu Genies verklärt. In der Welt der Kunst und Kunstrezeption wird der Glaube an den „genialen Schöpfer" stillschweigend als selbstverständlich vorausgesetzt. Originalität und Einzigartigkeit gehören dabei zu den Eigenschaften dieser Idee des ungeschaffenen Schöpfers und dienen als Grundlage zur Erklärung und Interpretation der Kunstwerke, die als Schöpfungen betrachtet werden (vgl. Bourdieu 1999: 298).

> „Die charismatische Vorstellung vom Schriftsteller als ‚Schöpfer' führt dazu, alles auszuklammern, was mit der Position des Autors innerhalb des Produktionsfelds und dem sozialen Werdegang zusammenhängt, der ihn dahin führte: einerseits die Genese und Struktur des durchaus spezifischen sozialen Raumes, in den der ‚Schöpfer' eingefügt ist, in dem er als solcher konstituiert wird und in dem sein ‚schöpferischer Entwurf' selbst sich gebildet hat; andererseits die Genese der zugleich generellen und spezifischen, gemeinsamen und individuellen Dispositionen, die er in diese Position mitbrachte." (Bourdieu 1999: 306)

Innerhalb der Welt der Kunst wird nicht nach den sozialen Voraussetzungen der Vorstellung vom Künstler gefragt. Damit endet die Analyse bei der Person des Künstlers (bzw. des Schriftstellers, Philosophen, Gelehrten), der zum Mythos und zum Genie verklärt wird. Der Glaube an den Künstler, dem quasi magische Kräfte zugesprochen werden, basiert Bourdieu zufolge, auf einer Ausblendung aller ökonomischen und sozialen Voraussetzungen (vgl. Bourdieu 1999: 458). Um einen angemessenen Begriff von der sozialen Figur des Künstlers zu bekommen, schlägt Bourdieu somit vor, das soziale Umfeld der Kunstproduktion genau unter die Lupe zu nehmen. Dieses Umfeld der

Kunst umfasst nämlich nicht alleine die Kunstproduzenten, sondern auch Kunsthändler, Verleger, Galeristen, Kunstakademien und -hochschulen, Sammler und Mäzene, Kunstkritiker, Kunstkonsumenten etc. – also die „Gesamtheit der Akteure und Institutionen“, die an der „Produktion des Glaubens an den Wert der Kunst (…) mitwirken“ (Bourdieu 1999: 362). Bourdieu versucht, die grundlegenden Funktionsweisen eines Feldes der Kunst offenzulegen. Diesem Kunstuniversum ist ein spezifischer und grundlegender Glaube immanent, den Bourdieu als Doxa bezeichnet. Die Doxa[22] der Kunst besteht aber nicht nur aus der Vorstellung vom Künstler als einem ungeschaffenen Schöpfer, sondern umfasst weitreichende, von religiösen beziehungsweise magischen Effekten durchdrungene Vorstellungen. Zur Veranschaulichung dieses Glaubenskomplexes greift Bourdieu auf Marcel Mauss‘ Ausführungen zur Magie zurück:

> „Bei der Magie geht es weniger um die Frage der spezifischen Eigenschaften des Magiers oder der magischen Hilfsmittel, Verfahren und Vorstellungen, vielmehr darum, die Grundlagen des kollektiven Glaubens oder, besser, des kollektiv hervorgebrachten und unterhaltenen kollektiven Verkennens zu bestimmen, die der Macht, deren sich der Magier bemächtigt hat, zugrunde liegt.“ (Bourdieu 1999: 273)

Die Magie ist, so folgert Bourdieu von Mauss, ohne eine magische Gruppe nicht verständlich. Es handle sich dabei also um einen legitimen Betrug, der „kollektiv verkannt, also anerkannt“ wird (Bourdieu 1999: 274). Bourdieu veranschaulicht diese Wirkungsweise exemplarisch anhand der READYMADES von Marcel Duchamp. Duchamp wandelte beliebige Alltagsgegenstände in Kunstgegenstände um, einfach indem er ihnen seinen Namen, also den Namen des Künstlers, aufklebt. Damit stellt er einen symbolischen künstlerischen Wert her, der nichts mit dem Herstellungspreis des Gegenstandes gemein hat. Dies funktioniert deshalb, weil dem Namen Duchamp eine symbolische, nur auf die Welt der Kunst zurückführbare magische Bedeutung anhaftet, die auf das Objekt übertragen wird: „Es handelt sich dabei um einen wirklichen Akt der Magie, der Alchemie, insofern Natur und sozialer Wert des Objekts verändert ist, ohne dass dabei dessen physikalische oder chemische Beschaffenheit modifiziert wurde.“ (Bour-

[22] Zum Begriff der Doxa vgl. Koller (2009b) sowie Rehbein (2006: 59, 98ff.).

dieu 1993a: 209) Ohne die Anerkennung und Ermächtigung des künstlerischen Universums, wäre dieser Akt lediglich eine bedeutungslose Geste. Diese vom Künstler ausgeübte Macht der Verwandlung gründet sich nicht auf dem Genie des Künstlersubjekts, sondern stellt einen Effekt der Zuschreibung dar, die im künstlerischen Universum erfolgt und darin begründet liegt. Der genuin künstlerische Wert des Werkes geht nicht auf eine ökonomische Logik zurück, da sie sich beispielsweise nicht aus der Seltenheit des Produkts auf dem ökonomischen Markt ergibt. Dieser künstlerische Wert entsteht vielmehr aus der Diskussion und Rezeption des Werkes wie auch aus der Anerkennung des Künstlers als Künstler. Wert wird in der Kunst, so könnte man sagen, durch die Festschreibungen und Definitionen von Kunstkennern und Kunstexperten hergestellt. Die Signatur des Künstlers stellt dabei das Äquivalent zum Markennamen dar und verweist auf den kollektiven Glauben an den Wert des Produzenten und seines Produkts (vgl. Bourdieu 1993a: 210). Wie religiöse Güter oder Dienstleistungen, Amulette oder Sakramente gewinnt das Kunstwerk seinen Wert nur „durch einen kollektiven Glauben als kollektiv produzierte und reproduzierte kollektive Verkennung“ (Bourdieu 1999: 277). Demzufolge wird der Wert eines Kunstwerks nicht vom Künstler, sondern vom kompletten künstlerischen Umfeld produziert, „das mit dem Glauben an die schöpferische Macht des Künstlers den Wert des Kunstwerks als Fetisch schafft“ (Bourdieu 1999: 362). Bourdieu bezieht sein Konzept zu den magischen Logiken auch explizit auf Walter Benjamin und dessen Ausführungen zum Künstler und Kunstwerk als Fetisch-Objekte. Bourdieu geht es jedoch nicht nur darum,

> „das zu zerstören, was Benjamin als ‚Fetisch des Namens des Herrn‘ bezeichnet hat. […] Es geht darum, der Tatsache Rechnung zu tragen, dass der Name des Herrn sehr wohl ein Fetisch ist, und darum, die sozialen Bedingungen der Möglichkeit der Persönlichkeit des Künstlers als Herrn, das heißt als Produzent dieses Fetischs: des Kunstwerks“ (Bourdieu 1993a: 210).

Was Bourdieu untersuchen möchte, ist dieser Bereich der künstlerischen Produktion, der „den Glauben in den Wert der Kunst und in die wertschaffende Macht des Künstlers hervorbringt“ (Bourdieu 1993a: 210f.). Bourdieu intendiert dabei eine Aufklärung aller mythologisierenden Effekte, die in der Kunst wirken. So kann die Kunstwissenschaft ihren eigentlichen Gegenstand nur analysieren, wenn sie mit der herkömmlichen Kunstgeschichte bricht, „die vor dem ‚Fetischismus des Urhebernamens' die Waffen streckt" (Bourdieu 1999: 363). Mit seinem historisierenden Zugang intendiert er, die Welt der Kunst von der in ihre wirkenden essentialistischen Sicht zu befreien. Die vollständige historische Analyse der in diesem Kunstspiel zentralen Figuren der Künstlers ist dabei wesentlich gegen die selbstverständlich gewordene Vorstellung vom Künstler als Schöpfer gerichtet (Bourdieu 1999: 457f.). Aus der internen Perspektive der Kunst jedoch, so Bourdieu, hat bereits „die Absicht, die Wissenschaft vom Sakralen zu betreiben", etwas vom Sakrileg (Bourdieu 1999: 295). Der von Bourdieu intendierte zu vollziehende Bruch ist also weitgehend nur gegen die Akteure der Kunstwelt durchzusetzen:

„Nur wenn Autor und Werk einer solchen schonungslosen Objektivierung unterzogen werden (und mit ihnen zugleich der Autor der Objektivierung) und alle Spuren des Narzissmus ausgemerzt werden, die den Untersuchenden mit dem Untersuchten verbinden und die die Reichweite der Untersuchung begrenzen, wird es möglich, eine Wissenschaft von den kulturellen Werken und ihren Urhebern zu begründen." (Bourdieu 1999: 306)

Erst mit der Offenlegung der kollektiven Glaubensmechanismen kann es Bourdieu zufolge möglich werden, danach zu fragen, wie die Schöpfer geschaffen werden und welches die Voraussetzungen für die schöpferischen Fähigkeiten der Künstler sind: „Man muss nur einmal die verbotene Frage stellen, um sogleich zu sehen, dass der Künstler, der das Werk schafft, selbst innerhalb des Feldes erschaffen wird" (Bourdieu 1999: 271). Ebenso wie Marcel Mauss die Antwort auf seine Frage nach der Wirksamkeit des Zaubers nicht in der Person des Zauberers, sondern in der kollektiven Vorstellungswelt seines Publikums fand, erklären sich die vom künstlerischen Schöpfer geschaffenen Schöpfungen nicht aus dem Charisma seiner Person, sondern aus der Logik des künstlerischen Universums.

2. Foucault, Panofsky und der Begriff des Habitus

Im vorherigen Kapitel wurde aufgezeigt, dass die kritische Auseinandersetzung mit der subjektivistischen Philosophie Sartres und dessen Verkörperung des Intellektuellen wesentliche Grundlagen der Bourdieuschen Soziologie darstellen. Auf der anderen Seite finden sich insbesondere in Bourdieus frühem Werk auch eine Reihe von kritischen Auseinandersetzungen mit objektivistischen Konzeptionen. In seinen Schriften finden sich nicht nur immer wieder Anmerkungen und Abgrenzungen zu den theoretischen Entwürfen Michel Foucaults (2.1), sondern auch kritische Annäherungen zu den sprachtheoretischen Konzeptionen des Strukturalismus – insbesondere zu Ferdinand de Saussure (2.2). Die grundlegende Auseinandersetzung mit dem Objektivismus findet jedoch mit verschiedenen Aspekten der Kunsttheorie Erwin Panofskys statt (2.3, 2.4, 2.5), aus der Bourdieu seinen Begriff des Habitus im Wesentlichen entwickelte (2.6, 2.7).

Bourdieu wendet sich insbesondere gegen die Doxa von der Immanenz des Kunstwerks: Die Bedeutung eines Kunstwerks findet sich demzufolge nicht in einer magischen oder mystischen Essenz, welche aus dem Kunstwerk selbst entspringt, sondern im künstlerischen Universum selbst. Dieser Gedankengang lässt sich mit Bourdieu letztendlich auf die grundlegende strukturalistische Konzeption Ferdinand de Saussures zurückführen. Ausgehend von dessen sprachtheoretischer Methode bedeutet jedes sprachliche beziehungsweise kulturelle Merkmal lediglich das, was alle anderen sprachlichen beziehungsweise kulturellen Merkmale nicht bedeuten. Bedeutungen ergeben sich, so der Saussuresche Grundgedanke, also immer nur in Relation zu allen anderen Bedeutungen eines Sprachsystems beziehungsweise eines kulturellen Systems. Seine vollständige Bestimmtheit bezieht ein kulturelles Element, etwa ein Kunstwerk, demnach „nur aus seiner Relation zur Gesamtheit der übrigen Merkmale" (Bourdieu 1987b: 18). Bedeutungen ergeben sich so durch Unterschiede in einem System von Unterschieden. Die von der Saussureschen Theorie ausgehenden kunsttheoretischen Ansätze sind aber dennoch immer wieder Zielscheibe von Bourdieus Kritik: Zwar brechen sie mit dem Universalismus und dem Essentialismus und ermöglichen es, die Kunstwerke als historische Produkte zu betrachten, doch bekommen sie die ökonomischen und sozialen Voraussetzungen ihrer Produktion und ihrer Produzenten nicht in den Blick (vgl. Bourdieu 1999: 313). An den französischen Strukturalisten und insbesondere an der Literaturwissenschaft Gérard Genettes wie auch am russischen Formalismus kritisiert Bourdieu die ausschließliche Fokussierung auf formale sprachliche Strukturen. Indem die sprachlichen Äußerungen in den Vordergrund geschoben und lediglich vor dem Hintergrund des Systems der Sprache analysiert werden, werden bei der Analyse alle externen Referenten, also die komplette soziale Außenwelt, ausgeblendet. Bourdieu spricht an dieser Stelle von einer Verabsolutierung des Textes gegenüber den außersprachlichen Diskursen und gesellschaftlichen Einflüssen vgl. (Bourdieu 1999: 313f.). Es wird dabei also ausschließlich die Gesamtheit der Beziehungen eines Systems betrachtet, während eine Bezugnahme auf die Produzenten der Werke und deren künstlerische Strategien vollkommen unter den Tisch fallen (vgl. Schwingel 1997: 116). Diese Idee der Ausblendung des Sozialen sieht Bourdieu von Roman Jakobsons strukturaler Sprachwissenschaft über Levi-Strauss‘ anthropologische Analysemethode bis hin zum Frühwerk Michel Foucaults wirken.

2.1 Bourdieus Auseinandersetzung mit der Theorie Michel Foucaults

Bourdieu widerspricht also insbesondere der Annahme, das Werk liefere bereits sämtliche Informationen, die zu seiner Entzifferung notwendig seien:

„Im Grunde genommen findet sich die stringenteste Formulierung der Grundlagen der strukturalen Analyse kultureller Produkte bei Michel Foucault. Er ist sich dessen bewusst, dass keines von ihnen aus sich selbst heraus existiert, das heißt außerhalb der Beziehungen, die es mit anderen Werken verbinden, und schlägt vor, das ‚geregelte System von Differenzen und Streuungen‘, innerhalb dessen jedes einzelne Werk sich definiert, als ‚Feld der strategischen Möglichkeiten‘ zu bezeichnen. Darin Semiologen [...] nahestehend, weigert er sich jedoch ausdrücklich, das Erklärungsprinzip jeden Diskurses woanders als in dem sie alle umfassenden ‚Diskursfeld' zu suchen." (Bourdieu 1999: 316)

Indem Foucault in seinem strukturalistischen Frühwerk lediglich einzelne Diskursfelder oder, wie er es nennt, einzelne „episteme" untersucht, verharrt er Bourdieu zufolge in der internen Analyse und blendet die Kategorie der Machtbeziehungen vollständig aus. Damit projiziert er die in den Beziehungen zwischen den Produzenten verankerten (wenngleich nicht auf sie reduzierbaren) Gegensätze und Antagonismen in den „Ideenhimmel" und weigert sich, die Kulturprodukte zu den gesellschaftlichen Bedingungen ihrer Produktion in Beziehung zu setzen (Bourdieu 1999: 317). Da Foucault die jeweiligen kulturellen Ordnungen (episteme), so folgert Bourdieu, als von den Akteuren und Institutionen unabhängig betrachtet, bleibt es ihm etwa unmöglich, epochale Veränderungen von einer Epoche zu einer anderen zu erklären. Solange man wie Foucault also die sozialen Kämpfe – etwa in Form von Konkurrenz- und Abgrenzungsverhältnissen bestimmter Künstler oder Künstlergruppen gegenüber anderen – ignoriere, betrachte man die Welt der Kunst zwangsläufig als ein „der Geschichte und der Realität enthobenes Universum" (Bourdieu 1999: 317). Foucault könne so zwar herausfinden, „was zu einem gegebenen Zeitpunkt in einem bestimmten Feld zu tun oder zu denken möglich ist und was nicht", was ihm aber vollkommen verborgen bleiben muss, ist die soziale Struktur des künstlerischen Universums, das heißt die sozialen Positionen der Künstler und ihre Strategien der künstlerischen Auseinandersetzungen; darüber hinaus die epochal unterschiedlichen Formen der institutionellen und außerinstitutionellen Anerkennung eines Künstlers als Künstler (Bourdieu 1999: 329). Damit bleiben Entwicklungsrichtungen und epochale Veränderungsprozesse, die Bourdieu zufolge grundlegend immer auch mit historischen sozialen Prozessen und gesellschaftlichen Situationen zusammenhängen, vollkommen im Dunkeln (vgl. Bourdieu 1999: 329f.). Bourdieu fordert somit, dass die ökonomischen, sozialen und kulturellen Bedingungen der künstlerischen Erzeugung von Werken bei ihrer wissenschaftlichen Analysen nicht nur mitgedacht, sondern auch in Beziehung zu ihrem Inhalt gesetzt werden müssen. Foucault dagegen betone die absolute Autonomie des künstlerischen Universums und dessen strategischer Möglichkeiten (vgl. Kastner 2009: 138–140).

Mit dieser Sichtweise, die kulturelle Einheit von Epochen ausschließlich im immanenten Bereich der künstlerischen Werke zu suchen, bricht Foucault jedoch mit dem Übergang zur Diskursanalyse, wenn er Macht als das grundlegende Element von Gesellschaft analysiert.[23] Obwohl Bourdieu diesen Bruch im Werk Foucaults durchaus zur Kenntnis nahm, blieb sein Verhältnis zu Foucaults theoretischen Entwürfen gespalten. So erkennt er zwar durchaus die Ähnlichkeiten zwischen seiner Soziologie und den Foucaultschen Ansätzen und würdigt explizit die gemeinsame „Ablehnung einer substantialistischen Auffassung der Macht“ sowie den Gedanken einer „Pluralität der Machtformen, die nicht auf die Sphäre des Politischen beschränkt ist“, doch drückt er dem Foucaultschen Ansatz gegenüber dennoch seine „grundsätzliche Missbilligung“ aus (Bourdieu 1989: 70). Insbesondere kritisiert Bourdieu die Geschichtsphilosophie Foucaults, „die sich am Gegenstand der Macht besonders klar zeigt“ (Bourdieu 1989: 70). Während Macht sowohl in der Bourdieuschen Soziologie als auch in der Foucaultschen Diskursanalyse ein grundlegendendes Element des Sozialen darstellt, unterschieden sich die Ansätze dennoch bereits in ihrer Grundkonzeption. Zwar stellen sich beide gegen die „monistischen Theorien einer als Apparat konzipierten Macht“, doch lehnt Bourdieu Foucaults „Vorstellung von einer zersprengten und gewissermaßen im gesamten sozialen Raum verstreuten Macht“ entschieden ab (Bourdieu 1989: 70f.).

Bourdieu übernimmt für seine Theorie zwar ebenfalls den strukturalistischen Grundgedanken – dass kulturelle Elemente sich nicht aus ihrer Substanz (quasi aus sich heraus) definieren, sondern lediglich in Relation zu anderen Elementen – jedoch konzipiert er den Bereich der Kunst als Machtfeld, das auf Konkurrenz- und Kampfverhältnissen der Akteure basiert:

„Der Prozess, der die Werke hervorbringt, ist das Resultat des Kampfes zwischen den Akteuren, die entsprechend ihrer Stellung im Feld, ihrem spezifischen Kapital, an der Bewahrung, das heißt an der Routi-

---

[23] Dies kommt am deutlichsten in Foucaults Inauguralvorlesung am COLLÈGE DE FRANCE von 1970 zum Ausdruck, die häufig als Wendepunkt im Schaffen Foucaults hin zur Machttheorie interpretiert wird (vgl. Foucault 1974).

ne und der Routinisierung oder am Umsturz, d. h. an der Rückkehr zu den Quellen, an der häretischen Kritik, an der Reinheit usf. interessiert sind." (Bourdieu 1991b: 118)

Alle Felder der Kulturproduktion, und damit auch der Bereich der Kunst, stellen für Bourdieu demzufolge Kampffelder dar, welche über konstitutive Gegensätze „funktionieren". In diesen Kampffeldern ergeben sich die grundlegenden Positionen als Produkte der ständigen Machtkämpfe zwischen den Akteuren: es existieren folglich herrschende und beherrschte Postionen. Auf dem Feld der Kunst neigen die etablierten Künstler, die eine herrschende Machtposition innehaben, tendenziell dazu, die bestehende Ordnung zu verteidigten, während die Akteure in beherrschten Positionen, also die nicht-etablierten künstlerischen Neulinge, zu Umsturzstrategien und künstlerischen Revolutionen der bestehenden symbolischen Ordnung neigen (vgl. Bourdieu 1999: 329).[24] Vor diesem konkreten Hintergrund der Funktionsweise von sozialen Feldern erscheint Bourdieu die Machtkonzeption Foucaults als äußerst unkonkret und zu diffus, um soziale Prozesse plausibel analysieren zu können. Da er letztlich jedoch nie eine konkrete Analyse dieser Konzeption unternommen hat, kann er sie andererseits auch nicht wirklich theoretisch zurückweisen oder verwerfen. So bleibt Bourdieus Verhältnis zu Foucault letztendlich zwar ein äußerst kritisches, jedoch gleichzeitig auch ein offenes und bislang wenig erforschtes, wie er selbst bemerkte:

„Zu untersuchen wäre, was die Metapher von einem offenen und kapillarverflochtenen Netzwerk etwa vom Begriff des Feldes (genauer: des Macht-Feldes) unterscheidet, der ein richtiges Programm zur Konstruktion und experimentellen Überprüfung von Forschungsgegenständen darstellt, das ich in den verschiedensten Bereichen der Praxis erprobt habe, oder auch und vor allem, was die Theorie der Herrschaft als Disziplinierung und Dressur von der Analyse der symbolischen Gewalt als einer Verkennung, die auf der unbewussten An-

[24] Die grundlegende Konzeption des Feldes und insbesondere die Konzeption des künstlerischen Feldes werden im vierten Kapitel ausführlich diskutiert.

passung der Strukturen des Habitus an die objektiven Strukturen gründet, trennt.“ (Bourdieu 1989: 71)[25]

2.2. Sprache als soziales Machtinstrument

Ein Bereich von Foucaults Theorie, der durch Bourdieu eine genauere theoretische Auseinandersetzung erfahren hat, ist die seiner Konzeption zugrundliegende strukturalistische Sprachtheorie: Obwohl Foucault die Frage der Macht als eine grundlegende verstand, verbleibt seine Analyse auf der Ebene des Diskurses und damit auf der Ebene des Sprachlichen, so die Bourdieusche Kritik. Für Bourdieu dagegen sind „sprachliche Verhältnisse immer Verhältnisse der symbolischen Macht“ (Bourdieu 1996b: 177). Demnach betrachtet er Sprechakte als genuin gesellschaftliche Akte. Entscheidend ist dabei dann aber nicht eine sprachwissenschaftliche Untersuchung des Kommunikationsaktes, sondern die Analyse der Machtverhältnisse zwischen den Sprechern (Bourdieu 1996b: 177). Die „akademische Isolierung der Sprache“ dagegen, so folgert Bourdieu, „neutralisiert die Funktionen, die mit ihrem gewöhnlichen Gebrauch impliziert sind“ (Bourdieu 1996b: 176). Damit wird Sprache „als toter Buchstabe behandelt“, als ein autonomes System, „das von seinen realen Anwendungen völlig abgeschnitten und seiner praktischen und politischen Funktionen beraubt ist“ (Bourdieu 1996b: 176). Wird bei der Analyse die Sprache auf einen rein ausführenden Akt reduziert, so geht damit eine Ausblendung der sozialen Bedingungen ihres Gebrauchs einher: Es wird so getan, „als ob mit der theoretischen Beherrschung des Kodes auch schon die praktische Beherrschung des sozial richtigen Gebrauchs vermittelt wäre“ (Bourdieu 1996b: 176). Bourdieus Kritik an der strukturalistischen Grundkonzeption Saussures und den aus dieser hervorgegangenen Folgetheorien wie der Konzeption Foucaults liegt also in dessen grundsätzlicher Unterscheidung zwischen theoretischer Sprache (*langue*) und ihrer praktischen Realisierung im gesprochenen Wort (*parole*) (vgl. Bourdieu 1996b: 176f.). Saussure beschreibt die

[25] Ein erster Versuch eines systematischen Vergleichs bezogen der theoretischen Konzeptionen Bourdieus und Foucaults liegt inzwischen von Kajetzke vor. Die Autorin bezieht sich jedoch vorrangig auf die Kategorie des Wissens in beiden Theorien und fokussiert im Endeffekt einen bildungssoziologischen Ansatz durch ihre Bezugspunkte zur Pisa-Studie (vgl. Kajetzke 2008).

langue als eine Art Schatz und „das Verhältnis der Individuen zur Sprache als eine Art mystischer Teilhabe an einem gemeinsamen Schatz“ (Bourdieu 1996b: 181). Allen Subjekten, die derselben (Sprach-)Gemeinschaft angehören, ist dieser Sprachpool demzufolge auch einheitlich zugänglich:

„Die Illusion des Sprachkommunismus, die in der Sprachwissenschaft herumgeistert, ist die Illusion, dass an der Sprache alle so teilhaben, wie sie in den Genuss von Sonne, Luft oder Wasser kommen, – mit einem Wort, dass die Sprache kein seltenes Gut ist. Tatsächlich aber ist der Zugang zur legitimen Sprache völlig ungleich, und die theoretisch allgemeine und von den Sprachwissenschaftlern so großzügig auf alle verteilte Kompetenz wird in Wirklichkeit von einigen wenigen monopolisiert.“ (Bourdieu 1996b: 181)

Demgegenüber vertritt Bourdieu die radikale Position, dass sogar dem einfachsten sprachlichen Austausch zwischen Menschen „ein komplexes und verzweigtes Netz von historischen Machtverhältnissen“ vorhergeht (Bourdieu 1996b: 177). Die Macht der Wörter ist Bourdieu zufolge „nichts anderes als die delegierte Macht des Sprechers“ (Bourdieu 2005b: 101). Davon ausgehend können spezifische Wirkungen von Sprechakten nur dann sinnvoll untersucht werden, wenn die Struktur der Machtverhältnisse der beteiligten Sprecher insgesamt berücksichtigt wird (vgl. Bourdieu 1996b: 177). Je größer die soziale Asymmetrie der Sprecher ist, in desto größerem Maße kommt dieses Machtverhältnis zum Ausdruck (Bourdieu 1996b: 179). In Dialogen zwischen Schwarzen und Weißen, so ein Beispiel Bourdieus, spiegeln sich „hinter dem Rücken der Sprecher“ die ungleichen Machtverhältnisse wider. Diese können etwa in einer ungleichen Beherrschung des Englischen liegen. Bedingt durch die Kolonialgeschichte etwa erscheint das weiße, bürgerliche Englisch als Norm, welche der Unterhaltung „unsichtbar“ zugrunde liegt. Nach Bourdieu sind so in jeder „einfachen“ Unterhaltung zwischen zwei Personen ökonomische, politische und kulturelle Ungleichheitsverhältnisse vermittelt (vgl. Bourdieu 1996b: 178f.).

Bourdieu hält es also nicht nur für grundsätzlich falsch, sondern darüber hinaus auch für ideologisch, die Ursache für Machtverhältnisse im System der Sprache zu suchen. Demgegenüber lokalisiert er

Macht in historisch gewachsenen, sozialen Strukturen. Bestimmte Sprechhandlungen wie etwa die Vergabe von Bildungstiteln durch Universitätsrektoren oder Eheschließungen durch Standesbeamte oder Priester stuft Bourdieu als „Akte sozialer Magie“ ein (Bourdieu 2005b: 118). In diesen ritualisierten Sprechakten sozialer Institutionen kommt eine symbolische Macht zum Ausdruck. Diese basiert Bourdieu zufolge nicht auf einem physischen Gewaltverhältnis oder körperlichem Zwang, sondern auf einem kollektiven Glauben, der auf einer nicht hinterfragbaren Zustimmung zu diesen Formen der Herrschaft basiert. Den Zeremonien der offiziellen Politik mit ihren Eröffnungen, Reden und Debatten liegt ein von Macht durchzogenes Sprechen zugrunde, das jedoch keinesfalls in der Sprache begründet liegen kann, sondern in den sozialen Machtverhältnissen zwischen den handelnden Akteuren (vgl. Bourdieu 1996b: 180).[26]

2.3 Zwischen Objekt und Subjekt

So wie es Bourdieu ablehnt, Machtverhältnisse auf sprachliche Strukturen zurückzuführen, so weigert er sich auch, Macht im Subjekt selbst zu verorten. Analog zu Foucault und gegen die Cartesianische Konzeption, in deren Tradition Bourdieu auch das Denken Sartres sieht, stellt er das souveräne Subjekt infrage. Das Subjekt erscheint bei

[26] Bourdieus strukturalistische Sprachkritik wirkt aus heutiger Perspektive mitunter antiquiert, wird an dieser Stelle aber dennoch weitgehend unkommentiert wiedergegeben, um Bourdieus Auseinandersetzung mit objektivistischen Ansätzen zu beleuchten. Dennoch muss an dieser Stelle kurz auf Judith Butlers Kritik an der Bourdieuschen Auffassung von Sprache verwiesen werden (Butler 1998). Bourdieu kann Butler zufolge die produktive Seite von Sprache nicht fassen, sondern betrachtet diese weitgehend als ein Werkzeug: „Damit […] Sprechakte erklärbar sind, darf Sprache nicht als statisches und geschlossenes System verstanden werden, in dem Äußerungen von vorneherein durch die ‚gesellschaftlichen Positionen‘ funktional verankert sind, mit denen sie mimetisch assoziiert werden. Die Kraft und die Bedeutung einer Äußerung sind nicht ausschließlich durch frühere Kontexte oder ‚Positionen‘ determiniert.“ (Butler 1998: 205) Butler zufolge verfällt Bourdieu mit seinem Sprachmodell in ein simples Basis-Überbau Modell, wenn er Sprache als von sozialen Strukturen dominiert betrachtet. Sozialstruktur existiert aber nicht im luftleeren Raum: „Obwohl Bourdieu sicher damit recht hat, dass nicht alle performativen Äußerungen ‚funktionieren‘, dass nicht alle Sprecher an der dem Anschein nach göttlichen Autorisierung teilhaben, mit der die performative Äußerung ihre soziale Magie übt und die kollektive Anerkennung ihrer Autorität erzwingt, kann er nicht erklären, daß gesellschaftliche Positionen selbst aus einer verschwiegenen Performativität bestehen.“ (Butler 1998: 221)

Bourdieu nicht mehr als ursprüngliche Form, sondern wird durch eine Anzahl historischer und sozialer Prozesse konstituiert (vgl. Jurt 2008: 17). Entscheidend ist für Foucault wie auch für Bourdieu, dass das Subjekt keine Essenz bildet, also keinen Ausgangspunkt darstellt, sondern dass es eine eigene soziale Genese besitzt (vgl. Jurt 2008: 18). Kurzum: Bourdieu wählt für seine Soziologie einen spezifischen Zugang zwischen Subjektivismus und Objektivismus: er grenzt sich auf der einen Seite vehement gegen den Sartreschen Existenzialismus ab und kritisiert andererseits den Saussureschen Strukturalismus und dessen Folgetheorien. Bourdieu verwirft also gleichzeitig die Idee des Subjekts als eine Essenz und weigert sich andererseits, die kulturellen Ordnungen (oder episteme) rein von der Struktur her, also völlig unabhängig von den Subjekten, zu denken.[27] Bourdieu weist die strukturalistische Denkweise mit seinem Ansatz der Praxeologie zurück, in dessen Zentrum der Begriff des Habitus steht (vgl. Saalmann 2009: 197; Lenger/Schneickert 2009).

Bourdieus Theorie des Handelns vor dem Hintergrund der objektiv gegebenen sozialen Strukturen basiert letztendlich auf der Entwicklung dieses Begriffs des Habitus. Die Notwendigkeit, einen solchen vermittelnden Begriff zu entwickeln, erkannte Bourdieu bereits während seiner Forschungen in Algerien (vgl. Rehbein/Saalmann 2009: 112; Schultheis 2007). Die erste systematische Verwendung des Begriffs durch Bourdieu findet sich jedoch erst in seinem Nachwort zu Panofskys Schrift „Gotische Architektur und Scholastik“ (Panofsky 1989; Bourdieu 1974c; vgl. dazu auch Krais/Gebauer 2002: 26).[28] Vermutlich geht Bourdieus Entwicklung des Habitusbegriffs auf zwei Kontexte zurück: Den Begriff selbst adaptierte Bourdieu wohl von Edmund Husserl, der ausgehend von seiner Phänomenologie einen subjektiven Habitusbegriff verwendete (vgl. Husserl 1977; vgl. zudem Goto 2004: 60–72).[29]

---

[27] Vor diesem Hintergrund weist Bourdieu auch die marxistische Kunst- und Literaturtheorie zurück, die ein Werk schlicht als Ausdruck einer sozialen Klasse begreift (vgl. Bourdieu 1991b: 109ff.; 1993a: 198; 1999: 324; vgl. dazu auch Jurt 2006: 68).

[28] Panofskys Werk „Gothic Architecture und Scholasticism“ war 1951 auf Englisch erschienen. Bourdieu übersetzte es 1967 ins Französische (vgl. Jurt 2008: 59f.)

[29] Diesen Hinweis verdanke ich intensiven Diskussionen mit Christian Schneickert und Alexander Lenger.

Die theoretische Weiterentwicklung des Begriffs jedoch geht auf Bourdieus Auseinandersetzung mit der Kunsttheorie Erwin Panofskys zurück, die im Folgenden skizziert wird. Panofsky spricht in seiner Konzeption von „mental habits" (Denkgewohnheiten). Diese liegen Panofsky zufolge als grundlegende Denkschemata den Kunstepochen zugrunde. „Mental habits" erfüllen demzufolge, so Bourdieu, in modernen Gesellschaften dieselbe Funktion

„wie die unbewussten Schemata, auf die der Ethnologe in der Untersuchung der Riten oder Mythen bei Mitgliedern von Gesellschaften stößt, die derartige Institutionen nicht kennen. Sie haben die gleiche Funktion wie – nach der Terminologie von Durkheim und Mauss – die ‚primitiven Formen der Klassifikation', die kaum je mit Bewusstsein objektiviert und zum Gegenstand einer ausdrücklichen und methodischen Überlieferung gemacht werden können." (Bourdieu 1974c: 143)

2.4 Panofsky: Scholastisches Denken und gotische Architektur

Die Idee von „unbewussten Schemata" entwickelte Bourdieu aus Panofskys kunsttheoretischer Untersuchung „Gotische Architektur und Scholastik", in welcher das scholastische Denken und die gotische Architektur miteinander verglichen werden.

Panofsky stellt dabei zunächst eine synchrone Entwicklungen und eine starke Beziehung der beiden Bereiche im Zeitraum zwischen 1130 und 1270 fest (vgl. Panofsky 1989: 18). Die mittelalterliche Scholastik interpretiert Panofsky als Versuch, den Glauben mithilfe der Vernunft zu beweisen. Die Einführung der Vernunft in die Glaubensfrage wurde notwendig, weil unterschiedliche schriftliche Quellen vorlagen. Alles, was der mittelalterliche Mensch über die göttliche Offenbarung wusste, ging nämlich auf menschliche Überlieferungen zurück. Die Quellen stammten von mehr oder weniger anerkannten Autoritäten. Die wichtigste Quelle stellte, als wesentlicher und unwiderlegbarer Beweis, die von den Propheten überlieferte Heilige Schrift dar. Die Lehren der Kirchenväter konnten als Glaubensbeweise immerhin noch als sehr wahrscheinlich eingestuft werden. Schließlich existierten noch die Überlieferungen der Philosophen, die zwar ebenfalls wahrscheinlich waren, jedoch weniger sakrale Überzeugungskraft ausstrahlten (vgl. Panofsky 1989: 42f.). Das Problem bestand nun aber darin, dass sowohl die theologischen Abhandlungen als auch Teile der Bibel sich häufig widersprachen. Da diese Texte jedoch nicht verworfen werden konnten, blieb kein anderer Ausweg, „als sie dennoch zu akzeptieren und ständig wieder und wieder neu zu interpretieren, bis sie miteinander in Einklang gebracht werden konnten" (Panofsky 1989: 42).

Der entscheidende Punkt der mittelalterlichen Scholastik liegt nun aber nicht in diesen Neuinterpretationen an sich, sondern vielmehr in der Art und Weise dieser Interpretationen, denn ihnen liegt eine systematische Methodik zugrunde. Bereits in seinem circa 1120 entstandenen Traktat „Sic et Non" stellte sich Abaelard die entscheidende Frage, ob bei Glaubenswidersprüchen die Hilfe des menschlichen Verstandes gesucht werden darf. In diesem Traktat führte er zugleich eine ausgearbeitete Methodik zur Gebrauch der Vernunft ein: Abaelard betrieb nicht nur ein systematisches Sammeln und Gegenüberstellen widersprüchlicher Aussagen, sondern erarbeitete darüber hinaus eine ganze Methode der Textkritik, um diese Differenzen und Widersprüche aufzulösen (vgl. Panofsky 1989: 43). Davon ausgehend entwickelte sich schließlich die Methodik der Scholastik, deren drei grundlegende Bestandteile Panofsky folgendermaßen beschreibt: „Zerlegung in viele Teile, wie es die Dialektiker tun, rhythmischer Gleichklang, wie ihn die Grammatiker kennen, und erzwungene Harmonisierung (concordiae violentes), wie sie die Juristen anwenden" (Panofsky 1989: 43). Mit dieser Technik konnte das scheinbar Unvereinbare miteinander verbunden werden. Für die Beweisführung der scholastischen Abhandlung stellt Panofsky ein Vorgehen dar, das eine systematische Auswertung und ein systematisches Verständnis der vorhandenen Quellen ermöglicht:

> „Jeder Punkt (zum Beispiel der Inhalt jedes articulus in der Summa Theologiae) musste als quaestio formuliert werden, und seine Diskussion begann mit der Aufzählung einer Gruppe von Autoritäten (videtur quod ...), der eine andere gegenübergestellt wurde (sed contra ...). Darauf folgte die Lösung (respondeo dicendum ...) und schließlich eine Kritik der einzelnen verworfenen Argumente (ad primum, ad secundum usw.), wobei die Ablehnung lediglich die Interpretation und

nicht die Gültigkeit der zitierten Autoritäten betraf." (Panofsky 1989: 44)

Panofsky spricht hierbei vom Prinzip der „manifestatio". Mit der Anwendung dieser scholastischen Methodik sollte nach einer sorgfältigen Analyse die Wahrheit offenbart werden. Die Scholastik intendierte Panofsky zufolge mit diesem Verfahren eine endgültige Lösung, die darauf beruhte, die verschiedenen Möglichkeiten anzuerkennen und schließlich die Widersprüche auszusöhnen (vgl. Panofsky 1989: 41f.).

Eine ähnliche Konzeption erkennt Panofsky schließlich auch bei den Baumeistern der Kathedralen der Hochgotik: das Prinzip der Klärung etwa kommt im Bereich der Kirchenarchitektur im parallelen Prinzip der „Transparenz" zum Ausdruck (vgl. Panofsky 1989: 31f.). Analog zum Vorgehen der Scholastiker analysierten die Baumeister die berühmten Bauwerke der Vergangenheit. Erkannten sie dann etwa zwei widersprüchliche Motive, „die beide von Autoritäten sanktioniert waren, konnte man das eine nicht einfach zugunsten des anderen verwerfen" (Panofsky 1989: 44). Folglich mussten beide „bis zum Äußersten durchgearbeitet und am Ende miteinander vereint werden" (Panofsky 1989: 44). Die scholastische Forderung einer systematischen Zergliederung der Argumente finden nach Panofsky „in der gleichförmigen Auf- und Unterteilung des gesamten Gebäudes ihren anschaulichsten Ausdruck" (Panofsky 1989: 32). Die Hierarchie der logischen Ebenen in der gut gegliederten scholastischen Abhandlung ist homolog zur Struktur der gotischen Kathedrale und dem Verhältnis der Bauteile zueinander (vgl. Panofsky 1989: 33). Ihr Grundriss und architektonischer Aufbau sollte „eine Synthese aus allen auf verschiedenen Wegen überlieferten Hauptmotiven" darstellen (Panofsky 1989: 32). Panofsky erkennt in der architektonischen Konzeption der hochgotischen Kathedrale ein „einzigartiges Gleichgewicht zwischen Basilika und Zentralbau", das darauf beruht, dass „alle Elemente, die dieses Gleichgewicht hätten stören können", systematisch ausgeschlossen wurden (Panofsky 1989: 31f.). Die Kathedrale der Hochgotik sollte zudem auf ihren Kirchenbildern das komplette theologische, moralische, naturwissenschaftliche und historische christliche Wissen darstellen. Damit zielte sie wie die hochscholastische Abhandlung darauf ab, sowohl durch Synthese als auch durch Eliminierung eine vollkommene und endgültige Lösung zu präsentieren (vgl. Panofsky 1989: 32).

Die unbegrenzte Zergliederbarkeit der Schriften und die Herausarbeitung der Widersprüche durch die scholastische Methode, finde sich Panofskys Ausführungen zufolge auf der Ebene der Kathedralenarchitektur in der Zergliedertheit des Gebäudes wieder:

„Entsprechend den klassischen Forderungen der Hochgotik müssen die einzelnen Elemente, auch wenn sie zu einem unzertrennbaren Ganzen gehören, dennoch ihre Identität betonen, indem sie klar voneinander unterscheidbar bleiben – die Dienste von der Wand oder vom Kern des Pfeilers, die Rippen von den Nachbarrippen und alle vertikalen Bauglieder von den Bögen; zwischen allen muss eine eindeutige Wechselbeziehung bestehen." (Panofsky 1989: 34)

Demzufolge sollte immer erkennbar bleiben, welcher Bauteil zu welchem gehört und aus welchem Kontext die einzelnen Bauteile stammen. Das Gesamtgebäude der Kathedrale stellt schließlich die „endgültige Lösung" im Bereich der Architektur dar – die Synthese aus verschiedenen Elementen (vgl. Panofsky 1989: 34f.). Dieses Prinzip der Zerstückelung in klar erkennbare einzelne Teile und der anschließenden „Klärung" beziehungsweise „Harmonisierung" findet sich nach Panofsky als zugrundeliegende Denkweise auch in den anderen Künsten der Zeit wieder. Während in die Musik eine „genaue und systematische Zeiteinteilung" eingeführt wurde, „wurden die bildenden Künste vermittels einer genauen und systematischen Raumunterteilung artikuliert" (Panofsky 1989: 29). Die Figurenkonstellationen der Gemälde sind sorgfältig geordnet. Generell sind die Bildelemente sorgfältig voneinander abgesondert und im Werk vereint. Panofsky sieht dieselben Prinzipien auf auch anderen gesellschaftlichen Ebenen, wie zum Beispiel der Mode, verwirklicht, die sich durch eine spezifische „Rationalität und Einheitlichkeit" auszeichnet (Panofsky 1989: 34).

2.5 Der Begriff des Kunstwollens

Diese Methodik, die verschiedene Elemente zergliedert, um letztendlich eine Versöhnung der Gegensätze zu erreichen, lässt sich Panofsky zufolge also an verschiedensten Stellen und Konstellationen des 13. Jahrhunderts als Grundprinzip erkennen. Anhand der Parallelen zwischen der Scholastik und gotischen Architektur veranschaulicht Panofsky exemplarisch die allumfassende Denkgewohnheit dieser Epoche.[30] Darin wurden grundsätzlich verschiedene Elemente und Autoritäten der Vergangenheit als legitim anerkannt und akzeptiert. Der Beitrag zum Vorhandenen bestand aber weniger darin, weitere originelle Gedanken zum Diskurs hinzuzufügen, sondern eher darin, „die Quellen zu verstehen und auszuwerten", um schließlich eine Versöhnung der unterschiedlichen Elemente zu erreichen (Panofsky 1989: 44).

Was nun Bourdieu an dieser „gemeinsamen Denkgewohnheit" des 13. Jahrhunderts interessiert, ist die übergeordnete Frage nach der Einheit von Epochen: Was ist es, das dafür sorgt, dass es zu kollektiven Strukturen in unterschiedlichen sozialen Bereichen zu einer bestimmten Zeit kommt?

Bourdieu verfolgt diese Fragestellung in den Schriften Panofskys weiter (vgl. Bourdieu 1974c: 154; 1999: 319) und trifft dabei auf den ursprünglich von Alois Rigl stammenden Begriff des „Kunstwollens", den Panofsky in einem Aufsatz von 1920 veranschaulicht und weiterentwickelt (vgl. Panofsky 1998b).

Er weist darin zunächst die kunstwissenschaftliche Zuspitzung des Kunstwollens auf „das psychologisch Willensmäßige" zurück (Panofsky 1998b: 30). Das Kunstwollen versteht Panofsky demnach nicht

---

[30] Über diese Frage einer epochalen Denkgewohnheit hinaus interessiert sich Bourdieu vor allem auch für Panofskys Idee des schulischen Lernens. Die Gestaltungsprinzipien in Kunst und Architektur sowie das Schaffen im Bereich der Scholastik und der Philosophie führt Panofsky letztendlich auf die Schule als verhaltensnormierende Instanz zurück. Mit der Schule identifiziert Panofsky konkret eine soziale Institution, die einheitliche Denkweisen produziert. Der Schule schreibt Bourdieu davon ausgehend „die Funktion zu, bewusst (oder zum Teil auch unbewusst) Unbewusstes zu übermitteln oder, genauer gesagt, Individuen hervorzubringen, die mit diesem System der unbewussten (oder tief vergrabenen) Schemata ausgerüstet sind, in dem ihre Bildung bzw. ihr Habitus wurzelt. Kurz, die ausdrückliche Funktion der Schule besteht darin, das kollektive Erbe in ein sowohl individuell als auch kollektiv Unbewusstes zu verwandeln." (Bourdieu 1974c: 139; vgl. dazu auch Jurt 2008: 59ff.; Kastner 2009: 35f) In der Schule sieht Bourdieu „ein Zusammenspiel bereits im Voraus assimilierter Grundmuster" (Bourdieu 1974c: 143). Diese von Panofsky übernommene Konzeption des schulischen Lernens fließt später auch in Bourdieus Bildungssoziologie ein, wenn er das Bildungssystem als sozialen Reproduktionsmechanismus analysiert (vgl. Heim et al. 2009).

als die subjektive „künstlerische Absicht“, sondern auf der objektiven Ebene der „künstlerischer Gesamterscheinungen“ (Panofsky 1998b: 30). Es bezieht sich etwa im Bereich der Malerei nicht auf die Charakterisierung eines einzelnen Gemäldes, sondern auf die grundsätzliche Anordnung bestimmter „Linien- oder Flächenkombinationen“ oder „Farbzusammenstellungen“ einer Epoche (Panofsky 1998b: 30). Damit wird also das „Wesentliche der künstlerischen Erscheinungen“ fokussiert und nicht ein individuelles Wollen, eine Intention eines Künstlers (Panofsky 1998b: 30). „Die in einem Kunstwerk verwirklichten künstlerischen Absichten“, so Panofsky, können nicht über eine psychologische Analyse der Absicht des Künstlers freigelegt werden, sondern über die objektive Ebene des Kunstwollens einer Epoche (Panofsky 1998b: 34).

Sowohl in „Gotische Architektur und Scholastik“, wo er die gemeinsamen Denkgewohnheiten einer Epoche analysiert, als auch in seiner Schrift zum Kunstwollen fokussiert Panofsky vorrangig die Ebene der Struktur und intendiert damit letztendlich, den „endgültigen letzten Sinn im künstlerischen Phänomene“ freizulegen (Panofsky 1998b: 35):

> „Die Kunst ist nicht […] eine subjektive Gefühlsäußerung oder Daseinsbetätigung bestimmter Individuen, sondern die auf gültige Ergebnisse abzielende, verwirklichende und objektivierende Auseinandersetzung einer formenden Kraft mit einem zu bewältigenden Stoff.“ (Panofsky 1998b: 40)

Diese formende Kraft, die in der Kunst letztendlich am Werk ist und die den verschiedenen Epochen als Denkgewohnheiten zugrunde liegt, analysiert Panofsky als Wirkungsweise innerhalb von Kulturen. Mit seiner Definition des Kunstwollens weist Panofsky die Idee zurück, einzelne Individuen (wie etwa große Künstler) könnten für diese Einheiten von Epochen verantwortlich sein.

Die innere Geschlossenheit von Epochen, die durch Analogien in so unterschiedlichen Bereichen „wie Kunst, Literatur, Philosophie, gesellschaftlichen und politischen Tendenzen, religiösen Bewegungen usw.“ zum Ausdruck kommen (Panofsky 1989: 7), stellt schließlich auch das Interesse Bourdieus dar. Die Einheit von Epochen begreift Bourdieu jedoch weniger auf der Ebene der gemeinsamen Kultur, sondern eher auf der Ebene einer gemeinsamen Problematik (vgl. Bourdieu 1993a: 205). Es existieren somit epochenspezifische Problematiken und Auseinandersetzungen, um die der wissenschaftliche und künstlerische Diskurs kreist: „Das Auftreten eines Künstlers, einer Schule, einer Partei oder einer Bewegung“ liegt darin begründet, dass sie immer Teil dieses Diskurses sind und mit ihren

> „vertretenen Thesen zu einem Objekt von Auseinandersetzungen werden, dass sie ein Glied der großen Gegensätze liefern, um die jene Auseinandersetzung organisiert ist und die herangezogen werden, um die Auseinandersetzung zu denken (zum Beispiel rechts/links, hell/dunkel, Szientismus/Antiszientismus usw.).“ (Bourdieu 1993a: 205f.)

Jede Epoche, so der Bourdieusche Anschluss, „organisiert die Gesamtheit ihrer künstlerischen Darstellungen gemäß einem Gliederungssystem, das ihr in eigentümlicher Weise anhaftet“ (Bourdieu 1974d: 174). An dieser Stelle distanziert sich Bourdieu von Panofsky, denn er fokussiert ausgehend von diesem Gedanken auch die Ebene des Subjekts: nämlich auch die sozialen Akteure, die Kunst produzieren. Das Kunstwollen ist Bourdieu zufolge zwar als strukturelle Kategorie „der Gesamtheit der Werke eines Volkes und einer Epoche eigen“, ist aber auf der anderen Seite „nicht weit entfernt von jener Art autonomer Kraft, die eine mystische Kunstgeschichte daraus machen könnte“ (Bourdieu 1999: 319). Kurzum: Das Kunstwollen überbetont die Struktur. Es vermag vielleicht zugrundeliegende Denkmuster von Handlungen darzustellen, das Subjekt an sich wird dabei jedoch weitgehend ausgeblendet, so die Bourdieusche Conclusio. Der Entstehungsprozess von Kunst wird demzufolge mystifiziert, da die Ebene des Handelnden, das heißt des produzierenden Künstlers, nicht in den Fokus gerät.

Worauf es Bourdieu letztlich ankommt und worin sein vorrangiges Interesse liegt, ist, die zugrundeliegenden Denkschemata oder Denkgewohnheiten in Hinblick auf das Handeln sozialer Akteure zu erklären. Zwar ist die objektive Intention eines Kunstwerks, also das Kunstwollen, „niemals auf die bewusste Absicht des Künstler beschränkt“, jedoch darf deshalb die Ebene des Subjekts auch nicht einfach wie bei Panofsky ausgeblendet werden, denn Kunstwerke müssen immer auch als „Erzeugnisse von Menschenhand" wahrgenommen und analysiert werden (Bourdieu 1974c: 153, 154).

Ausgehend von Panofskys Konzeptionen analysiert Bourdieu Systeme von weitgehend unbewussten „Denk-, Wahrnehmungs- und Handlungsschemata", die dem Handeln von Akteuren zugrunde liegen (Bourdieu 1974c: 153). Konkrete Handlungen lassen sich also aufgrund dieser Schemata begreifen. So konnten etwa die berühmten Kunstwerke aus den Epochen jeweils nur solchen Köpfen entspringen, „die bereits an eine bestimmte Problematik fixiert waren, d. h. eine bestimmte Gewohnheit angenommen hatten, die Wirklichkeit zu befragen" (Bourdieu 1974c: 151). Nur im Hinblick auf die zugrundeliegenden Denk-, Wahrnehmungs- und Handlungsschemata einer Epoche lassen sich die produzierten Kunstwerke – und davon ausgehend auch soziale Handlungen – von Akteuren begreifen. Aufgrund zugrunde liegender Denkschemata „haben die Individuen Mühe, andere Unterschiede zu bemerken als diejenigen, welche ihnen ihr verfügbares Gliederungssystem festzustellen gestattet" (Bourdieu 1974d: 174). Ausgehend von diesem vorhandenen Gliederungssystem, über das die Zugehörigkeit eines Künstlers „zu einer bestimmten Gesellschaft oder Klasse" analysiert werden kann, lassen sich auch die blinken Flecken aufzeigen; also dasjenige, was nicht zu denken möglich war, was aufgrund der zugrundeliegenden Denkschemata einer Epoche unmöglich zu erfassen oder zu entwerfen war (vgl. Bourdieu 1974c: 153f.).

2.6 Bourdieus Begriff des Habitus

Ausgehend von Panofskys Kunsttheorie, innerhalb derer künstlerische Produkte als Ausdruck kollektiver Denkgewohnheiten verstanden werden, entwickelte Bourdieu seinen Begriff des Habitus (vgl. Rehbein 2006: 89). In diesem distanziert er sich explizit vom Gegensatz zwischen Subjekt und Objekt. Kulturelle Symbole begreift Bourdieu damit nicht wie Panofsky ausschließlich von der Struktur her, also als Ausdruck einer gesamten Kultur, einer Nation oder einer ganzen Epoche, sondern auch auf der Ebene des Subjekts.

Wie bereits im ersten Kapitel anhand der Auseinandersetzung mit Sartre aufgezeigt wurde, bricht Bourdieu mit der künstlerischen Stilisierung und Selbststilisierung des Individuums. Auf der Grundlage von Panofskys Kunsttheorie wendet sich Bourdieu mithilfe seines Habitusbegriffs auch „gegen das voluntaristische Konzept Sartres, das jede gesellschaftliche Prädetermination ausschließt“ (Jurt 2006: 71). Auf der anderen Seite setzt Bourdieu mit dem Habitus dieser subjektivistischen Konzeption künstlerischer Willensfreiheit „aber nicht ein Konzept totaler Vorherbestimmtheit entgegen“ (Kastner 2009: 38): Der Mensch erscheint darin nicht als „passives Wesen […], das die Eindrücke der Welt aufnimmt“ (Jurt 2008: 59). Denn obwohl das Konzept des Habitus auf gesellschaftliche Strukturen abhebt, betont Bourdieu gegenüber diesen Strukturen ein aktives Element: er analysiert eine produktive Seite in der Wahrnehmung der Welt. Und so leitet er von den kollektiven Strukturen nicht einfach mechanisch handelnde Subjekte ab, sondern analysiert strukturelle Kategorien vor allem als Grundlage konkreter Handlungen von Akteuren. „Die sozialen Akteure sind in seinen Augen nicht blinde Träger von objektiven Strukturen“, ihr Handeln ist nicht mechanisch determiniert (Jurt 2006: 71).

Mit Panofsky zeigt Bourdieu zwar auf, dass es „gemeinsame Denkgewohnheiten“ einer Epoche sind, die als grundsätzliche Prinzipien das Handeln von Subjekten regulieren, jedoch ist der Habitus auf der anderen Seite auch eine generative Idee: Er stellt Bourdieu zufolge lediglich die Möglichkeit dar,

> „im Zentrum des Individuellen selber Kollektives zu entdecken; Kollektives in Form von Kultur – im subjektiven Sinne des Wortes ‚cultivation‘ oder ‚Bildung‘ oder, nach Erwin Panofskys Sprachgebrauch, im Sinn des ‚Habitus‘, der den Künstler mit der Kollektivität und seinem Zeitalter verbindet und, ohne dass dieser es merkte, seinen anscheinend noch so einzigartigen Projekten Richtung und Ziel weist.“ (Bourdieu 1974c: 132)

Anders ausgedrückt: Die von Panofsky festgestellte Parallele zwischen gotischer Architektur und Scholastik verweist Bourdieu zufolge nicht direkt auf die subjektive Ebene des Handelns, sondern auf die zugrundliegenden Denkschemata dieses Handelns. Wenn Panofskys Kategorie der „Denkgewohnheit“ eine entscheidende Grundlage für das Bourdieusche Konzept des Habitus darstellt, dann ist damit nicht das Kunstwollen einer Epoche gemeint. Denn anders als Panofsky löst

Bourdieu die Kategorie des Subjekts nicht in der Struktur auf, sondern verweist damit auf eine Kategorie, die der ausgeführten Handlung beziehungsweise dem produzierten Kunstwerk als generierendes Prinzip vorausgeht.

Bourdieu spricht dabei auch von der Kategorie des „modus operandi“. Dabei rekurriert er auf die Konzeption der „generativen Grammatik“ von Noam Chomsky (vgl. Chomsky 1969; 1973), mit der er sich parallel zu Panofsky in den 1960er Jahren beschäftigte. Chomskys generativen Grammatik zufolge besteht das Fundament von Sprache auf einigen wenigen grammatischen Kategorien und Zusammenhängen, die allen Menschen als kognitive Struktur gemeinsam sind. Linguistische Kompetenz basiert demzufolge auf einem kleinen Fundament von Prinzipien, aus welchem eine Vielfalt und Vielzahl von Sprachen und grammatischen Varianten hervorgebracht werden kann. Chomsky zufolge liegt den verschiedenen Sprachen und konkreten Sprechakten als ein unbewusstes Fundament eine angeborene Universalgrammatik zugrunde (vgl. Rehbein/Saalmann 2009: 112f.; Krais/Gebauer 2002: 31–34). Analog zu Panofskys Entwurf versteht Bourdieu den Habitus als ein System inkorporierter Muster, „die es erlauben, alle typischen Gedanken, Wahrnehmungen und Handlungen einer Kultur zu erzeugen“ (Bourdieu 1974c: 143). Im Gegensatz zu Chomskys generativer Grammatik ist Bourdieus Habitus nicht genetisch, sondern sozial bestimmt (vgl. Bohn 1991: 66). Der Habitus erscheint nicht als „Schema für einzelne Bewegungsabläufe, Handlungen, Sätze oder Gedanken“, sondern als „so etwas wie ein Motor“ (Rehbein/Saalmann 2009: 112; vgl. dazu auch Schwengel 1993). Der Habitus ist damit eine bestimmte Art und Weise zu handeln oder – übertragen auf die Kunstproduktion – ein epochales Fundament, auf dessen Basis konkrete Kunstwerke als Varianten entstehen. Er ist sozusagen das, was dem Stil oder der Handschrift eines Künstlers unausgesprochen zugrunde liegt. Was der Scholastik und der gotischen Architektur gemein sind, definiert Panofsky eben als einen spezifischen „modus operandi“ (vgl. Panofsky 1989: 22f.). Auf dieser gemeinsamen Basis waren die Gedanken der Theologen und die Bauformen des Architekten als strukturell ähnliche Praxisformen des 13. Jahrhunderts möglich:

„Es ist daher nur natürlich, dass sich in Bereichen, die auf der Ebene der Erscheinungen zunächst nichts miteinander verbindet, der Ausdruck dieser allgemeinen Disposition beobachten lässt, welche die Einzelmuster erzeugt, die sich dann in den verschiedenen Bereichen des Denkens und Handelns verwenden lassen." (Bourdieu 1974c: 144)

Die Befolgung der Prinzipien einer Epoche führen damit „zu Entwürfen und zu Realisierungen, die zwar eigenständig sind, sich aber zugleich auf Muster von größerer Allgemeinheit zurückführen lassen" (Bourdieu 1974c: 150). Als ein Prinzip, das eine Basis für unendlich viele Variationen generieren kann, auf welchen das konkrete Handeln beziehungsweise die konkreten künstlerischen Formen dann beruhen, stellt der Habitus eine Vermittlung zwischen Objekt und Subjekt dar. Der Habitus ist weder alleine durch soziale Strukturen determiniert und demzufolge nicht ausschließlich Epoche, Klasse oder Struktur noch ausschließlich Individuum, basiert also nicht auf der freien Entscheidung des Einzelnen.

Damit kommt im Habitus vor allem „die Ablehnung einer ganzen Reihe von Alternativen" zum Ausdruck, in welchen die Sozialwissenschaft Bourdieu zufolge „befangen" war: Bewusstsein (oder Subjekt) gegen Unbewusstes, Finalismus gegen Mechanismus usw." (Bourdieu 1999: 285). Der Habitus ermöglichte es Bourdieu, wie er später resümiert, „mit dem strukturalistischen Paradigma zu brechen, ohne in die alte Subjekt- oder Bewusstseinsphilosophie zurückzufallen, wie sie die klassische Ökonomie und ihren homo oeconomicus geprägt hat" (Bourdieu 1999: 285). Der Habitus vermag es, „die aktiven, erfinderischen, ‚schöpferischen' Fähigkeiten" des Akteurs hervorzuheben, ohne die Ebene der zugrundliegenden sozialen Strukturen auszublenden (Bourdieu 1999: 285).

2.7 Körperliches Lernen

Als historisches Produkt produziert der Habitus individuelle und kollektive Praktiken. Soziale Akteure verfügen einen Habitus, der die Summe vergangener Erfahrungen ist:

„Der Habitus stellt, wie das Wort schon sagt, etwas Erworbenes und zugleich ein ‚Haben' dar, das manchmal als Kapital funktionieren kann; er lässt sich auch nicht länger, wie in der idealistischen Tradition geschehen, einem transzendentalen Subjekt zusprechen.“ (Bourdieu 1999: 285)

Dieses Erwerben sozialer Muster findet Bourdieu zufolge, vor allem auf der Ebene des Körpers statt, in den „Systeme von Wahrnehmungs-, Bewertungs- und Handlungsschemata“ eingeprägt sind (Bourdieu 2001b: 177). Es handelt sich dabei um eine Einverleibung der Strukturen der sozialen Welt: Der Habitus ist damit Leib gewordene Gestalt der sozialen Welt. Wir lernen die Strukturen, welchen wir ausgesetzt sind, durch den Körper. Bourdieu betrachtet den Körper als den Teil des Menschen, der exponiert ist, der eine Öffnung zur Welt darstellt. Durch die Konfrontation mit der Welt, durch „den affektiven Austausch mit der gesellschaftlichen Umgebung [...] dringt die Gesellschaftsordnung in die Körper ein“ (Bourdieu 2001b: 181). Die Gewalt der ökonomischen und sozialen Strukturen und die Mechanismen ihrer Reproduktion „richten sich nicht an den Intellekt, sondern an den Körper, der dabei als ‚Gedächtnisstütze‘ behandelt wird“ (Bourdieu 2001b: 181). Klassenzugehörigkeit, Kultur, Geschlecht et cetera werden erlernt „in einer bestimmten Weise, zu gehen, zu sprechen, zu stehen, zu blicken, sich zu setzen usw.“ (Bourdieu 2001b: 181). Die soziale Welt ist also dem Körper in bestimmten Haltungen, in körperlichen Hexis, eingeprägt. Dieses soziale Lernen reicht bis in kleinste Details der täglichen pädagogischen Praxis hinein („Halt dich gerade!“, „Nimm dein Messer in die rechte Hand!“ et cetera). Der individuelle Stil oder, anders ausgedrückt, der subjektive Habitus eines sozialen Akteurs erscheint damit als eine Variante des Klassen- und Gruppenhabitus:

„Jedes System individueller Dispositionen ist eine strukturale Variante der anderen Systeme, in der die Einzigartigkeit der Stellung innerhalb der Klasse und des Lebenslaufs zum Ausdruck kommt. Der ‚eigene‘ Stil, d. h. jenes besondere Markenzeichen, das alle Hervorbringungen desselben Habitus tragen, seien es nun Praktiken oder Werke, ist im Vergleich zum Stil einer Epoche oder Klasse immer nur eine Abwandlung, weswegen der Habitus nicht nur durch Einhaltung des Stils (...) auf den gemeinsamen Stil verweist, sondern auch durch den Unterschied, aus dem die ‚Machart‘ besteht.“ (Bourdieu 1987b: 113)

Über den Habitus werden der gesellschaftlichen Ordnung beziehungsweise der Klassenstruktur angemessene, richtige, geschickte und als passend bewertete Verhaltensweisen und Wahrnehmungsweisen erzeugt. Bourdieu formuliert diesen Zusammenhang folgendermaßen:

„Der Habitus konstruiert die Welt durch eine bestimmte Weise, sich auf sie auszurichten, ihr eine Aufmerksamkeit entgegenzubringen, die wie die eines sich konzentrierenden Springers eine aktive, konstruktive, körperliche Spannung auf eine unmittelbar bevorstehende Zukunft ist." (Bourdieu 2001b: 184)

Im Habitus einzelner Akteure kommen also die kollektiven Prinzipien sozialer Schichtung und Ordnung zum Ausdruck. Er basiert auf einer bestimmten körperlichen Haltung (Hexis) und steht damit in Beziehung zur sozialen Welt, aus welcher er entstanden ist und an welche er angepasst ist. Im Habitus werden die sozialen Strukturen konkret und können als solche erforscht und veranschaulicht werden. Da die sozialen Strukturen einverleibt sind, ist auch das das praktische Erkennen der Welt sozial konstruiert. Die Wahrnehmung der Welt verschiedener sozialer Akteure ist folglich eine grundlegend unterschiedliche und hängt von der jeweiligen sozialen Position und Perspektive ab (vgl. Bourdieu 2001b: 189f.).

Mit dem Begriff des Habitus, so könnte man konstatieren, löst Bourdieu die Foucaultsche Frage der Macht auf einer konkreten Ebene. Analog zu Foucault kommt auch Bourdieu zu dem Ergebnis, dass die Macht nicht an einem bestimmten Ort wie etwa dem Staat zu finden ist. Macht ist nirgendwo greifbar, „sie ist überall und nirgends, was nicht heißen soll, dass sie nicht eher an bestimmten Orten ist als in anderen – in einer Struktur gibt es zentrale Orte" (Bourdieu 2001a: 166). Eine Analyse der Macht muss die Macht deshalb gleichzeitig „in den sozialen Mechanismen" suchen, „die Strukturen herstellen, wie auch im Kopf der Individuen" (Bourdieu 2001a: 166). Der Habitus stellt damit eine Art „inkorporierte Geschichte" dar und verweist damit auf das einzelne Subjekt ebenso wie auf die objektiven Strukturen.

3. Lebensstil, Geschmack und Ästhetik

Nachdem in den beiden vorherigen Kapiteln die Auseinandersetzungen Bourdieus mit künstlerischen Werken und kunsttheoretischen Auffassungen diskutiert wurden, fokussiert dieses Kapitel nun Bourdieus eigene theoretische Konzeption des sozialen Raums. Im Rahmen seiner Schriften zum sozialen Raum in den 1960er und 1970er Jahren sind es vor allem drei Werke, in welchen Kunst und Ästhetik eine zentrale Rolle spielen: seine 1965 und 1966 erstmals erschienenen Studien zu den unterschiedlichen sozialen Gebrauchsweisen der Photographie (Bourdieu 1981) und zu den Besuchern europäischer Kunstmuseen (Bourdieu 2006) sowie sein Hauptwerk „Die feinen Unterschiede" (Bourdieu 1982).

Aus der Auseinandersetzung mit subjektivistischen Konzeptionen (Sartres Flaubert-Interpretation) auf der einen und objektivistischen Theorien (Panofsky, Chomsky, Foucault, Strukturalismus) auf der anderen Seite entwickelte Bourdieu – wie im dritten Kapitel gezeigt – seinen Begriff des Habitus. Vor dem Hintergrund von Bourdieus Unterteilung der Gesellschaft in Klassen analysiert er schließlich drei grundlegende soziale Klassenhabitus (3.1). Diese beruhen auf drei unterschiedlichen Lebensstilen und drei unterschiedlichen ästhetischen Einstellungen. Bourdieu greift für seine Konzeption der Klassenästhetik auf die Unterscheidung zwischen „reinem" und „barbarischem" Geschmack von Immanuel Kant zurück (3.2, 3.3). Auf dieser theoretischen Grundlage basiert seine empirische Studie über die Photographie, „Eine illegitime Kunst" (Bourdieu 1981), welche insbesondere die unterschiedlichen klassenspezifischen Verwendung und Auffassung von Kunst veranschaulicht (3.4). Seine empirische Arbeit über die Besucher von Kunstmuseen zeigt auf, dass die legitime Kunst weitgehend der bürgerlichen Klasse vorbehalten bleibt (3.5). Vor dem Hintergrund der kunsttheoretischen Arbeiten Erwin Panofskys zeigt Bourdieu einen Mechanismus des Entschlüsselns von Kunstwerken auf. Vor diesem Hintergrund erscheinen die Aneignung von Kunstwerken und damit der Zugang zur legitimen Kultur als systematisch reguliert (3.6). Abschließend wird die soziologische Rezeption von Bourdieus Konzeption eines Zusammenhangs von Kunstkonsum und sozialer Lage diskutiert (3.7).

3.1 Drei Geschmacksformen

Bekanntlich geht Bourdieu in seiner Konzeption des sozialen Raums von drei grundlegenden sozialen Positionen beziehungsweise Perspektiven aus, welchen drei Klassenhabitus entsprechen (vgl. Lenger/Schumacher 2009). Diese basieren wesentlich auf unterschiedlichen Erfahrungen und demzufolge auf unterschiedlichen Wahrnehmungen der sozialen Welt. Soziale Akteure schaffen sich, geprägt von Sympathien und Antipathien, Zuneigungen und Abneigungen, Gefallen und Missfallen, also aufgrund ihres von klein auf erworbenen Habitus, eine Umgebung, in der sie sich „zu Hause" fühlen. Hierzu schreibt Bourdieu:

> „Und tatsächlich lässt sich (in Form einer signifikanten statistischen Beziehung) ein frappierender Einklang zwischen den Charakteristika der Dispositionen (und der sozialen Positionen) der Akteure und denen der Gegenstände beobachten, mit denen sie sich umgeben – Häuser, Möbel, Einrichtungsgegenstände usw. –, oder der Personen – Ehepartner, Freunde, Beziehungen –, mit denen sie sich mehr oder weniger dauerhaft verbinden." (Bourdieu 2001b: 192)[31]

Die unterschiedlichen sozialen Positionen manifestieren sich in den unterschiedlichen Lebensstilen, die sich in klassenspezifischen kulturellen Praktiken äußern. Zum Ausdruck gelangen diese kulturellen Praktiken in den verschiedenen Weisen des kulturellen Konsums und Lebensstils. Diesen Lebensstilen liegt die Dimension des Geschmacks zugrunde, der sozusagen ihre Erzeugungsformel darstellt (vgl. Rehbein et al. 2009). Als Geschmack bezeichnet Bourdieu die ästhetischen Wahrnehmungs- und Bewertungsschemata der drei grundlegend verschiedenen Klassenhabitus.

Die Bereiche der symbolischen Lebensführung wie Wohnungseinrichtung, Freizeitbeschäftigung, Sportarten, Ernährungs- und Kleidungsstil sowie Wahlentscheidungen bezüglich Kunst- und

[31] Bourdieu verbindet in seinem Klassenbegriff die Konzeptionen von Marx und Weber. Er definiert Klassen damit nicht mehr vorrangig ökonomisch, sondern vor allem auch kulturell. Hierfür entscheidend ist auch die Webersche Kategorie des Standes, der vor allem einen sozialen Status definiert, welcher wiederum auch auf kulturellen Grundlagen, wie soziales Verhalten und Lebensstil, basiert (vgl. Rehbein et al. 2009: 140f.).

Kulturkonsum und die klassenspezifische Rezeption von Kunst sind letztlich durch gesellschaftlich unterschiedlich ausgeprägte Geschmacksformen strukturiert (vgl. Schwingel 1997: 147). Mit Bourdieu kann man drei grundlegende Geschmacksprofile unterscheiden, welche dann statistisch gesehen mit gesellschaftlichen Klassen und mit Lebensstilformen korrelieren. Aus dem legitimen Geschmack entspringt dabei der Lebensstil der herrschenden Klasse beziehungsweise der Bourgeoisie. Er basiert auf dem Habitus der Distinktion und präferiert die allgemein anerkanntesten kulturellen Werke, welche zum Kanon der legitimen Kultur einer Gesellschaft gehören (zum Beispiel die klassische Musik, die „schönen Künste“[32] oder die anspruchsvolle Literatur). Der mittlere Geschmack entspricht dem Kleinbürgertum und umfasst „die minderbewerteten Werke der legitimen Künste“ sowie die „legitimsten Werke der minderbewerteten Künste“ (Bourdieu 1982: 36–38). Der mittlere Geschmack ist wesentlich durch ein nacheiferndes Orientieren an dem (nie erreichten) Vorbild des legitimen Geschmacks gekennzeichnet. Hier lässt sich etwa die Differenz zwischen der Sportart Golf und ihrer kleinbürgerlichen Kopie Minigolf anführen oder auch das Musical, das man als die „Oper des kleinen Mannes“ bezeichnen könnte. Der populäre Geschmack der Volksklassen oder unteren Klassen präferiert leichte kulturelle Kost „fern jedes künstlerischen Anspruchs“ oder aber durch eine weite Verbreitung entwertete ehemalige ernste Kunst (Chanson, Schlager, Popmusik, Groschenroman) (Bourdieu 1982: 38).

3.2 Reine und populäre Ästhetik

In „Die feinen Unterschiede“ führt Bourdieu die Unterscheidung von legitimem Geschmack und populärem Geschmack auf die Unterscheidung von reiner Ästhetik und populärer Ästhetik von Immanuel Kant zurück. In seiner ästhetischen Theorie differenziert Kant bezüglich ästhetischer Urteile zwischen dem, was „gefällt“ und dem, was „ver-

---

[32] Der Terminus „schöne Künste“ geht auf die Konzeption des Kunsttheoretikers Johann Joachim Winckelmann zurück, der ausgehend von seiner Interpretation des Apollo von Belvedere den Vorstellungen von bürgerlicher Kunst grundlegend formulierte. Diese ist kurz gefasst durch eine Distanz zum unmittelbar Körperlichen gekennzeichnet und drückt sich durch „edle Einfalt“ und „stille Größe“ aus (vgl. Schumacher 2008: 44ff., 64ff.).

gnügt“. Das Gefallen assoziiert er mit dem „interesselosen Wohlgefallen“, das den einzigen Garanten für die ästhetische Qualität darstelle und „für die eigentliche ästhetische Beschaffenheit der Anschauung und dem Interesse der Vernunft, das das Gute definiert“, bürgt (Bourdieu 1982: 24). Basiert das ästhetische Urteil hingegen auf dem Vergnügen, so erfüllt es eine Funktion und verliert seine Reinheit. Die Bewertung ist dann keine rein ästhetische mehr, sondern wird auf die Normen der Moral oder die Zwecke der Unterhaltung zurückgeführt. Kant spricht an dieser Stelle vom „barbarischen Geschmack“, welchen er von der reinen Ästhetik unterscheidet: Beim barbarischen Geschmack steht nicht mehr die rein ästhetische Bewertung im Mittelpunkt. Er wird von externen Zwecken dominiert. Die tatsächlich ästhetische Bewertung also bezieht sich nicht auf die Geschichte, die Moral oder die Politik. Kurzum: Sie bezieht sich auf nichts außerhalb der Ästhetik, das heißt sie bedeutet nichts als das, was sie selbst bezüglich des Kunstwerks ist. Sie bezieht sich auf keinen Punkt außerhalb des Ästhetischen (vgl. Bourdieu 1982: 84). Diese beiden Kantschen Kategorien des reinen Geschmacks und des barbarischen Geschmacks bilden also die Grundlage für Bourdieus soziale Geschmacksdifferenzierung zwischen reiner und populärer Ästhetik. Der populäre Geschmack und damit die ihm angemessene populäre Ästhetik basieren darauf, zwischen Kunst und Leben einen Zusammenhang herzustellen. Es wird darin „eine systematische Reduktion der Dinge der Kunst auf die Dinge des Lebens“ vollzogen (Bourdieu 1982: 24). Dies zeigt sich nicht nur in der Bewertung der Kunst nach sozialen Funktionen oder Anwendungsmöglichkeiten, sondern auch in den Konzeptionen selbst, die direkt ans alltägliche Leben anschließen. Nach den Maßstäben der populären Ästhetik besteht folglich keine Trennung „zwischen gewöhnlicher Alltagseinstellung und genuin ästhetischer Einstellung“ (Bourdieu 1982: 64). So weisen etwa populäre Theaterstücke oder Filme fast durchweg einen chronologischen, leicht verständlichen Handlungsablauf auf, welcher auf ein Happy End ausgerichtet ist. Anders als etwa im avantgardistischen Theater, welches oft mehrdeutige, symbolische Charaktere und Handlungen präsentiert, stehen bei der populären Handlung einfach gezeichnete Situationen und typisierte Figuren im Vordergrund. Die populäre Kultur ist weitgehend auf die Funktion der Unterhaltung ausgerichtet. Hierzu müssen Handlung und Figuren auf die Bedürfnisse eines breiten Publikums hin konzipiert sein. Der Zuschauer soll sich einfühlen und mit dem Produkt identifizieren können. Dies führt zu einer Suspendierung von Formexperimenten und genuin ästhetischen Effekten, es sei denn, diese verstärken eine direkte Funktion bezüglich des Verlaufs der Handlung. Kurzum: Die Form unterliegt vollständig der Funktion der Narration. Der Zuschauer wird einbezogen, soll sich mit den Personen auf der Bühne oder der Leinwand identifizieren und an deren Schicksal Anteil nehmen: er kann deren Leben mitleben. Die populäre Handlung „gründet in einer Art Besetzung (im psychoanalytischen Sinn), einer Voreingenommenheit für, oder wenn man will, einem vorgängigen Entschluss zu ‚Naivität', Offenheit und Leichtgläubigkeit (‚wir sind ja hier, um uns zu amüsieren')" (Bourdieu 1982: 65). Diese „Durchschnittskunst" versucht möglichst Gemeinplätze zu besetzen, die dem Publikum als Projektionsfläche dienen. Systematisch verbannt werden demzufolge Themen, die Kontroversen auslösen oder das Publikum nachhaltig schockieren könnten: „Von der Darstellung wird erwartet, dass unsere Augen sich an ihr weiden können, dass die abgebildeten Objekte, wie beim Stilleben: Erinnerungen (erwecken) an vergangene und künftige Feste" (Bourdieu 1982: 84). Der barbarische Geschmack erwartet, dass das Kunstwerk die „Schönheit und des Wohlgefallens an der Welt" darstellt. Das Werk erscheint nur dann als umfassend gerechtfertigt, „wenn das Dargestellte dies auch verdient, wenn die Darstellungsfunktion einer höheren untergeordnet bleibt, nämlich: ein Stück Wirklichkeit, das würdig ist, verewigt zu werden, dadurch zu glorifizieren, dass man es festhält" (Bourdieu 1982: 85).

Dabei darf nicht vergessen werden, dass Bourdieus Konzeption zufolge die populäre Ästhetik nicht autonom ist, sondern sich in Abgrenzung zur herrschenden Ästhetik entwickelte und zu dieser einen negativen Bezugspunkt darstellt. Der experimentelle Gestus dieser reinen Ästhetik, seine formale Gesuchtheit, basiert auf einer Abtrennung vom allgemein Menschlichen, von der realen Welt des Lebens. Ihre Präferenz der Form gegenüber der Funktion interpretiert Bourdieu als „Aggression gegen das Dargestellte, gegen die natürliche Ordnung und nicht zuletzt gegen die menschliche Gestalt" (Bourdieu 1982: 85). Die reine Ästhetik weist einen distanzierten, abgetrennten und trennenden Charakter gegenüber der Lebenswelt auf. Indem sie das Interesse vom Inhalt, das heißt etwa von den Personen und spannenden Momenten der Handlung, auf die Form und die spezifischen künstlerischen Effekte verlagert, stellt sie eine Art Zensur allen expressiven Gehalts dar und ist damit „inmitten der Kommunikation eine selbst verborgene Weigerung zur Kommunikation" (Bourdieu 1982: 67).

Generell kommt zwischen reiner Ästhetik und populärer Ästhetik die Opposition von Vernunft und Sinnlichkeit zum Ausdruck: Während die genuin ästhetischen Haltung eine Verdrängung natürlicher Gefühle zur Voraussetzung hat, wendet sich die populäre Ästhetik gegen diese Zensur und Verdrängung und setzt der distanzierten Haltung Warmherzigkeit, Tränen und eine allgemeine Tendenz zum Körperlichen und Praktischen entgegen (vgl. Bourdieu 1982: 80).[33] Während die populäre Ästhetik in ihrem naiven Glauben ans Dargestellte im Natürlichen, Gegebenen und in der sozialen Umwelt verhaftet ist, basiert die reine Ästhetik mit ihrer Distanziertheit, Interesselosigkeit und Gleichgültigkeit auf einer Verweigerung gegenüber der Welt (vgl. Bourdieu 1982: 68).

Die gesellschaftlich differenten Geschmäcker und Vorstellungen von Ästhetik fallen nicht einfach vom Himmel, sondern ergeben sich aus den materiellen Lebensbedingungen der gesellschaftlichen Klassen: So wie der materielle Zwang den Arbeiter zu gleicherweise nahrhaften wie kostensparenden Speisen in großen Mengen greifen lässt, so liegt das Hauptaugenmerk der herrschenden Klasse auf der feinen Kost der HAUTE CUISINE, die in kleineren Mengen serviert wird, jedoch aus exklusiven und teuren Zutaten besteht. Dieser hier an der Ernährung veranschaulichte Gegensatz zwischen kleinem Teller und ausladender Platte ist ein strukturaler zwischen Qualität und Quantität beziehungsweise zwischen Form und Substanz, zwischen fein und vulgär, der das Grundprinzip der Unterscheidung zwischen legitimem und populärem Geschmack aufzeigt. Die Distanz zur Notwendigkeit und der materielle Luxus erzeugen Praxisformen, die durch eine Intention zur Stilisierung gekennzeichnet sind. Der Primat der Form führt

[33] Dies lässt sich sehr anschaulich am Beispiel der Horrorliteratur im 18. Jahrhundert zeigen. Während sich die anspruchsvolle bürgerliche Literatur an die kunsttheoretischen Vorgaben Johann Joachim Winckelmanns hält, dessen Ideal darin besteht, Körperlichkeit und Materie soweit als nur möglich aus der Kunst auszuschließen, kommen im populären Subgenre des Horrors, insbesondere in den Formen des Monströsen, die Triebe, der Ekel und das Körperliche zum Ausdruck (vgl. dazu Schumacher 2008: 46–53).

auf der Gegenseite zu einer Verleugnung der Funktion (vgl. Bourdieu 1982: 25f.). Exemplarisch zeigte Bourdieu dies anhand der Kommentare von Befragten auf, denen eine Photographie vorgelegt wurde, welche die Hände einer alten Frau zeigen. Während die befragten Arbeiter fast ausschließlich praktische und bewertende Kommentare abgaben („komisch“, „verkrüppelt“), verrieten die Kommentare der Angehörigen der mittleren Klassen den Habitus des Strebsamen, wenn vorrangig Kommentare zur geleisteten harten Arbeit abgegeben wurden, welche diese Frau mit ihren Händen wohl verrichtet haben musste. Die Vertreter der herrschenden Klasse schließlich konzentrierten sich in ihren Kommentaren überwiegend auf die ästhetischen Merkmale der Photographie und gaben rein ästhetische Bewertungen ab. Wie Bourdieu nicht nur anhand dieses Beispiels aufzeigt, werden die Antworten mit höherem Rang auf der sozialen Stufenleiter zunehmend abstrakter. Die Hände, die Arbeit oder das Alter gerieten gleichsam zu Allegorien oder Symbolen und dienten als Anlass zu universellen Betrachtungen allgemeiner Probleme. Zudem wurden häufiger auch Bezüge zu Malerei, Bildhauerei oder Literatur formuliert. Dies zeugt Bourdieu zufolge „von jener Neutralisierung, von jener Distanzierung, die der bürgerliche Diskurs über die Sozialwelt voraussetzt und herstellt: ‚Ich finde, dass das ein sehr schönes Photo ist. Es ist ganz Symbol der Arbeit. Es bringt mich auf die alte Bedienstete von Flaubert. Dem zugleich sehr demutsvollen Gestus dieser Frau. Schade, dass Arbeit und Not dermaßen entstellen.‘ (Ingenieur, Paris)“ (Bourdieu 1982: 87)

Die ästhetische Einstellung fundiert somit auf der Distanz zur materiellen Notwendigkeit der „wirklichen“ Welt des praktischen Lebens. Der rein ästhetische Blick und die ästhetische Einstellung basieren auf einer umfassenden Freiheit gegenüber den Zwängen der ökonomischen Notwendigkeit, die eine privilegierte Stellung innerhalb des Sozialraums gewährt (vgl. Bourdieu 1982: 104). Diese privilegierte Stellung ermöglicht eine „Neutralisierung der im Alltag sich manifestierenden Zwänge“ (Bourdieu 1982: 101). In der Distanz zur Welt, die das Fundament der bürgerlichen Welt-Erfahrung darstellt, entsteht mit der ästhetischen Einstellung eine „Praxis ohne praktische Funktion“ (Bourdieu 1982: 101f.). Bourdieu assoziiert diese ästhetische Einstellung der bürgerlichen Welt-Erfahrung auch mit dem Spiel der Kinder und vergleicht diese distanzierte Beziehung zur Welt mit der der Seinsweise der Kindheit, welcher der Geist des Einsthaften abgeht:

„Wer den Spielen der Bildung und Kultur jenen Charakter des spielerisch Ernsten konzediert, den bereits Platon forderte – Ernsthaftes ohne den Geist des Ernsthaften, Ernsthaftigkeit im Spiel, die stets das Spiel um Ernsthaftes voraussetzt –, der muss einer von denen sein, die aus ihrem Leben wenn nicht wie der Künstler eine Art Kinderspiel zu machen vermochten, so doch die Beziehung zur Welt der Kindheit lange, bisweilen sogar ihr ganzes Leben über aufrechterhalten konnten (jedes Kind beginnt sein Leben wie ein Bourgeois: in einem Verhältnis magischer Gewalt über die anderen und vermittels ihrer über die Welt, tritt dann aber, mehr oder minder früh, aus dem Stadium der Kindheit heraus).“ (Bourdieu 1982: 101f.)

Der Ästhetizismus der bürgerlichen Welterfahrung, die auf dem Primat der Form basiert, ist, so folgert Bourdieu weiter, „einzig um den Preis einer Neutralisierung jedweden affektiven oder ethischen Interesses für das Objekt der Darstellung zu erreichen“ (Bourdieu 1982: 86).

Während jedoch in seinen späteren Werken zum künstlerischen Feld die reine Ästhetik als Grundlage der Autonomie des künstlerischen Feldes implizit positiv bewertet wird, kritisiert Bourdieu in „Die feinen Unterschiede“ explizit den Ästhetizismus als Prinzip bürgerlicher Lebensart:

„Der Ästhetizismus, worin die künstlerische Intention zum Prinzip der Lebensart erhoben ist, beinhaltet eine Art moralischen Agnostizismus, und steht damit in krassem Gegensatz zur ethischen Einstellung, die gerade die Kunst dem Leben und dessen Werten unterordnet. Die künstlerische Intention ist ein einziger Widerspruch gegen die Einstellungen des Ethos oder die Normen des Ethischen, welche für alle Gesellschaftsklassen die jeweils legitimen Darstellungsgegenstände und Darstellungsweisen definieren, und damit aus dem Bereich des Darstellbaren bestimmte Realitäten wie Arten ihrer Darstellung ausgrenzen.“ (Bourdieu 1982: 90)

Um diesen Widerspruch der Interpretation einer reinen Ästhetik zu diskutieren, muss an dieser Stelle eine weitere Differenzierung betrachtet werden, die Bourdieu insbesondere in „Die feinen Unterschiede“ ausführlich analysiert. Er stellt dem legitimen Geschmack der herrschenden Klasse nämlich nicht nur den populären Geschmack der Volksklassen gegenüber, sondern analysiert auch eine Teilung innerhalb des bürgerlichen Universums, das heißt die herrschende Klasse unterteilt sich in zwei Fraktionen: die Intellektuellen und Künstler auf der einen Seite stehen den bürgerlichen Unternehmern auf der anderen Seite gegenüber.

3.3 Die Teilung der herrschenden Klasse

Die ökonomische Macht der Bourgeoise stellt zunächst ein Mittel dar, dem Zwang des Ökonomischen zu entkommen. Im Kulturellen und Ästhetischen drückt sich dies in einer Distanzierung von den mittleren und unteren Gesellschaftsklassen aus, indem gegen die materielle Notwendigkeit eine Nivellierung des Zweckmäßigen und eine Ästhetisierung der Welt exponiert werden. Innerhalb des bürgerlichen Universums jedoch bildete sich ein weiterer Gegensatz „zwischen dem, was sich auszahlt und dem, was nichts einbringt“ heraus, „zwischen Interessegeleitetem und Interesselosem“ (Bourdieu 1982: 103). Bourdieu verweist hier auf die Gegensatzpaare von Max Weber zwischen Arbeits- und Wohnstätte, zwischen Werk- und Feiertag, zwischen männlichem Außen und weiblichem Innen und zwischen Geschäft und Gefühl. Bei Bourdieu verkörpern sich diese homologen Gegensätze vor allem in den Polen von Industrie und Kunst, also in einem Konkurrenzverhältnis zwischen „der Welt der ökonomischen Zwänge und der Welt der durch ökonomische Macht von jenen Zwängen befreiten künstlerischen Freiheiten“ (Bourdieu 1982: 103). Die Distanziertheit des reinen ästhetischen Blicks, die auf einem allgemeinen Hang zum Zweckfreien und Interesselosen fußt, muss also als doppelter Affront verstanden werden: einmal als Distanzierung zu den mittellosen unteren Schichten und ein zweites Mal gegen die Sphäre der bürgerlichen Nützlichkeit und ökonomischen Macht. Und so stellt der Lebensstil des Künstlers mit seiner Ästhetisierung des Lebens, seiner Zurschaustellung von Verschwendung und Zwecklosigkeit auch für den Bürger und dessen rationale Lebensführung eine „aristokratische Anmaßung“

dar (vgl. Bourdieu 1982: 104): Die „Nichtigkeit, ja Absurdität“ des Bürgers

> „soll gleichsam durch praktische Demonstration der Fadenscheinigkeit und Eitelkeit seines Strebens nach Prestige und Macht erwiesen werden. Das neutralisierende Verhältnis zur Welt, Charakteristikum der ästhetischen Einstellung, impliziert die Entwirklichung des ‚Geistes der Ernsthaftigkeit‘, der jeder bürgerlichen Unternehmung immanent ist.“ (Bourdieu 1982: 107)

In seinem Spätwerk „Meditationen“ plädiert Bourdieu dafür, diese Entwicklung des distanzierten Blicks zur Welt näher zu erforschen, indem man sie mit analogen Veränderungen in anderen gesellschaftlichen Bereichen in Verbindung bringt, die mit der Ausdifferenzierung des ökonomischen Bereichs einhergehen. Dabei wagt er eine freie Übertragung der theoretischen Konzeption des Psychologen Ernest Schachtel (1903 – 1975) auf die soziale Welt. Schachtel unterscheidet zwischen den Fernsinnen „Sehen“ und „Hören“, die zu einer objektiven und aktiven Sicht der Welt geeignet sind, und den Nahsinnen „Fühlen“ und „Schmecken“, die unmittelbar mit Lust und Unlust verbunden sind. Schachtel zufolge gewinnen im Verlauf der kindlichen Entwicklung die Fernsinne mehr und mehr die Oberhand über die Nahsinne.

Die Eroberung einer scholastischen oder künstlerischen Perspektive analogisiert Bourdieu schließlich mit der Distanzierung von den Nahsinnen. Die intellektuelle distanzierte Perspektive zur Welt wird Bourdieus Ausführungen zufolge nur „auf Kosten der Verdrängung kurzfristiger Gelüste oder des Aufschubs ihrer Befriedigung“ (Bourdieu 2001b: 35) möglich. Bourdieu deutet hieraus einen fundamentalen historischen Bruch zwischen dem als übergeordnet wahrgenommenen Intellekt und dem als untergeordnet betrachteten Körper zu Beginn der bürgerlichen Moderne. Die abstrakten Sinne des Hörens und Sehens assoziiert Bourdieu mit den Künsten der Malerei und der Musik und demnach mit dem Geist und den Künstlern. Seit dem Beginn der bürgerlichen Moderne sind diese abstrakten Sinne von den eher körperlichen Sinnen des Fühlens und Schmeckens abgetrennt, welche Bourdieu mit der bürgerlichen Ökonomie assoziiert. Die abstrakten Sinne, die für den reinen Geschmack und die reinen Künste stehen, bleiben so durch gesellschaftliche Abstraktionsprozesse innerhalb des bürgerlichen Universums von der kapitalistischen Ökonomie unterschieden:

„Diese Gegensätze, die sich in dem Grunddualismus von Seele und Körper (oder dem von Verstehen und Fühlen) überaus deutlich niederschlagen, sind in der gesellschaftlichen Trennung zwischen der ökonomischen Welt und den Universen der symbolischen Produktion verwurzelt.“ (Bourdieu 2001b: 35)

Bourdieu baut diese plakative Metaphorik noch weiter aus, wenn er den Kampfbereich der Ökonomie schließlich nicht nur mit dem Schmecken der Zunge verbindet, sondern auch mit dem verschlingenden Schlund vergleicht.

Bourdieu zufolge bilden diese beiden konkurrierenden bürgerlichen Perspektiven jedoch zwei Seiten derselben Medaille: er analysiert sie als zwei unterschiedliche Herrschaftsmechanismen. Während die auf den unmittelbaren Nahsinnen beruhende Ökonomie die materielle Aneignung der Welt gewährleistet, sichert der distanzierte perspektivische Blick die Macht zur symbolischen Aneignung der Welt. Die legitime Kultur ist ein Herrschaftsinstrument und „dazu bestimmt, Herrschaft auszudrücken und zu legitimieren“ (Bourdieu 1982: 359).

Der distanzierte ästhetische Blick des Künstlers und Intellektuellen ist nur auf dem Fundament der ökonomischen Herrschaft des Bürgertums möglich, welches einen „unsichtbaren Sockel“ für die Entwicklung der künstlerischen Perspektive darstellt (Bourdieu 2001b: 35). Obwohl die exponierte Nutzlosigkeit, die ästhetische Stilisierung des Lebens des Künstlers, gegen die Rationalität des Bürgers entwickelt wurde und gegen sie gerichtet ist, betrachtet Bourdieu die Perspektive des Künstlers dennoch als amoralisch und fern jeder Ethik, da sie auf einer „ursprünglichen Verdrängung“ basiert, welche der symbolischen Disposition zugrunde liegt: Sie impliziert „die Verdrängung der wirtschaftlichen und gesellschaftlichen Bedingungen ihrer Möglichkeit“ (Bourdieu 2001b: 36). Anders als ein verbreitetes Bild und auch Selbstbild suggeriert, stehen die Künstler und Intellektuellen nicht per se auf der Seite der Beherrschten, sondern übernehmen ihren Anteil bei der „Teilung der Herrschaftsarbeit“ (Bourdieu 1991a: 77). Aus dieser Perspektive betrachtet sind die Intellektuellen „beherrschte

Herrschende“ (Kastner 2009: 74). Dass die Intellektuellen tatsächlich „der bürgerlichen Ordnung verpflichtet“ sind, kommt Bourdieu zufolge vor allem in Krisenzeiten zum Ausdruck, „in denen ihr spezifisches Kapital und ihre Stellung innerhalb der sozialen Ordnung wirklich gefährdet ist“ (Bourdieu 1992a: 161; vgl. auch Jurt 2006: 73f.).

Während Bourdieu vor dem Hintergrund seiner Arbeiten zum künstlerischen Feld von dieser radikal ablehnenden Position gegenüber der Kunst und den Künstlern abweicht, indem er die politischen Möglichkeiten einer weitreichenden Autonomie des künstlerischen Bereiches analysiert, greift er später in den „Meditationen“ diese Zurückweisung wieder auf. Die Autonomie der scholastischen Felder, also auch die Autonomie der Kunst, habe „ihren Preis“ und sei „nicht umsonst zu haben“ (Bourdieu 2001b: 25), denn sie wird in effektiver Distanz gegenüber ökonomischem und sozialem Druck erworben. So schreibt Bourdieu:

„Die fundamentale Ambivalenz der scholastischen Universen und aller ihrer Hervorbringungen – universelle Errungenschaften, die ein exklusives Privileg zugänglich macht – beruht darauf, dass die scholastische Zäsur gegenüber der Welt der Produktion befreit wie zugleich trennt, den Zusammenhang auflöst und damit virtuell verstümmelt: Wenn die Suspendierung ökonomischen Drucks die Herausbildung von autonomen Feldern, von ‚Ordnungen‘ (im Sinne Pascals), ermöglicht, die nur ihr eigenes Gesetz kennen und anerkennen, so droht sie, gibt man nicht besonders acht, das scholastische Denken in den Grenzen jener ignorierten oder verdrängten Voraussetzungen einzuschließen, die der Rückzug aus der Welt impliziert.“ (Bourdieu 2001b: 25)

Darüber hinaus betont Bourdieu ein weiteres Mal, dass der Zugang zum scholastischen Universum nur wenigen vorbehalten bleibt. „Die in ihm angelegte universelle anthropologische Möglichkeit“ bleibt fast ausschließlich dem Bürgertum und seinem Nachwuchs vorbehalten: „Das Bewusstsein dieses Privilegs verbietet es, diejenigen, die nicht in seinen Genuss gelangen und ihre menschlichen Möglichkeiten nicht voll entfalten können, zu inhumaner oder ‚barbarischer‘ Existenz zu verurteilen.“ (Bourdieu 2001b: 25)

3.4 Die sozialen Gebrauchsweisen der Photographie

Die Fähigkeit und das Vermögen, gegenüber beliebigen und vulgären Objekten wie etwa Bekleidung oder Wohnungseinrichtung eine rein ästhetische Betrachtungsweise einzunehmen und diese künstlerisch zu stilisieren und aus ihrem alltäglichen profanen Zusammenhang zu reißen, ist ein grundlegendes soziales Unterscheidungsmerkmal und trennt den legitimen Geschmack des Bürgers vom populären Geschmack der unteren Schichten (vgl. Bourdieu 1982: 80). Dies wird insbesondere in Bourdieus früher Untersuchung zur Photographie „Eine illegitime Kunst" aus dem Jahre 1965 deutlich, in welchem Bourdieu die unterschiedlichen sozialen Gebrauchsweisen der sozialen Praxis der Photographie untersucht. Dieser kommt nämlich im Vergleich zu anderen Künsten wie der Malerei, dem Theater oder der klassischen Musik eine Besonderheit zu: sie ist eine vollkommen alltägliche Praxis und damit nur unter besonderen Umständen eine Kunst. Um Photos zu schießen, benötigt man keine Schulbildung und keine Zeit der Ausbildung zum Erlernen des Handwerks wie etwa bei der Malerei oder bei der Beherrschung von Musikinstrumenten (vgl. Bourdieu 1981: 16f.).[34] Durch den hohen Grad der Automatisierung durch das technische Gerät des Photoapparates steht das Photographieren zudem auch im „Gegensatz zu der gängigen Vorstellung von künstlerischer Schöpfung" (Bourdieu 1981: 17). Photographiert wird dennoch überall im sozialen Raum, jedoch bringt die Photographie überall unterschiedliche Bedeutungen hervor. Jede gesellschaftliche Gruppe wählt sich „ein endliches und bestimmtes Sortiment möglicher Gegenstände, Genres und Kompositionen aus", die sie dem Automatismus des Apparats anvertraut (Bourdieu 1981: 17). Mit der Kamera, so Bourdieus Grundthese, erfassen die sozialen Akteure die Welt so, wie sie ihnen erscheint, nach der Logik ihres subjektiven Weltbildes: „Weder natürlich noch bewusst erzeugt, ist das Bedürfnis nach Photographien und photographischer Praxis nichts anderes als der Reflex

[34] Bourdieu selbst eignete sich die Praxis der Photographie an, um während seines Aufenthalts in Algerien die Lebensumstände zu dokumentieren. Seine eigene photographische Praxis ist dabei nur sehr zweitrangig ästhetisch motiviert, denn Bourdieu fokussiert dabei vorrangig Motive des alltäglichen Lebens. Er intendiert damit eine Dokumentation der sozialer Entwurzelungen der algerischen Gesellschaft durch die Besatzung (vgl. Bourdieu 2009).

ihrer sozialen Funktion im Bewusstsein der Subjekte." (Bourdieu 1981: 81)

Gerade weil der photographische Akt durch seine technische Komponente der allgemeinen Auffassung von der genuin künstlerischen Schöpfung widerspricht, wird er von der kunstaffinen Bourgeoisie eher abgelehnt. Was auf dem Photo zu sehen ist, ist eine Spiegelung des Wirklichen, eingefangen von einem mechanischen Auge (vgl. Bourdieu 1981: 89). Dieser Kunst ohne Künstler begegnen die Angehörigen der Oberschicht mit Ablehnung, weil sie sie als vulgär wahrnehmen. Nicht nur ist die „Kunst" der Photographie durch ihre Konzentration auf eingefangenen Gegenstand vorrangig inhaltlich und nur nachrangig formal bestimmt, auch ist sie jedermann zugänglich und damit kaum sozial exklusiv, was dem Habitus der Distinktion widerspricht.

Die Idee der idealgetreuen Abbildung der Wirklichkeit durch die Photographie kommt dem künstlerischen Ideal der Volksklassen dafür umso näher. Schließlich basiert die populäre Ästhetik auf der Nachahmung der wahrnehmbaren Welt und einer möglichst geringen Distanz zur sozialen Wirklichkeit. Die Umkehrung der Kantschen Ästhetik drückt sich dabei in der photographischen Praxis der Volksklassen aus, die strengen sozialen Normen unterliegt. Es darf dabei nichts photographiert werden, „außer dem, was photographiert werden muss" (Bourdieu 1981: 35). Es ist genau festgelegt, was von der Linse erfasst werden muss und was sich „außerhalb des Photographierbaren" zu befinden scheint. Motive der Alltagsumgebung und ihrer Personen etwa sind dabei fest ausgeschlossen. Was man alltäglich sieht, so der nachvollziehbare Gedankengang, photographiert man nicht. Begibt man sich dagegen auf eine Reise, so scheinen Photos als lohnenswert erachtet zu werden (vgl. Bourdieu 1981: 45f.). Photographiert wird also nicht jeder beliebige Gegenstand, sondern ausschließlich das Besondere. Der Photographie kommt die Funktion zu, sozial bedeutende Erinnerungen an Gegenstände, Personen oder Ereignisse zu erfassen und zu sammeln – also Urlaube, Geburtstagsfeiern, Familienfeste, Hochzeiten et cetera (vgl. Bourdieu 1981: 19). Da die Hochzeitszeremonie oder die Taufzeremonie von der alltäglichen Routine abweicht, muss sie zur Erinnerung festgehalten werden, „weil sie das Bild verwirklicht, das die Gruppe als Gruppe von sich zu vermitteln wünscht" (Bourdieu 1981: 35). Bourdieu interpretiert die Funktion der

Photographie der Volksklassen mithilfe von Emile Durkheim, der dem Fest die Funktion zuschreibt, „die Gruppe zu neuem Leben zu erwecken, sie neu zu erschaffen“ (Bourdieu 1981: 32).

Die Photographie erfüllt die Funktion, die Einheit der Gruppe aufs Neue zu bestätigen und zu feiern. Das Mannschaftsphoto, das bei diversen Sportarten nach großen Siegen geschossen wird oder das Hochzeitsbild, auf dem die versammelte Gruppe abgebildet ist, gehört zu einem notwendigen Ritual der Gruppenkonstitution und -erinnerung. So zeigen diese Photographien letztendlich „nichts anderes als eine Reproduktion des Bildes, das die Gruppe von ihrer Integration“ hat (Bourdieu 1981: 38). Der Photographie fällt dabei die Aufgabe zu, das Familienerbe oder auch die Tradition des Sportvereins gleich einem Schatz zu bewahren. Auf Bild gebannt werden dabei letztendlich „keine Individuen in ihrer Besonderheit, sondern soziale Rollen“ (Bourdieu 1981: 35).

Auf einem Gruppenphoto eines sozialen Ereignisses mit verewigt zu sein, ist für jedes einzelne Mitglied Zeichen der Integration und gesellschaftlichen Geltung. Das Gruppenphoto ist damit eine Trophäe und dient zudem dazu, die Bekanntheit der Verwandten untereinander stets auf dem aktuellen Stand zu halten: Die Photographie ersetzt „die vergängliche Ungewissheit subjektiver Eindrücke durch die endgültige Gewissheit eines objektiven Bildes“ (Bourdieu 1981: 47). Die photographische Praxis der Volksklassen verwirklicht damit das Ritual der feierlichen Erhebung, der weihevollen Bestätigung der Gruppe. Sie folgt nach Bourdieu einer „Ästhetik des Festes, das heißt der Verbindung mit den anderen Menschen, mit der Gemeinschaft, mit der Welt (Bourdieu 1981: 105).

Eine ähnliche Bedeutung kommt Bourdieus Untersuchung zufolge auch den Urlaubs- und Ferienphotos zu: auch diese erfüllten vorrangig eine soziale Funktion. Der ästhetischen Form dagegen kommt bestenfalls eine nachrangige Bedeutung zu. Während die alltägliche heimatliche Umgebung niemals photographiert wird, sind die Landschaften und Baudenkmäler auf den Urlaubsphotos vor allem dazu da, die mitabgebildete Person zu schmücken. Sie dienen also vorrangig dem sozialen Prestige. Das klassische Urlaubsphoto mit einer Person im Vordergrund und einem bekannten sanktionierten Ort im Hintergrund fixiert eine scheinbare Interaktion:

„Was uns wie Barbarismus oder Barbarei vorkommt, ist in Wahrheit die vollständige Verwirklichung einer Intention: Die beiden Objekte, dazu bestimmt, sich gegenseitig zu erhöhen, sind genau in der Mitte des Bildes platziert, und Zentrierung und Frontalität sind in der Tat die wirkungsvollsten Mittel, dem festgehaltenen Objekt Bedeutung zu verleihen." (Bourdieu 1981: 48)

Der photographische Abzug dient als soziale Trophäe für einen außergewöhnlichen Augenblick des Lebens. Ihre symbolische Bedeutung wird ihr durch den hohen symbolischen Wert des außergewöhnlichen Ortes verliehen. Die Person wird dabei in eine Umgebung gestellt, die wie ein Zeichen gebraucht wird. Sie dient einzig und alleine dazu, die Person zu schmücken:

„Typisch dafür ist ein Photo, auf dem man P. vermutet (eine winzige Figur vor der Kirche Sacré Coeur, die den Arm bewegt) und das, wie meist, aus sehr großer Entfernung ‚geschossen' worden ist, weil man das gesamte Monument zusammen mit der Person auf dem Bild unterbringen wollte: Um die Person zu entdecken, muss man sozusagen wissen, dass sie sich dort befindet." (Bourdieu 1981: 48)

Vor diesem Hintergrund der funktionalen Bedeutung der Photographie für die Volksklassen verwundert es kaum, dass bei Bourdieus Befragung zu vorgelegten Photos die Vertreter aus den unteren Klassen abstrakte und ungegenständliche Photographien fast durchweg ablehnten und versuchten, diesen eine Funktion zuzuordnen. Die abgegebenen Urteile beziehen sich demzufolge sehr häufig auf ein vorgestelltes Genre beziehungsweise eine Kategorie und eine mögliche soziale Gebrauchsweise für das Photo: Reklamephoto, Dokument, Experimentalphoto, für einen Photowettbewerb, Aktphoto, Urlaubsphoto, Familienphoto (vgl. Bourdieu 1981: 100). Der barbarische Geschmack sucht nach praktischen Informationen, nicht nach ästhetischen Werten und lehnt deshalb Bilder, die nicht kategorial einzuordnen sind, als unbedeutend ab: „Das erinnert an nichts, beschwört nichts herauf und vermittelt überhaupt nichts", wurde etwa über ein Bild ausgesagt, auf dem ein Blatt eines Laubbaums abgebildet war. Und zu einer Photographie, die Kieselsteine zeigt, fällt etwa der Kommentar: „Es muss eine Vorstellung oder Idee auslösen; bei diesem Bild fällt mir gar nichts ein. [...] Ich frage mich, aus welchem Grund man wohl dieses Photo gemacht hat“ (Bourdieu 1981: 101). Abgelehnt werden dabei nicht nur abstrakte Bilder, die keine identifizierbaren Gegenstände zu erkennen geben und damit keinen vertrauten Formen ähnlich sind, sondern auch gegenständliche Photographien, welchen keine unmittelbare Funktion zugeordnet werden kann:

„Von der Photographie erwartet man, dass sie eine narrative Symbolik in sich schließe, dass sie, darin einem Zeichen oder, besser, einer Allegorie gleich, ohne Doppelsinnigkeiten eine dem Signifikanten transzendente Botschaft vermittle und jene Zeichen vervielfache, mit denen sich eindeutig der virtuelle Gehalt komponieren lässt, den man ihr unterstellt.“ (Bourdieu 1981: 102)

Die Photographie der Volksklassen erfährt dabei praktisch nie eine ästhetische Bewertung. Sie hat scheinbar zur Voraussetzung, dass man sich jedes ästhetischen Urteils enthält. Alleine die soziale Funktion rechtfertigt die Existenz einer Photographie, welche ein sozial erwünschtes Bild der Wirklichkeit abbilden muss. Das sozial Unbedeutende oder das rein Ästhetische wird dabei stets vehement abgelehnt.

Die Mitglieder des Kleinbürgertums sind in Bourdieus Untersuchung am häufigsten Mitglieder in Photoclubs und betrachten sich als ambitionierte Hobbyphotographen. Die photographische Praxis dieser mittleren Gesellschaftsklasse lehnt die traditionelle funktionale Gebrauchsweise der Photographie strikt ab, indem sie einen ästhetischen Anspruch einführt. Für diese Klasse stellt die Photographie eine Kunstform dar und markiert damit eine kulturelle Distanz zur populären Ästhetik und deren rein funktionaler Gebrauchsweise. Andererseits zeigt sich in der ambitionierten Haltung auch die Distanz zum distinktiven Habitus der herrschenden Klassen. Da dem kleinbürgerlichen Habitus die Fähigkeit abgeht, gegenüber beliebigen Alltagsgegenständen eine ästhetische Haltung einzunehmen, kommt es zu Widersprüchen zwischen dem proklamierten Anspruch und dem konkreten Ergebnis:

„Selbst die passionierten Amateure bekunden die Originalität ihrer künstlerischen Absichten dadurch, dass sie andere Gegenstände photographieren, statt Gegenstände auf andere Weise abzubilden, d.h., sie distanzieren sich von den rituellen Funktionen, statt ihnen neue Bedeutungen zu verleihen.“ (Bourdieu 1981: 74)

Während der photographischen Praxis der Volksklassen durch das Primat der Funktion der Gedanke fehlt, überhaupt Ideen zu haben, ist es bei den mittleren Schichten der Mangel an außergewöhnlichen und originellen Ideen, die zur Anerkennung ihrer Kunst als einer legitimen fehlen. Es findet durchaus eine Orientierung an den Maßstäben der legitimen Kunst statt, jedoch mangelt es an der Kenntnis der ästhetischen Kategorien. Die Photographie der mittleren Klassen stellt damit einen Ersatz für die künstlerischen Praktiken der Oberschicht dar: zwar wird die bürgerliche Ästhetik im Gegensatz zur populären Ästhetik von den Mittelklassen als legitim anerkannt, jedoch fehlt der strebsamen kleinbürgerlichen Praxis der ästhetische Blick der legitimen Kunst (vgl. Bourdieu 1981: 74). Damit kann die Photographie zwar generell als Kunst gelten, jedoch ist sie dadurch „niemals mehr als eine Kunst zweiter Ordnung“ (Bourdieu 1981: 76). Die unterschiedlichen sozialen Gebrauchsweisen und Bewertungen der Photographie analysiert Bourdieu damit in gegenseitigen Abgrenzungsverhältnissen zueinander. Jedoch bedingen sich diese Verhältnisse dabei gegenseitig und lassen sich demzufolge nur über die gesamte Struktur der Beziehungen zwischen den Klassen erforschen.[35]

Ein häufiger Einwand gegen Bourdieus Untersuchung zur Photographie basiert natürlich auf ihrem empirischen Charakter, womit eine nur zeitlich eingegrenzte Gültigkeit für die Situation der 1960er Jahre in Frankreich einhergeht. So konstatieren insbesondere Grenfell und Hardy sowie Stallabrass, dass sich bestimmte Bereiche der Photographie inzwischen zu legitimen kulturellen Praktiken entwickelt haben (vgl. Grenfell/Hardy 2007; Stallabrass 1996). Entgegen dieser Entwicklung eines legitimen Bereichs der Kunstphotographie, dürften sich entscheidende Veränderungen vor allem mit der flächendeckenden Verbreitung der Digitalphotographie ergeben haben. Martin analysiert diese Transformationen in ihrer jüngst erschienen Studie zur Digitalphotographie in Frankreich (vgl. Martin 2009). Aufgrund der

[35] Ulf Wuggenig entwickelte die Analyse der sozialen Gebrauchsweisen der Photographie seit den 1980er Jahren weiter (vgl. dazu insbes. Wuggenig 1994 sowie aktuell Bismarck et al. 2008). Darüber hinaus entwickelte Fuchs einen Ansatz zur Analyse von Familienportraits, der zwar nicht von Bourdieu ausgeht, aufgrund seiner Parallelität zur Bourdieuschen Methodik aber dennoch an dieser Stelle erwähnt wird (vgl. Fuchs 2002).

uneingeschränkten und kostenlosen Verfügbarkeit der sozialen Praktik der Photographie wird diese weniger denn je mit künstlerischer Produktion assoziiert. Sie erfüllt bei der jüngeren Generation ausschließlich soziale Funktionen und ist zu einer vollkommen alltäglichen Praktik geworden.

3.5 Die Entschlüsselung von Kunstwerken

Insbesondere in seiner frühen Untersuchung „Die Liebe zur Kunst" von 1966 über Besucher europäischer Kunstmuseen zeigt Bourdieu anhand des Bereichs der Kunst, dass der Zugang zur legitimen Kultur weitgehend den oberen Schichten vorbehalten bleibt. Bourdieu arbeitet heraus, dass der Sinn für Kunst nicht ein scheinbar angeborenes Talent ist, worüber der Zugang zu den Werken der legitimen Kunst ermöglicht und reguliert wird, sondern aus den sozialen Lebensbedingungen resultiert.

Bourdieus Analyse erforschte die Beziehungen zwischen Museumsbesuch und verschiedenen ökonomischen, sozialen und kulturellen Merkmalen der Besucher zunächst empirisch. Er stellte dabei fest, dass Museumsbesuche fast ausschließlich eine Angelegenheit der gebildeten Klassen waren. Die verschiedenen sozioprofessionellen Gruppen standen beim Museumsbesuch in fast genau umgekehrtem Verhältnis zu ihrem Anteil an der Gesamtbevölkerung: Während 55% der französischen Museumsbesucher mindestens über eine Hochschulreife verfügten, stellten Landwirte lediglich 1%, Arbeiter 4% und Handwerker und Kaufleute 5% der Besucher (vgl. Bourdieu 2006: 33f.). Den Zusammenhang zwischen erreichter Bildungsstufe und Museumsbesuch führt Bourdieu jedoch nicht auf die Inhalte der Schulbildung zurück, da auf eine künstlerische Ausbildung in der Schule kaum Wert gelegt wird. Jedoch nimmt er an, dass von „der scholastischen Situation ein ganz spezifischer Effekt ausgeht" (Bourdieu 2001b: 95). Der klassisch gebildete Mensch ist statistisch betrachtet mit hoher Wahrscheinlichkeit ein Mitglied der herrschenden Klasse, dessen Habitus auf die Konsumption von Kunst angepasst ist. Mit anderen Worten: Der Einblick in und das Verständnis von Kunst ist Teil der legitimen Kultur der herrschenden Klasse. Den Mitgliedern der Bourgeoisie wird der Kunstgeschmack sozusagen mit in die Wiege gelegt und über ihre Sozialisation „anerzogen". Während den

Mitgliedern der unteren und mittleren Klassen diese Voraussetzungen fehlen, ist die Liebe zur Kunst – als Teil der legitimen Kultur – für die Mitglieder der herrschenden Klasse eine zweite kultivierte Natur (vgl. Bourdieu 2006: 163f.). Bourdieu legt also das unsichtbare Band zwischen Kultur und Erziehung, zwischen den Dingen der Welt und dem sozialen Bewusstsein, die unmittelbar aufeinander abgestimmt sind, offen (vgl. Bourdieu 1993c: 18). Historisch betrachtet entstanden der kultivierte Mensch und sein Habitus parallel zur Herausbildung eines Bereichs der reinen Ästhetik und legitimen Kunst. Bourdieu wendet sich in seinen Schriften insbesondere gegen die gängige, aus seiner Perspektive ideologische Vorstellung einer angeborenen Begabung für die Kunst. Vielmehr ist der angeborene „gute Geschmack" auf die Sozialisation zurückzuführen. Diesem Mythos vom voraussetzungslosen besonderen Blick des Kunstmenschen, vom Privileg des reinen Blicks des Kunstliebhabers auf das Kunstwerk, setzt Bourdieu die Analyse der sozialen Voraussetzungen dieser ästhetischen Erfahrung entgegen. Das Auge des Kunstliebhabers basiert demzufolge nicht auf individuellem Talent, sondern auf dem distinktiven Habitus der bürgerlichen Klasse. Nur das Auge des Kunstliebhabers vermag es, „das Kunstwerk so zu erfassen, wie es erfasst sein will, nämlich an-sich und für-sich, als Form und nicht als Funktion" (Bourdieu 1993c: 17). Den Mitgliedern der unteren Klassen hingegen bleibt der Kunstgenuss verwehrt, da ihnen die Kategorien der Aneignung und Wahrnehmung von Kunstwerken fehlen. Diese ästhetische Disposition, die besondere Fähigkeit des Erkennens, entwickelte Bourdieu im Wesentlichen aus den kunsttheoretischen Betrachtungen von Erwin Panofsky.

Panofsky analysiert insbesondere in den Aufsätzen „Zum Problem der Beschreibung und Inhaltsdeutung von Werken der bildenden Kunst" (Panofsky 1998c) und „Über das Verhältnis der Kunstgeschichte zur Kunsttheorie" (Panofsky 1998a) sowie in „Sinn und Deutung in der Bildenden Kunst" (Panofsky 1975) die kunstwissenschaftliche Beschreibung von Kunstwerken. Eine rein formale Beschreibung betrachtet er darin als unmöglich, da sie lediglich „völlig sinnleere und sogar räumlich mehrdeutige Kompositionselemente" (Panofsky 1998c: 86) beschreiben müsste. Bereits mit der Benennung von einfachen Begriffen wie „Stein", „Mensch" oder „Felsen" wird ein Bezug zu symbolischen Konzepten hergestellt. Sobald etwa die dunkle Farbfläche am oberen Rand eines Bildes als „Nachthimmel" erkannt wird, verlässt die Bildbeschreibung den Bereich des Formalen:

„Jede Deskription wird – gewissermaßen noch ehe sie überhaupt anfängt – die rein formalen Darstellungsfaktoren bereits zu Symbolen von etwas Dargestelltem umgedeutet haben müssen; und damit wächst sie bereits, sie mag es machen wie sie will, aus einer rein formalen Sphäre schon in eine Sinnregion hinauf." (Panofsky 1998c: 86)

Bildbeschreibungen, die lediglich diese primäre Sinnschicht zum Vorschein bringen, überschreiten zwar die Grenzen der bloßen Formenbeschreibung, bewegen sich aber „in einer Region von Sinnvorstellungen, die dem Betrachter auf Grund seiner optischen Anschauung, seiner Tast- oder Bewegungswahrnehmung, kurz auf Grund seiner unmittelbaren Daseinserfahrung zugänglich und vertraut sind" (Panofsky 1998c: 86). Diese primäre Sinnschicht bezeichnet Panofsky als Region des „Phänomen-Sinnes". Sobald etwa ein Farbklecks nicht als Mann mit den durchlöcherten Händen und Füßen, sondern als schwebender Christus erkannt wird, wird die Beschreibung um „etwas bildungsmäßig Hinzugewusstes" ergänzt (Panofsky 1998c: 86). Diese sekundäre Sinnschicht, die auf einem literarisch übermittelten Wissen basiert, bezeichnet Panofsky als „Bedeutungs-Sinn".

Panofsky zufolge wird das Kunstwerk dazu geschaffen, ästhetisch erlebt und unter ästhetischen Gesichtspunkten wahrgenommen zu werden. Im Kunstwerk sieht Panofsky eine objektive Intention angelegt, welche alleine mit einer praktischen Wahrnehmung nicht erkannt werden kann. Ästhetische Gegenstände verlangen eine ästhetische Wahrnehmung (vgl. Bourdieu 1982: 58).

Während die rein phänomenale Beschreibung nichts weiter voraussetzt, als dass wir das Bild genau ansehen und es auf Vorstellungen beziehen, die uns aus unserer täglichen Lebenserfahrung geläufig sind, basiert eine angemessene Betrachtung von Kunst auf dem Bedeutungs-Sinn, von welchem ausgehend eine weitere Sinnschicht erfasst werden kann: der Wesenssinn. Dieser dringt zu einer viel tieferen und allgemeineren Bedeutung vor und offenbart ein grundsätzliches Verhalten zur Welt,

„das für den individuellen Schöpfer, die individuelle Epoche, das individuelle Volk, die individuelle Kulturgemeinschaft in gleichem Maße bezeichnend ist; und wie die Größe einer künstlerischen Leistung letzten Endes davon abhängig ist, welches Quantum von ‚Weltanschauungs-Energie' in die gestaltete Materie hineingeleitet worden ist und aus ihr auf den Betrachter hinüberstrahlt." (Panofsky 1998c: 94)

Das eigentliche Ziel der Kunstinterpretation ist es nach Panofsky, in jene letzte Schicht des Wesenssinns einzudringen und die „Gesamtheit der Wirkungsmomente" zu erfassen, die auch über den Künstler hinausgeht. Denn dieser weiß immer nur, was er subjektiv zeigen und vorführen möchte (parade), nicht aber, was sein Werk vor dem Hintergrund einer erweiterten Perspektive tatsächlich verrät und preisgibt (betray) (vgl. Panofsky 1998c: 94).

Es geht also letzten Endes darum, den Stil eines Kunstwerks tatsächlich zu charakterisieren. Um den Stil zu erfassen, führt Panofsky eine weiteres Begriffspaar ein: Basierend auf der Ikonographie wird über die Ikonologie die Erkenntnis des Kunstwerks ermöglicht. Die Ikonographie vermag es, ausgehend von den „sinnlichen Eigenschaften" des Kunstwerks, die Gestaltungsprinzipien eines Kunstwerks zu beschreiben. Dabei werden „die einzelnen, an und für sich rein qualitativen und zusammenhanglosen Wahrnehmungsinhalte zu innerlich zusammengehörigen Erscheinungskomplexen" geordnet (Panofsky 1998a: 61). Die Ikonographie ist eine deskriptive Verfahrensweise, die darüber hinaus eine erste Klassifizierung und kunsthistorische Einordnung liefern kann. Als begrenzte Disziplin sammelt sie Material und klassifiziert dieses, indem sie zeigt, „wann und wo bestimmte Themen durch bestimmte Motive sichtbar gemacht wurden" (Panofsky 1975: 41). Damit liefert sie die notwendigen Grundlagen der weiteren Interpretation, die Panofsky als Ikonologie bezeichnet. Die Ikonologie schreibt den zuvor erfassten Erscheinungskomplexen eine Funktion oder eine Wirkung im Sinne des „Tiefenmäßigen" zu: „Indem wir so reine Formen, Motive, Bilder, Anekdoten und Allegorien als Manifestationen zugrunde liegender Prinzipien auffassen, interpretieren wir alle diese Elemente als etwas, das Ernst Cassirer ‚symbolische' Werte genannt hat." (Panofsky 1975: 40f.) Wenn wir die Kontexte erweitern und ein Werk als Dokument der Persönlichkeit eines Künstlers, einer bestimmten historischen Einstellung oder als Ausdruck der Kultur einer Epoche verstehen, „beschäftigen wir uns mit dem Kunstwerk als einem Symptom von etwas anderem, das sich in einer unabsehbaren Vielfalt anderer Symptome artikuliert“ (Panofsky 1975: 41). Damit wird es möglich, die stilistischen Eigentümlichkeiten des Kunstwerks zu erfassen, sozusagen dessen fundamentale Gestaltungsprinzipien, die sich etwa in der Auswahl und Darstellung der Motive oder auch in formalen Kompositionen oder technischen Verfahren zeigen (vgl. Bourdieu 1974d: 165–167).

Nach Panofsky und auch nach Bourdieu enthält jede Betrachtung von Kunstwerken eine bewusste oder unbewusste Dekodierung (vgl. Bourdieu 1974d: 159). Ausgehend von Panofsky lassen sich unterschiedliche Niveaus der Entschlüsselung von Kunstwerken benennen. Eine adäquate kunsttheoretische Interpretation liegt demzufolge nur dann vor, wenn das Verfahren der Ikonologie zur Anwendung kommt, das heißt wenn dem Betrachter der angemessene kulturelle Schlüssel zur Dekodierung zur Verfügung steht. Die Begriffe und Differenzierungen Panofskys stellen für Bourdieu die entscheidende Grundlage seiner Analyse der gesellschaftlichen Rezeption von Kunst dar. Die Fähigkeit zur Entschlüsselung von Werken ist für Bourdieu jedoch nicht vorrangig eine methodische, sondern vor allem eine soziale und damit eine soziologische. Wie ein Kunstwerk gesehen und gelesen werden kann, ist vom Kunstsachverstand abhängig, dieser wiederum hängt aber von der Sozialisation und vom Bildungsniveau des Interpreten ab. Kurzum: Abhängig vom verwendeten Code der Rezeption kann jedes kulturelle Produkt zum Gegenstand verschiedener Arten von Verständnis werden. Unterschiedliche Betrachter blicken durch unterschiedlichen „Brillen“ auf Kunstwerke und lesen diese unterschiedlich (vgl. Kastner 2009: 106). Ein adäquates Verständnis von Kunst erfordert also eine andere Entschlüsselung, als diejenige des Phänomen-Sinnes zu leisten vermag, da dieser auf der alltäglichen Wahrnehmung basiert und auf die Entschlüsselung von Alltagsgegenständen spezialisiert ist.[36] Es ist dafür eine besondere Entschlüsselung erforderlich, nämlich diejenige, die auf dem Bedeutungs-Sinn basiert.

---

[36] Howard S. Becker verwendet eine ähnliche Begrifflichkeit wie Bourdieu. Er spricht von einem „konventionellen Wissen“, welches erforderlich ist, um ein Kunstwerk angemessen wahrnehmen zu können (vgl. Becker 1982).

Dafür nennt Bourdieu insbesondere zwei Elemente: die Möglichkeit der Verwendung eines spezifischen Vokabulars und die Fähigkeit, die Teilungen im künstlerischen Universum zu erkennen:

1. Der Phänomen-Sinn stellt lediglich „demonstrative" Begriffe zur Verfügung, „die nur die wahrnehmbaren Eigenschaften des Werkes bezeichnen [...] oder die emotionale Erfahrung erfassen, die diese Eigenschaften bei dem Betrachter erregen" (Bourdieu 1974d: 165). Erst die sekundäre Ebene des Bedeutungs-Sinnes stellt die sachgerechten stilcharakterisierenden Begriffe zur Verfügung und kann eine tatsächliche Inhaltsdeutung und kunsttheoretische Interpretation von Werken leisten. Ein Sachverständnis auf dem Gebiet der Malerei beruht demnach zunächst auf der Aneignung bestimmter Begriffe, die es ermöglichen, Unterschiede zu benennen.

Dazu gehören zahlreiche und spezifische kunsthistorische, -technische und -ästhetische Begriffe, angefangen bei den Eigennamen berühmter Maler (Hieronymus Bosch, Michelangelo, Rubens etc.) sowie der Kunstepochen (Gotik, Renaissance, Barock etc.), die als Gattungskategorien fungieren: „Die angemessenste Wahrnehmung unterscheidet sich von der unangemessensten daher nur durch die Genauigkeit, den Reichtum und die Verfeinerung der angewandten Kategorien." (Bourdieu 1974d: 187)

2. An diesem Grad der Beherrschung relevanter Kategorien bemisst sich die „Fähigkeit, eine mehr oder weniger große Anzahl sukzessiver Teilungen im Universum der Darstellungen vorzunehmen und dadurch mehr oder weniger trennscharfe Klassen bestimmen zu können" (Bourdieu 2006: 72). Kennt jemand nur den Unterschied zwischen der Kunst der Gotik und derjenigen der Renaissance, so gehören für ihn alle gotischen Kathedralen in dieselbe Kategorie und er wird als weniger kunstgebildet betrachtet werden als derjenige, der auch die einzelnen Stilformen und Phasen der Gotik (frühgotisch, hochgotisch, spätgotisch) wiedererkennt. Bourdieu konstatiert folglich: „Der Grad der Kunstkompetenz hängt nicht nur davon ab, in welchem Grade man das verfügbare Gliederungssystem beherrscht, sondern bestimmt sich zugleich an der Komplexität oder Verfeinerung dieses Systems." (Bourdieu 1974d: 172) Die Wahrnehmung von Differenzen im künstlerischen Universum basiert zudem auf der Wahrnehmung der Gemeinsamkeiten und umgekehrt: eine stilistische Charakterisierung eines Malers oder eine künstlerische Handschrift lässt sich nur in

Bezugnahme zu anderen Werken erkennen und benennen (vgl. Bourdieu 1982: 94f.). Erst eine weitreichende Kenntnis dieses Gliederungssystems ermöglicht es, „jedem Element innerhalb einer Klasse, die sich notwendig in Beziehung zu einer anderen Klasse definiert, seinen Ort zuzuweisen“ (Bourdieu 1974d: 170).

Die Beherrschung dieses Wahrnehmungssystems, das die Entschlüsselung spezifisch stilistischer Merkmale leistet, bezeichnet Bourdieu als „künstlerischen Code“, den er vom „Code des täglichen Lebens“ unterscheidet. Der Code des täglichen Lebens, der für die Entschlüsselung profaner Alltagsgegenstände vorhanden ist, bezieht etwa das, was auf einem Gemälde zu sehen ist, auf Kategorien der alltäglichen Wahrnehmung. Dabei werden etwa gemalte Blätter oder Wolken als alltägliche Zeichen gelesen, das heißt mit real gesehenen Wolken oder Blättern abgeglichen. Die Blätter oder Wolken werden, wie Bourdieu es ausdrückt, „als Indikatoren oder Signale“ aufgefasst und mit „Bedeutungen assoziiert, die der Darstellung transzendent sind“ (Bourdieu 1974d: 171). Der Betrachter, dem die Dechiffrierung anhand des künstlerischen Codes zur Verfügung steht, beschäftigt sich dagegen mit den Blättern oder Wolken als stilistische Indikatoren, „indem er die verwirklichte Möglichkeit, die für eine Klasse von Werken charakteristisch ist, durch ihre Differenz innerhalb des Universums der stilistischen Möglichkeiten einordnet“ (Bourdieu 2006: 70). Kurzum: Er bezieht die Gegenstände nicht auf reale Gegenstände, sondern erkennt ihre stilistische Darstellungsweise in Bezug zur stilistischen Darstellungsweise in anderen künstlerischen Werken. Damit kann er ihnen im künstlerischen Universum einen Ort zwischen anderen Kunstwerken derselben Kategorie zuweisen. Ein Kunstwerk auf eine spezifisch ästhetische Weise zu betrachten, bedeutet demnach, es so zu betrachten, dass es sich nur auf den Bereich der Kunst selbst bezieht. Der künstlerische Code setzt Werke demnach nicht in Beziehung zur alltäglichen und realen Welt, sondern lediglich in Beziehung zur Welt der Kunst. Kunstsachverstand definiert Bourdieu damit als die

„Kenntnis der Prinzipien einer rein ästhetischen Einstellung, die es erlauben, eine Darstellung durch die Klassifizierung der stilistischen Hinweise, die sie beinhaltet, in die Darstellungsmöglichkeiten einzuordnen, aus denen das künstlerische Universum gebildet wird.“ (Bourdieu 2006: 70f.)

Die ästhetische Wahrnehmung eines Kunstwerks besteht demzufolge darin, es als einen Signifikanten wahrzunehmen, „der nichts anderes bezeichnet als es selbst“ (Bourdieu 2006: 71). Im Gegensatz dazu ist es mit dem populären oder barbarischen Geschmack der unteren Klassen nicht möglich, Kunstwerke als Kunstwerke zu lesen, da dieser auf dem Code der täglichen Wahrnehmung basiert und Funktionen in den Vordergrund stellt. Das erklärt auch die Neigung ungebildeter Museumsbesucher, „realistische Darstellungen“ zu fordern, da diese mit dem Code der alltäglichen Wahrnehmung noch am ehesten als sinnvoll erscheinen. Eine adäquate Dechiffrierung von Kunstwerken mithilfe des künstlerischen Codes ermöglicht jedoch alleine der reine ästhetische Geschmack der Bourgeoisie.

Die Kunstbetrachter aus den Volksklassen wenden zur Dechiffrierung von Kunstwerken demzufolge unbewusst einen inadequaten Code an und sind damit unfähig, Kunstwerke als Kunstwerke zu verstehen. Die Welt der Kunst bleibt ihnen somit als eine unbekannte Welt verschlossen: Da sie mit einem fremden Code verschlüsselt sind, stellen sie „Erzeugnisse einer fremden Tradition“ dar und sprechen für sie eine fremde Sprache (Bourdieu 1974d: 161). Ein adäquates Verständnis von Kunst, und damit die Möglichkeit zum Erlernen des künstlerischen Codes, geht Bourdieus Untersuchung zufolge auf eine bürgerliche familiäre Sozialisation zurück, die stillschweigend als soziale und kulturelle Voraussetzung fungiert. Kunstsachverstand basiert auf einem langsamen Vertrautwerden mit der Welt der Kunst, in welche man mehr oder weniger hineingeboren wird und sich nach und nach den künstlerischen Code (passiv) als Teil des Habitus aneignet (vgl. Bourdieu 2006: 107f.). Die Mitglieder der populären Klassen dagegen befinden sich „in einer Situation, die ganz und gar der des Ethnologen ähnelt, der sich einer fremden Gesellschaft gegenübersieht und z.B. einem Ritual beiwohnt, zu dessen Verständnis ihm der Schlüssel fehlt“ (Bourdieu 1974d: 164). Nur diejenigen, die über die kulturell angelernten Mittel verfügen, sich Kunstwerke anzueignen, können diese als symbolisches Gut schätzen.[37] Eine Wahrnehmung

[37] Bourdieu trifft eine weitere Unterscheidung zwischen dem Kunstliebhaber und dem Kunstexperten. Der Kunstliebhaber zeichnet sich durch eine habituelle unbewusste

ohne dieses kulturelle „Rüstzeug" ist grob, verkürzt und bleibt auf die primären Eigenschaften reduziert. Die hilflosen Betrachter, „denen von ihrer Familie oder der Schule nicht die Mittel gegeben wurden, die ein Vertrautwerden mit der Kunst voraussetzt", können lediglich die einfachsten Bedeutungen erkennen (Bourdieu 2006: 77). Seine Wahrnehmung des Kunstwerks erschöpft sich damit zumeist in einem schlichten Wiedererkennen dargestellter Gegenstände. Er kann, wie Panofsky es ausdrückt, nur die „sinnlichen", das heißt die wahrnehmbaren Eigenschaften des Kunstwerks erfassen, nicht jedoch stilistische Merkmale beschreiben. Bourdieu analysiert die reine Ästhetik somit ausschließlich als eine „Dimension der Klassenethik" (Bourdieu 2006: 81). Wem der entsprechende Code fehlt, dem bleibt bei einer Konfrontation mit einem Kunstgemälde oder sogar einer Vielzahl an Kunstgemälden in einem Museum nichts anderes übrig, als sich an die sichtbaren Formen zu klammern. Er steht einer Vielzahl an Hieroglyphen gegenüber und fühlt sich überwältigt und überfordert.

3.6 Das Museum als Stätte der herrschenden Klasse

Unfähig, die von den ausgestellten Kunstwerken angebotene Information zu lesen, fühlen sich die bildungsfernen Betrachter im Kunstmuseum verunsichert und deplatziert. In Bourdieus empirischer Museumsstudie beziehen sich die Besucher aus den unteren Klassen, auf die Kunstwerke angesprochen, dann vor allem auf Kategorien der alltäglichen Wahrnehmung: Sie loben „die Qualität und Quantität der geleisteten Arbeit" des Künstlers oder sprechen ehrfurchtsvoll vom enormen Alter der Werke, da ihnen das System der Kunst nicht zu-

Kunstaneignung aus. Kunst ist dieser Aneignungsform zufolge Erziehung und geht als Disposition in den Körper über. Der Kunstliebhaber, der „sich in gewisser Weise dem Werk überlässt", hat die Prinzipien und Konstruktionsregeln implizit verinnerlicht (Bourdieu 1974d: 182). Diese sind ihm aber nicht im Bewusstsein oder könnten explizit formuliert werden. Der Kunstexperte dagegen ist fähig, seine Urteile explizit zu begründen und sein Wissen auf die Kunstgeschichte rückzubeziehen. Verbunden mit dem institutionellen Lernen hat er einen rationalisierten Zugang, während sich der Kunstkenner durch einen eher emotionalen Zugang auszeichnet (vgl. Bourdieu 1982: 122f.). Bourdieu zufolge stehen sich hier „die Ideologie des natürlichen Geschmacks" und die scholastische Wahrnehmung gegenüber. Der Kunstkenner zeichnet sich durch eine Leichtigkeit und Natürlichkeit der Wahrnehmung aus, während der Kunstexperte auf schulmäßig erlerntes Wissen zurückgreifen kann (Bourdieu 1982: 124). Zur weiteren Diskussion dieser Trennung vgl. Bourdieu (1992b) zudem Schumacher (2009: 362).

gänglich ist (vgl. Bourdieu 2006: 81). Zudem kommt häufig der Wunsch nach einem Museumsführer oder nach Richtungspfeilen für Rundgänge oder Erklärungstafeln zu den Werken auf, womit die Verwirrung gemildert werden könnte. Zudem wird der Wunsch, alleine ins Museum zu gehen, bei den bürgerlichen Besuchern weit häufiger ausgedrückt, während die Besucher der unteren Klassen es vorziehen, Museumsbesuche in Gruppen zu bewältigen, um das Gefühl des Unbehagens gemeinsam zu vertreiben (vgl. Bourdieu 2006: 86). Die Besucher der gebildeten Klassen dagegen fühlen sich im Museum angenehm aufgenommen und lehnen jede Hilfestellung als schulmeisterlich ab. Sie fühlen sich von jeglichen Hinweisen im negativen Sinne belehrt und in ihrem freien Kunstgenuss eingeschränkt. Kurzum: „Das ganze Verhalten der Besucher der unteren Klassen zeugt von einem sakralisierenden Distanzierungseffekt, den das Museum ausübt.“ (Bourdieu 2006: 83)

Um die gesellschaftliche Funktion des Museums zu beschreiben, verwendet Bourdieu in dieser frühen Untersuchung zum Museum ein ganzes Sammelsurium religiöser Metaphern, welche er in seinen späteren Untersuchungen zum künstlerischen Feld sogar noch ausbaut. Der Gegensatz zwischen der heiligen beziehungsweise sakralen Welt der Kunst und der profanen Welt des täglichen Lebens ist dabei der grundlegende. Der Besitz von Kunstsachverstand und die Fähigkeit der Anwendung des künstlerischen Codes sind dabei grundlegende Elemente eines sozialen Differenzierungsmechanismus zwischen den Klassen:

„Die Unantastbarkeit der Gegenstände, die religiöse Stille, die dem Besucher auferlegt wird, die puritanische Kargheit der Einrichtung, sparsam und wenig bequem, der geradezu systematische Verzicht auf jede Belehrung, die großartige Feierlichkeit des Zierrats und Zeremoniells, die Säulengänge, weitläufigen Säle, bemalten Decken, gewaltigen Treppen, dies allesscheint wie gemacht, um daran zu erinnern, dass der Übergang von der profanen in die sakrale Welt eine, wie Durkheim sagt, ‚regelrechte Metamorphose‘ voraussetzt.“ (Bourdieu 2006: 165)

Die Kunstmuseen beschreibt Bourdieu dabei als Tempel der bürgerlichen Kultur, in welchen die heiligen ererbten Reliquien der Vergangenheit aufbewahrt werden. Seine soziologische Untersuchung intendiert, ihre soziale Funktion preiszugeben: „nämlich bei den einen das Gefühl der Zugehörigkeit, bei den übrigen das der Ausgeschlossenheit zu verstärken" (Bourdieu 2006: 165). Mit Hilfe seiner soziologischen Untersuchung deckt Bourdieu also die sozial differenzierende Funktion der Institution des Museums auf. Basierend auf dem Bruch zwischen reinem Geschmack und populären Geschmack kultiviert und fördert das Museum systematisch die kulturelle Differenz zwischen den gesellschaftlichen Klassen, zwischen dem „Kulturmenschen" und dem „Barbaren":

„Damit die Kulturmenschen an die Barbarei glauben und die einheimischen Barbaren von ihrer eigenen Barbarei überzeugen können, braucht und genügt es, jene sozialen Bedingungen zu verschleiern, die nicht nur Kultur als zweite Natur ermöglichen, [...] sondern auch die legitimierte Herrschaft (oder, wenn man so will, die Legitimität) einer partikulären Definition von Kultur." (Bourdieu 2006: 165)

Diese Verschleierung der Mittel der Aneignung von Kultur funktioniert über die essentialistische Vorstellung der Kunst. Dabei wird die Figur des Künstlers zum Genie er- und verklärt. Dieser verbreiteten Vorstellung zufolge fällt er sozusagen vorrausetzungslos vom Himmel. Zusammen mit der Figur des Künstlers erfahren auch die künstlerischen Werke eine „ontologische Erhöhung" (Bourdieu 1982: 27). Dies lässt sich unter anderem an den kunsttheoretischen und philosophischen Diskussionen über die Besonderheit des Kunstwerks ablesen. Ihnen wird nicht nur eine vollkommene Reinheit in der Form attestiert, sondern auch „eine transhistorische und ungeschichtliche Essenz" bescheinigt (Bourdieu 1993c: 16). Sie basieren demzufolge auf absoluter Zweckfreiheit und erfüllen keinerlei soziale Funktionen. Diese Vorstellungen von der auratischen Einzigartigkeit des Kunstwerks und der reinen Kunsterfahrung bezeichnet Bourdieu als „charismatische Ideologie" (Bourdieu 2006: 89). Hierbei handelt es sich Bourdieu zufolge um eine Reihe historisch entstandener Vorstellungen, die Teil der bürgerlichen Klassenherrschaft sind, welche Bourdieu zu demaskieren intendiert.

Und so analysiert er die scheinbar natürliche Gabe des künstlerischen Blicks als kulturelles Privileg der herrschenden Klasse. Die sozialen Voraussetzungen, etwa dass Kunstwahrnehmung Bildung voraussetzt oder dass Kunstkompetenz wesentlich auf familiärer Erziehung beruht, werden von der charismatischen Ideologie ausgeblendet und verleugnet. Der reine Blick und damit der Zugang zur Ästhetik werden dagegen als „Geschenk der Natur“ betrachtet, als Begnadung zum Ästhetischen, welche unsensiblen Seelen zwangsläufig abgehen muss. Für Bourdieu basiert Kunstsachverstand nicht auf einer Bewegung des Herzens oder einer intuitiven Erleuchtung, sondern auf einer habituellen Disposition. Das scheinbare Sein des erwählten Kunstmenschen ist für Bourdieu ein Geworden-Sein und Gemacht-Haben: das Produkt eines sozialen Lernprozesses (vgl. Bourdieu 1974d: 193f.). Diese Ausklammerung der sozialen Bedingungen führt zu den gesellschaftlichen Vorstellungen von Begnadung und Begabung: „Der Bourgeois findet natürlicherweise in der Bildung als kultivierter Natur und naturgewordener Kultur das einzig mögliche Prinzip der Legitimation seines Privilegs“ (Bourdieu 1974d: 195). Die Vorstellung der von der Geburt gegebenen Kultur erscheint damit als zentrale Vorstellung einer gesellschaftlichen Hegemonie der bürgerlichen Klasse.[38] Die Vorstellung, dass das Kunstwerk erst im Auge des Ästheten erschaffen wird, lässt außer acht, dass dieser „selbst das Produkt einer langen Beschäftigung mit dem Kunstwerk ist“ (Bourdieu 1993c: 19). Der Spieler ist nur deshalb für das Spiel geschaffen, weil er zuvor durch das Spiel geschaffen wurde: „Deshalb ist die Aussage, dass kultivierte Menschen Menschen sind, die Kultur besitzen, mehr als eine schlichte Tautologie“ (Bourdieu 2006: 95). Denn ihnen gehört die Kultur tatsächlich, in einem praktischen Sinne: als Symbol der Klassenherrschaft.

Das Museum, so eine der Pointen von Bourdieus Untersuchung, schmückt sich mit einer scheinbar demokratischen Aura: Es ist nicht nur ein sozialer Ort, der die kulturellen Schätze der Menschheit anscheinend offen zugänglich macht, sondern stehen seine Eingangstüren durch die geringen Eintrittspreise auch scheinbar allen offen. Dies bedeutet keineswegs, dass sie allen zugänglich wären:

[38] An dieser Stelle muss insbesondere auf die Funktion des Bildungssystems hingewiesen werden, welches der Bourdieuschen Soziologie zufolge ein wesentliches Element der Reproduktion der Klassenhierarchie darstellt (vgl. Heim et al. 2009).

„Diese Liberalität [...] ist erheuchelt, da der freie Eintritt auch ein fakultativer Eintritt ist, nämlich denjenigen vorbehalten, die die Fähigkeit besitzen, sich die Werke zu appropriieren, und damit zugleich über das Privileg verfügen, von dieser Freiheit Gebrauch zu machen.“ (Bourdieu 1974d: 200)

Den auf der formalen Ebene leichten Zutritt betrachtet Bourdieu als Teil der Strategie: Herrschaft funktioniert umso reibungsloser, je demokratischer ihr Anstrich erscheint.

3.7 Rezeption und Diskussion

Bourdieus Studien über die Zusammenhänge zwischen sozialer Herkunft und Kunstauffassung wurden seit den 1960er Jahren an verschiedenen Stellen fortgesetzt und aktualisiert. Dabei wurden seine Ergebnisse teilweise angezweifelt und grundsätzlich in Frage gestellt, teilweise jedoch auch bestätigt und erweitert.

Nina Zahner (2006) geht in ihrer Arbeit von einer Demokratisierung des Kunstbereichs aus. Ihrer Untersuchung zufolge wurde die Kunst insbesondere mit der Pop Art einem Massenpublikum zugänglicher und hat daher ihre Exklusivität teilweise verloren. Dies liege vor allem daran, dass die Sujets der Pop Art (prominente Persönlichkeiten, Motive aus der Werbung etc.) mit ihrer Rückkehr zum Gegenständlichen einfacher zu verstehen sind als etwa postmoderne Reduktionen und Abstraktionen, die nur Kunstexperten zugänglich sind. Zudem seien die Kunstmuseen durch drastische Kürzungen der staatlichen Förderung zu einem Umdenken in der Publikumspolitik gezwungen worden. Deshalb sei es seit den 1960er Jahren zu einer Popularisierung der Kunst gekommen. Dieser Prozess ließe sich etwa an einem Besucherboom in den Kunstmuseen ablesen (Zahner 2006: 269). Dies zeige sich auch an der drastischen Steigerung der Besucherzahlen großer internationaler Kunstausstellungen wie der DOCUMENTA in Kassel oder der Sonderausstellung MOMA, die 2004 in Berlin stattfand. Mit diesem Prozess der Demokratisierung, so wird an anderer Stelle konstatiert, sei eine neue Mittelklassen-Fraktion entstanden, die in Zusammenhang mit diesem veränderten Interesse an der Kunst steht (vgl. Gans 1985; Featherstone 1990: 232ff.).

Diese beobachteten Entwicklungen einer Demokratisierung des Kunstbereichs gehen mit verschiedenen Theorien der Individualisierung einher, die in den 1980er und 1990er Jahren neben postmodernen Theorien den soziologischen Diskurs dominierten. Ausgehend von Ulrich Beck (1986), der einen Prozess der Individualisierungen konstatierte, und Gerhard Schulze (1992), der die Transformation der Klassengesellschaft zur Erlebnisgesellschaft beschrieb, kam es zur Vorstellung von einer Entkopplung von kulturellem Verhalten und sozialer Herkunft. Schulze geht von der mikrosoziologischen Ebene des Individuums aus, dessen Leben er als „Bastelbiographie" versteht. Entscheidend für das kulturelle Verhalten sind seiner Konzeption zufolge weniger die familiäre Sozialisation und die soziale Herkunft, als vielmehr die individuellen Wünsche nach Erlebnis und kurzfristiger hedonistischer Bedürfnisbefriedigung. Auch Hall geht davon aus, dass mit der Entwicklung zu einer kulturellen Pluralität die Vorstellung von einer dominanten bürgerlichen Kultur verdrängt wurde (vgl. Hall 1992). DiMaggio und Peterson entwickelten in ihren Studien die These der „kulturellen Allesfresser". Demzufolge neigen Gruppen mit viel kulturellem Kapital eher zu einem breiten kulturellen Konsum, während Gruppen mit weniger kulturellem Kapital eher zu einem eingeschränktem kulturellen Konsum neigen (vgl. DiMaggio 1987; Peterson 1992; Peterson/Kern 1996).

Entgegen dieser sozialwissenschaftlichen Tendenz soziales Verhalten als weniger klassenabhängig, als individuell oder sogar als beliebig zu verstehen, finden sich in neueren empirischen Untersuchungen zum Zusammenhang von Kunst und sozialer Herkunft die Ergebnisse Bourdieus immer wieder bestätigt. So stellte etwa Gerhards in den 1990er Jahren unter den Museumsbesuchern einen Akademikeranteil zwischen 75 und 85% fest (vgl. Gerhards 1997). Ausgehend von Bourdieus Museumsstudie führten Behnke und Wuggenig Anfang der 1990er Jahre eine ähnliche Untersuchung durch (Behnke/Wuggenig 1994). Auch hier stammte der überwiegende Teil der Besucher aus dem Bürgertum (49% mit abgeschlossener Hochschulbildung und weitere 35% mit Abitur) (vgl. Behnke/Wuggenig 1994: 230). Einige Jahre zuvor kamen Klein und Almasan (1990: 82) bei ihrer Untersuchung der Besucher von fünf westfälischen Kunstausstellungen sowie Majce (1983; 1988: 69) bei seiner Untersuchung einer großen Kunstausstellung in Wien auf ähnliche Ergebnisse. Grenfell und Hardy

(2007: 75) zitieren eine Untersuchung des National Endowment of Art von 1997 und konstatieren in den USA einen nur fünf-prozentigen Anteil von Museumsbesuchern mit einem Jahresgehalt von unter 10.000 US-Dollar. Darüber hinaus findet sie diese deutliche Tendenz der sozialen Exklusivität von Kunst auch für Großbritannien bestätigt (vgl. Grenfell/Hardy 2007: 75f.). Von Wuggenig liegen darüber hinaus weitere empirische Untersuchungen aus den 1990er Jahren zur sozialen Zusammensetzung des Museumspublikums in Hamburg[39], Wien und Paris vor (Tarnai/Wuggenig 1995; 1998; Wuggenig 1997; 2001; Wuggenig/Wolff 2000). Zentrale Ergebnisse dieser langjährigen Studie „Kunstfelder im internationalen Vergleich" während der 1990er Jahre sind wiederum die hohen Anteile von Besuchern aus dem Bürgertum. Besonders signifikant ist dabei die Akademikerquote der Untersuchung in Paris, die bei 78% lag (vgl. Wuggenig 2001: 45). Jedoch gilt die Überrepräsentation von Privilegierten im Museumspublikum nicht nur für Frankreich, wie Wuggenig verdeutlicht:

> „Im Wiener Museumspublikum ist Hochschulbildung gegenüber der österreichischen Gesamtbevölkerung um nicht weniger als den Faktor 8 überrepräsentiert. Die Überrepräsentation von Hochschulbildung im Hamburger Museumspublikum im Vergleich zu Hamburg insgesamt beläuft sich auf einen Wert zwischen dem Faktor 4 und dem Faktor 5." (Wuggenig 2001: 47)

In einer aktuellen Untersuchung zu vier Ausstellungen im MIGROS MUSEUM FÜR GEGENWARTSKUNST in Zürich, die zwischen Februar 2009 und Februar 2010 durchgeführt wurde, bestätigten sich die Ergebnisse aus den 1990er Jahren ein weiteres Mal weitgehend (Munder/Wuggenig 2010). Einen Hochschul- oder Universitätsabschluss weisen 59,9% der Ausstellungsbesucher auf, über einen Fachhochschulabschluss verfügen weitere 16,9% und über das Abitur ohne ein (abgeschlossenes) Studium verfügen weitere 9,9%. Einen Hinweis auf ein Publikum aus den oberen Gesellschaftsschichten liefert aber nicht nur das kulturelle Kapital der Besucher, sondern auch ihr hohes Maß an Mobilität: So besuchte in den letzten beiden Jahren etwas mehr als

[39] Die Studie über die Besucher von Kunstausstellungen in Hamburg wurde im Rahmen des Projekts „Die offene Bibliothek" von 1993 durchgeführt (vgl. Wuggenig et al. 1994; Tarnai/Wuggenig 1995; 1998; Wuggenig 2001: 40ff.).

ein Drittel der Befragten zeitgenössische Kunstausstellungen beziehungsweise Galerien in Paris (37,9%), London (37,0%) und Wien (34,8%). Rund 20% sahen Ausstellungen in New York City, nach wie vor Zentrum der internationalen Kunstwelt (vgl. Munder/Wuggenig 2010).

Trotzdem sich ein signifikanter Zusammenhang zwischen Kunstaffinität und sozialer Herkunft, Bildungsniveau und Lebensstandard nach wie vor deutlich feststellen lässt, muss dennoch auf einige entscheidende Veränderungen seit Bourdieus Museumsstudie hingewiesen werden: Wuggenig stellt in seinen Untersuchungen fest, dass selbst unter den Museumsbesuchern aus den oberen sozialen Klassen „nur ein geringer Anteil der Besucher über ein spezifisches Instrumentarium für die symbolische Aneignung dieser Kunst verfügt“ (Behnke/Wuggenig 1994: 246). Entgegen der Bourdieuschen Untersuchungsergebnisse ist die Möglichkeit eines angemessenen Verstehens von Kunstwerken, das heißt eine adäquate Fähigkeit zur Decodierung von Kunstwerken, auch bei den kunstaffinen Besuchern des Bürgertums tatsächlich nicht flächendeckend zu finden. Behnkes und Wuggenigs Untersuchung zufolge sind nämlich auch diese Besucher weitgehend nicht in der Lage, die entscheidenden Unterschiede auszumachen beziehungsweise die entscheidenden Distinktionen vorzunehmen:

> „Dies zeigen mit aller Deutlichkeit nicht nur die im Fragebogen (offene Fragen) schriftlich fixierten Deutungen und Interpretationen der Werke der Ausstellung, sondern auch die Reaktionen auf Fragen nach der Vertrautheit mit einigen in der Geschichte des ästhetischen Feldes besonders einflussreichen Künstlern.“ (Behnke/Wuggenig 1994: 232)

Mit der teilweisen Popularisierung des Kunstbereichs hat sich, so die plausible These, wohl auch die Auffassung durchgesetzt, dass eine rein subjektive Aneignung von Kunstwerken ebenfalls als legitim betrachtet werden kann. Damit wäre der Zugang zu Kunstwerken und damit zum Bereich der Kunst weniger exklusiv, da sich das Rezeptionsniveau praktisch nach unten verschoben hätte. Es findet also weitgehend keine spezifisch ästhetische Aneignung der Werke statt, da der Mehrheit der Besucher die Fähigkeiten zur Entschlüsselung fehlen zu scheinen. Dennoch geht damit Behnke und Wuggenig zufolge ein weit verbreitetes Selbstverständnis, „Experte in bildender Kunst“ zu sein, einher, was 57% der im Rahmen ihrer Studie Befragten für sich in Anspruch nahmen (vgl. Behnke/Wuggenig 1994: 246).

Diese These von einer Veränderung der Kunstaneignung, welche ein auf hohem Bildungskapital fundierendes Expertenwissen nicht mehr voraussetzt, lässt sich mit einem weiteren Ergebnis untermauern: Auch auf an Kunst interessierte Gruppen, denen eigentlich das Kapital zur adäquaten Decodierung fehlt, wirken Kunstmuseen Behnkes und Wuggenigs Untersuchung zufolge kaum mehr irritierend: „Überraschenderweise unterscheiden sich Besucher der Ausstellung mit einer naiven Rezeption der Werke [...] in ihrer Zufriedenheit mit der Ausstellung kaum von den Besuchern mit höherer ästhetischer Kompetenz.“ (Behnke/Wuggenig 1994: 233) Der vom Kunstmuseum ausgehende Sakralisierungseffekt, der nicht eingeweihte Besucher aus unteren Klassen verschreckt, existiert heute kaum noch. Kunstmuseen sind zu Orten der Diskussion geworden (vgl. Munder/Wuggenig 2010: 141). Die weitgehend positive Bewertung der untersuchten Kunstausstellungen durch verschiedene soziale Gruppen deutet Behnke und Wuggenig zufolge „auf eine ‚Doppel-, bzw. ‚Mehrfachcodierung‘ von Werken der zeitgenössischen Kunst hin“ (Behnke/Wuggenig 1994: 233).

Mit verstärken Bemühungen einer Öffnung des Kunstbereichs für die gesellschaftlichen Mittelschichten, welche aufgrund leerer Kassen der Museen als neue Kunden angeworben werden mussten, hat sich die Kunstrezeption verändert, beziehungsweise geöffnet. Es scheint nicht mehr nur *eine* legitime Form der Aneignung von Kunstwerken zu geben, die durchweg als legitim wahrgenommen wird, sondern Kunstwerke und Kunstausstellungen scheinen auch „eine Reihe von außerästhetischen Bedürfnissen“ zu befriedigen, „wie die nach Zerstreuung, Unterhaltung, Befriedigung von Neugier, Gruppenzugehörigkeit oder auch Distinktion“ (Behnke/Wuggenig 1994: 233).

Diese Tendenzen gehen Behnke und Wuggenig zufolge mit einer unkritischen Perspektive auf den Kunstbereich einher. Weite Teile des befragten Kunstpublikums lehnen Beteiligungen der Wirtschaft im Bereich der Kunst nicht ab (vgl. Behnke/Wuggenig 1994: 235). In Wuggenigs aktueller Untersuchung in Zürich dagegen finden sich dieser These entgegenstehende Tendenzen. Das Untersuchungsergebnis zum Museumspublikum in Zürich zeigt durchaus auch einige Hinweise auf eine kritische Einstellung der Besucher, wenn über 70% Kunstmarktkrisen für heilsame Prozesse halten und über 60% den großen Einfluss von Kunstsammlern auf den Ausstellungsbetrieb kritisch sehen (vgl. Munder/Wuggenig 2010:143).

Nimmt man die unterschiedlichen Untersuchungsergebnisse über die soziale Zusammensetzung von Kunstkonsumenten als Faktum hin, so muss festgestellt werden, dass die Welt der Kunst trotz einiger Popularisierungstendenzen weiterhin ein relativ geschlossener Kreis bleibt, in dem die Mehrheit der Gesellschaft nach wie vor verhältnismäßig selten anzutreffen ist. Durch den „Eventcharakter" großer Kunstausstellungen jedoch hat im Kunstbereich zwar keine weitreichende Demokratisierung stattgefunden, denn die Zuschauer stammen nach wie vor hauptsächlich aus dem Bürgertum, jedoch sind teilweise Öffnungs- und Popularisierungstendenzen nicht von der Hand zu weisen, wenn Kunstwerke sowohl Kenner als auch Laien zufrieden zu stellen scheinen.

4. Die Konzeption des Feldes der Kunst

„Wenn es eine Wahrheit gibt, so die, dass um die Wahrheit gekämpft wird.“ (Bourdieu 1999: 466)

In den frühen Untersuchungen zur Kunst und insbesondere in „Die feinen Unterschiede“ (Bourdieu 1982), Bourdieus zentraler Untersuchung zum sozialen Raum, konzentriert sich das Erkenntnisinteresse weniger auf die Kunst selbst, als vielmehr auf die Lebensstile sozialer Gruppen, für welche die ästhetische Auffassung eine entscheidende Rolle spielt. Der Bereich der Kunst wird dabei vor allem als ein Bereich der legitimen Kultur der herrschenden Klasse analysiert. Mit Bourdieus Übergang von der Untersuchung des sozialen Raums zur Analyse einzelner sozialer Felder findet dann eine intensivere Auseinandersetzung mit der Kunst als Kunst statt. In Bourdieus zentraler Untersuchung zum künstlerischen Feld, „Die Regeln der Kunst“ (Bourdieu 1999), werden sowohl die formalen Gestaltungelemente von Kunstwerken analysiert als auch die Produktionsbedingungen und der Einfluss der Kritiken und Rezensionen (vgl. Jurt 2007: 206). Während die Kunst vor dem Hintergrund der Analyse des sozialen Raums als Mittel der Klassenherrschaft sehr kritisch betrachtet wird, spricht Bourdieu nun von den Kunstwerken als „den höchsten Errungenschaften des menschlichen Tuns“ (Bourdieu 1999: 16).

In seinem allumfassenden Entwurf einer „Wissenschaft von den kulturellen Werken“ geht es ihm um die Beschreibung der Gesamtheit der Sozialbedingungen, die bei der Entstehung des Kunstwerks mitwirken (Bourdieu 1999: 340). Der Wert der Kunstwerke entsteht nach Bourdieu nicht alleine durch die schöpferische Kraft des Künstlers, sondern in der Gesamtkonstitution des künstlerischen Feldes (vgl. Bourdieu 1993c: 22). Der Produktionsprozess lässt sich demzufolge nicht auf den materiellen Herstellungsakt des Künstlers reduzieren, sondern muss insbesondere um das ganze Gefolge von Kommentaren und Kommentatoren erweitert werden, welche das Werk wesentlich mit produzieren: „Der Diskurs über das Kunstwerk ist kein bloß unterstützendes Mittel mehr zum besseren Erfassen und Würdigen, sondern ein Moment der Produktion des Werks, seines Sinns und seines Werts“ (Bourdieu 1999: 276). Bedeutung erhält das Kunstwerk also nur dann, wenn es gekannt und anerkannt wird, „das heißt von Betrachtern, die mit der dazu erforderlichen ästhetischen Einstellung und Kompetenz ausgestattet sind, gesellschaftlich als Kunstwerk instituiert ist“ (Bourdieu 1999: 362). Der Wert eines Kunstwerks entsteht durch die Gesamtheit der Akteure und Institutionen, die Bourdieu zufolge als Teil des Produktionsprozesses von Kunst betrachtet werden müssen. Diese umfassende Konzeption des Feldes der Kunst und seine Funktionsweise stehen im Zentrum dieses Kapitels.

4.1 Die Theorie des Feldes

Um das spezifische Feld der Kunst plausibel darstellen und analysieren zu können, muss zunächst die theoretische Grundkonzeption der Theorie des Feldes veranschaulicht werden, die Bourdieu Anfang der 1970er Jahre in Auseinandersetzung mit Max Webers Religionssoziologie entwickelte (vgl. Weber 1972: 245–381). Weber stellte darin fest, dass der Prozess zur Produktion, Reproduktion und Verbreitung religiöser Güter von der sozioökonomischen Entwicklung der Gesellschaft relativ unabhängig verlief. Bourdieu veranschaulicht den Bereich der Religion deshalb als „relativ autonomes religiöses Feld“ (Bourdieu 2000b: 53; vgl. dazu auch Bongaerts 2009: 59f.).

Gleichwohl Bourdieu seine Theorie des Feldes in den 1980er und frühen 1990er Jahren mit seinen umfassenden Untersuchungen zum wissenschaftlichen Feld (vgl. Bourdieu 1988) sowie zum künstlerischen Feld mit „Die Regeln der Kunst“ (Bourdieu 1999) vollständig erprobte und ausarbeitete, findet sich die theoretische Grundkonzeption vor allem in zwei Aufsätzen kompakt dargestellt: ein Vortrag von 1976, der später unter dem Titel „Über einige Eigenschaften von Feldern“ (Bourdieu 1993d) in deutscher Sprache erschien, sowie ein Abschnitt aus „Reflexive Anthropologie“ mit dem Titel „Die Logik der Felder“ (Bourdieu 1996c).

Diesen Ausführungen zufolge sind Felder zweidimensionale Räume, die ihre Struktur durch konkurrierende Positionen von Akteuren erhalten (vgl. Bourdieu 1993d: 107). Die Akteure stellen aus der Perspektive von Feldern keine Individuen dar, sondern Handelnde, „die Eigenschaften besitzen, die erforderlich sind, um im Feld Wirkungen zu entfalten, Effekte zu produzieren“ (Bourdieu 1996c: 139). Eine Position auf einem Feld dagegen ergibt sich in Relation beziehungsweise Abgrenzung zu anderen Positionen:

> „Analytisch gesprochen wäre ein Feld als ein Netz oder eine Konfiguration von objektiven Relationen zwischen Positionen zu definieren. Diese Positionen sind in ihrer Existenz und auch in den Determinierungen, denen die auf ihnen befindlichen Akteure oder Institutionen unterliegen, objektiv definiert, und zwar durch ihre aktuelle und potentielle Situation." (Bourdieu 1996c: 127)

Der Grundmechanismus des Feldes ist dabei die Auseinandersetzung konkurrierender Akteure. Bourdieu bezeichnet soziale Felder folglich auch als „Kampf- oder Schlachtfelder". Felder sind Arenen, in denen Konkurrenten um die Bewahrung und Veränderung der Struktur des jeweiligen Kräftefeldes kämpfen: „Das generierende und vereinheitlichende Prinzip dieses ‚Systems' ist der Kampf selbst." (Bourdieu 1999: 368)

Die Kämpfe auf den Feldern nehmen zwar feldspezifisch unterschiedliche Formen an, jedoch spielt sich die grundlegende Auseinandersetzung zwischen den auf dem Feld Etablierten, den Herrschenden, und den Anwärtern auf die Herrschaft ab (vgl. Bourdieu 1993d: 107). Die monopolisierte Position der Herrschenden wird dabei beständig von Neulingen herausgefordert und angegriffen, die versuchen, ein Zugangsrecht zu erzwingen (vgl. Bourdieu 1993d: 107). Die etablierten Akteure mit den höchsten Positionen neigen unter den gegebenen Kräfteverhältnissen zu Erhaltungsstrategien, während die Akteure mit niedrigen Positionen zu feldinternen Revolutionen und Umsturzstrategien neigen. Ausgehend von Max Webers Betrachtung des religiösen Feldes, beschreibt Bourdieu die herrschenden und etablierten Positionen auch als diejenigen der Priester, welchen die konkurrierenden Propheten gegenüberstehen, die eine neue Glaubenslehre gegen das Establishment verkünden. Bourdieu analysiert die Glaubenslehre der Etablierten als orthodoxe Doktrinen, während die Propheten dagegen heterodoxe Auffassungen vertreten. Die zum Konservatismus neigenden Priester versuchen, ihren herrschenden Diskurs zu verteidigen, während die heterodoxen Propheten ihren neuen Diskurs gegen die etablierte Ansicht durchzusetzen versuchen (vgl. Bourdieu 1993d: 109; vgl. dazu auch Jurt 1997: 162). Daraus ergibt sich ein Geflecht von Positionen auf dem Feld:

„Jede Position ist durch ihre objektive Beziehung zu anderen Positionen oder, anders gesagt, durch das System relevanter, das heißt effizienter Eigenschaften objektiv festgelegt: jener Eigenschaften, die die Situierung im Verhältnis zu allen anderen Positionen innerhalb der Struktur der globalen Verteilung der Eigenschaften ermöglichen." (Bourdieu 1999: 365)

Aus der Struktur des Feldes lässt sich demnach immer der aktuelle Stand der Machtverhältnisse herauslesen. Überhaupt kann das Feld als Konstrukt betrachtet werden, welches ermöglicht, die Macht- und Positionskämpfe sowie die Funktionsweise eines gesellschaftlichen Bereichs sichtbar zu machen (vgl. Jurt 2007: 216). Demnach ist die Feldstruktur dynamisch und veränderbar. Sie steht als Prozess sozusagen beständig auf dem Spiel. Das Feld kann auch als Spielfeld mit eigenen Spielregeln beschrieben werden: „Jedes Feld bildet einen potentiell offenen Spiel-Raum mit dynamischen Grenzen, die ein im Feld selbstumkämpftes Interessenobjekt darstellen. Ein Feld ist ein Spiel, das keiner erfunden hat und das viel fließender und komplexer ist als jedes nur denkbare Spiel." (Bourdieu 1996c: 135; vgl. dazu auch Rehbein 2006: 105ff) Die Grenzen des Feldes befinden sich dort, wo die spezifischen Spielregeln nicht mehr gelten. Anders ausgedrückt: Die Frage nach den Grenzen des Feldes wird vom Feld selbst definiert. Diese Grenzen liegen dort, wo die Feldeffekte aufhören zu wirken (vgl. Bourdieu 1996c: 131). Gespielt beziehungsweise gekämpft wird auf dem betreffenden Feld um das Monopol auf die für das betreffende Feld charakteristische legitime Gewalt (vgl. Bourdieu 1993d: 108). Zur Disposition stehen dabei aber nicht nur die feldinterne Hierarchie der Positionen, sondern auch die Regeln des Spiels selbst. So arbeiten die Feldteilnehmer auch daran, aktuelle oder potentielle Konkurrenten aus dem Feld auszuschließen, indem sie die feldspezifische Struktur in ihrem Sinne zu beeinflussen versuchen.

Von entscheidender Bedeutung für das Funktionieren des Feldes ist zudem die Illusio, die Bourdieu als den kollektiven Glauben an das Spiel definiert. Trotz der Konkurrenzverhältnisse der Akteure auf einem Feld existiert eine grundlegende Gemeinsamkeit, ein grundlegendes gemeinsames Interesse bezüglich dessen, was die Existenz des Feldes selbst betrifft (vgl. Bourdieu 1993d: 109).

Der Kampf gegeneinander setzt die grundlegende Übereinkunft der Antagonisten darüber voraus, dass der Kampf es wert ist, gekämpft zu werden. Die Akteure auf dem Feld teilen stillschweigend den Glauben an den Wert des Spiels: „Wer sich am Kampf beteiligt, trägt zur Reproduktion des Spiels bei, indem er dazu beiträgt, den Glauben an den Wert dessen, was in diesem Feld auf dem Spiel steht, je nach Feld mehr oder weniger vollständig zu reproduzieren.“ (Bourdieu 1993d: 109) Damit stellt die Illusio kein explizites Prinzip dar, sondern gehört „zum Handeln, zur Routine, zu den Dingen, die man halt tut und die man tut, weil es sich gehört und weil man sie immer getan hat“ (Bourdieu 2001b: 129).

Der geteilte Glaube oder Spielsinn des intellektuellen Feldes etwa setzt als eine unausgesprochene Grundannahme „eine Suspendierung […] des gewöhnlichen Menschenverstandes und eine paradoxale Zustimmung zu einem Ensemble mehr oder weniger radikal neuer Grundannahmen voraus“ (Bourdieu 2001b: 129). Wer Zugang zum Reich der „geistigen Freiheit“ erhalten möchte, muss sich von allen weltlichen Zwecken befreien, sich von der „normalen“ sozialen Welt distanzieren.

4.2 Elemente und Begriffe des künstlerischen Feldes

Für eine weitreichende Beschreibung des künstlerischen Feldes schlägt Bourdieu in „Die Regeln der Kunst“ drei Schritte vor: Es soll erstens die Genese des Habitus der Inhaber der konkurrierenden Positionen auf dem Feld untersucht, zweitens die Position des künstlerischen Feldes im Verhältnis zum Feld der Macht analysiert und drittens die innere Struktur des Feldes betrachtet werden (vgl. Bourdieu 1999: 340).

Diese drei Analyseschritte sollen in diesem Kapitel nachvollzogen und veranschaulicht werden. Der künstlerische Habitus, der bereits im Kapitel zum sozialen Raum durch den Gegensatz von reinem Geschmack und barbarischem Geschmack und der damit verbundenen konkurrierenden Ästhetiken diskutiert wurde, wird nun also von Bourdieu auf die Funktionsweise des Feldes hin untersucht. Bevor jedoch die Akteure des Feldes und die Bezüge zu externen Bereichen wie dem Feld der Macht plausibel gemacht werden können, muss zunächst die innere Struktur des künstlerischen Feldes von Grund auf beschrieben werden.[40]

Eine ausführliche und umfassende Analyse des Feldes der Kunst veröffentlichte Bourdieu zwar erst 1992 mit „Die Regeln der Kunst“ (Bourdieu 1999), jedoch flossen in dieses Werk etliche frühere Aufsätze und Texte mit ein. An dieser Stelle zu nennen sind vor allem zwei frühe Studien von 1966 und 1971, die erst seit den 1990er Jahren übersetzt vorliegen.[41]

4.3 Wer verliert, gewinnt

Wie bereits beschrieben, sind Felder Bourdieus Konzeption zufolge soziale Universen, die nach eigenen Regeln funktionieren und ihre eigenen Feldlogiken aufweisen. Dennoch stehen sie in direktem Zusammenhang zur sozialen Welt, da sie sich als (teilautonome) Bereiche von dieser abgrenzen und sich oft weitgehend gegen diese entwickelt haben. Das künstlerische Feld bildet sich gleichzeitig in der bürgerlichen Welt und gegen diese aus und weist somit eine paradoxe Struktur auf. Bourdieu spricht demnach auch von einem „Reich im Reiche“, wenn er die Beziehung zwischen Bürgertum und Kunstwelt beschreibt (Bourdieu 1999: 100). Wie im vorherigen Kapitel gezeigt, betrachtet Bourdieu die Kunst weitgehend als Teil der bürgerlichen Kultur und als Ausdruck der bourgoisen Klassenherrschaft. Dennoch hat sich das künstlerische Feld gegen die Logik der bürgerlichen Welt

[40] Bourdieu verwendet für das künstlerische Feld beziehungsweise für das Feld der Kunst in „Die Regeln der Kunst“ und auch darüber hinaus in seinem Gesamtwerk kein einheitliches Vokabular. Teilweise spricht er vom „intellektuellen Feld“, welches sowohl das wissenschaftliche Feld als auch das Feld der kulturellen Produktion enthält. Das Feld der kulturellen Produktion wiederum scheint in ein Feld der Kunst und ein Feld der Literatur unterteilt zu sein (vgl. Bourdieu 1992a: 155; 1999: 341). Bourdieu beleuchtet an verschiedenen Stellen seines Werkes immer wieder einzelne Aspekte dieser unterschiedlichen Felder. Eine systematische Benennung der Zusammenhänge der verschiedenen Felder und ihrer Subfelder, wie man sie etwa bei Luhmann bezüglich der sozialen Systeme findet, leistet Bourdieu nicht. Dies jedoch widerspräche auch seinem empirischen Ansatz einer Theorie der Praxis, welche theoretische Konstruktionen immer aus einer empirischen Mirkoebene der sozialen Erscheinungen herausarbeitet (vgl. Bourdieu 1976; 1987b).

[41] Bourdieu entwickelte das Konzept des Feldes zum ersten Mal in zwei frühen Studien, die in „Les Temps Modernes“ erschienen: Zuerst 1966 im Artikel „Champ intellectuel et projet créateur" (dt. Übersetzung 1974a) und dann 1971 in der Studie „Disposition esthétique et compétence artistique" (engl. Übersetzung: 1994).

ausgebildet. Die Grundkonzeption des Feldes basiert nämlich auf dem Bruch mit dem ökonomisch dominierten Blick des bürgerlichen Kapitalismus. Gegen die weltlichen Machtinstanzen der ökomischen Logik der Nützlichkeit setzt die künstlerische Welt ihre eigene Logik. Das grundlegende Gesetz des Feldes der Kunst, sein spezifischer „nomos“[42], liegt in der Unabhängigkeit von den wirtschaftlichen und politischen Instanzen (vgl. Bourdieu 1999: 103f.). Die Autonomie des Feldes der Kunst und damit die künstlerische Ordnung basiert folglich auf dem Gegensatz von Kunst und Geld.[43] Die Kunst stellt ein Gegenuniversum dar, das die weltliche und gewöhnliche Sicht auf die Dinge zurückweist. Gegen die Idee des merkantilen Zwecks, basierend auf dem ökonomischen Grundsatz „Geschäft ist Geschäft“, setzt die Kunst ihre eigene Autonomie mit der Gegenlogik „Kunst ist Kunst“ oder L'ART POUR L'ART (Bourdieu 1999: 354). Die Autonomie des künstlerischen Feldes zeigt sich auch darin, dass es bis zu einem gewissen Grad tatsächlich selbstreferenziell funktioniert: Kunstwerke verweisen in erster Linie nicht auf die soziale Welt, sondern auf andere Kunstwerke. Das Feld der Kunst erscheint damit als sein eigenes Produktionsfeld: „Kunst ahmt Kunst nach oder, genauer, Kunst entspringt der Kunst, das heißt am häufigsten der Kunst, zu der sie sich in Gegensatz stellt.“ (Bourdieu 1993a: 208) Der Bruch mit den herrschenden Mächten der Politik und der Ökonomie stellt damit die „Grundlage der Existenz des Künstlers als Künstler“ dar (Bourdieu 1999: 105).

Die künstlerische Ordnung hat sich demnach in Verlauf ihres Autonomisierungsprozesses zu einem „spiegelverkehrten Gegenbild der ökonomischen Welt“ ausgebildet (Bourdieu 1999: 342). Die Kunst erscheint als eine umgekehrte ökonomische Welt und damit als Affront gegen jede Form von Ökonomismus. Ein Kunstwerk ist ein symbolisches Gut ohne Preis, sein künstlerischer Wert ist weder schätzbar,

---

[42] Jedem Feld liegt ein „nomos“ zugrunde. Dies ist das grundlegende Gesetz des Feldes. Bourdieu spricht in diesem Zusammenhang auch von „Satzung“ oder „Grundnorm“. Bourdieu verweist dabei auch auf Pascals Bemerkung „Das Gesetz ist Gesetz und nichts weiter“. Ein „nomos“ kann lediglich durch Tautologien dargelegt werden: „Auf kein anderes reduzierbar und keinem anderen kommensurabel, kann es aus keinem in einem anderen Feld geltenden Gesetz und keinem von diesem durchgesetzten Wahrheitssystem hergeleitet werden.“ (Bourdieu 2001b: 122)

[43] Bourdieu verweist an dieser Stelle auf ein Zitat Emile Zolas, der darauf verweist, dass es das Geld war, welches den Schriftsteller emanzipierte, und demzufolge „das Geld die moderne Literatur schuf“ (Bourdieu 1999: 151f.).

noch lässt sich seine wahre symbolische Bedeutung in einen Handelswert „umrechnen“ oder transformieren.

Große künstlerische Anerkennung ist nach der Logik des künstlerischen Feldes nur zu bekommen, indem der Künstler dem Kommerz entsagt. Diejenigen, die ihre künstlerische Produktion nicht voll und ganz der Wahrheit und Unabhängigkeit verpflichten, sondern offensichtlich wirtschaftliche Interessen verfolgen, verspielen auf dem künstlerischen Feld ihre Glaubwürdigkeit. „Echte“ Kunst geht dem Bourdieuschen Modell zufolge mit materieller Uninteressiertheit einher. Während kommerzieller Erfolg als Zugeständnis an weltliche Moden und den Geschmack der Massen wahrgenommen wird, steht das irdische Scheitern für Prinzipientreue und wird als Zeichen künstlerischen Erwähltseins wahrgenommen. Bezogen auf das Subjekt des Künstlers beschreibt Bourdieu diese Logik folgendermaßen: „Auf symbolischem Terrain vermag der Künstler nur zu gewinnen, wenn er auf wirtschaftlichem Terrain verliert (zumindest kurzfristig), und umgekehrt (zumindest langfristig).“ (Bourdieu 1999: 136) Die künstlerische Logik lässt sich demzufolge pointiert mit dem Satz „Wer verliert, gewinnt“ zusammenfassen (Bourdieu 1999: 344). Obgleich der Idee der Kunst die Ablehnung der bürgerlichen Ökonomie zugrunde liegt, hat die Kunst eine ökonomische Logik – jedoch ihre eigene. Gemäß der spezifischen Funktionsweise des Kunstfeldes können die höchsten Positionen nur in Abkehr von der ökonomischen Welt erlangt werden. Der künstlerischen Produktion liegt eine „antiökonomische Ökonomie“ zugrunde, die nicht identisch mit der ökonomischen Ökonomie ist, in der es ausschließlich um materielle Profite geht.[44]

Dennoch erkannte auch Bourdieu eine materielle beziehungsweise ökonomische Seite von Kunstwerken. Künstlerische Werke sind nach

[44] Die Kapitalsorte, um welche und mit welcher auf dem Feld der Kunst gekämpft wird, ist eine rein symbolische. Das symbolische Kapital ist Bourdieu zufolge auch die Basis für das, was er als symbolische Macht oder Gewalt bezeichnet. Auf dem künstlerischen Feld wird dies sehr anschaulich, da die Machtpositionen fast keinerlei physische Komponente besitzen. „Die symbolische Macht“, so Bourdieu „ist eine Macht, die in dem Maße existiert, wie es gelingt, sich anerkennen zu lassen, sich Anerkennung zu verschaffen. […] Die eigentliche Wirksamkeit dieser Macht entfaltet sich nicht auf der Ebene physischer Kraft, sondern auf der Ebene von Sinn und Erkennen.“ (Bourdieu 1997: 82) Die symbolische Gewalt zeichnet sich dadurch aus, dass sie unsichtbar ist, da sie von den Beherrschten akzeptiert wird. Bourdieu versteht symbolische Machtverhältnisse als internalisiert, als in den Körper eingeschrieben (vgl. dazu Jurt 2008: 86f.).

Bourdieu eine doppelseitige Realität: Auf der einen Seite stellen sie etwa in Form von Gemälden, Statuen oder Romanskripten ökonomische Handelsgüter dar und fungieren auf der anderen Seite gleichzeitig als künstlerische Zeichen mit rein symbolischen Bedeutungen. Der ökonomische Handelswert und der symbolische Kunstwerk können voneinander unterschieden werden und bleiben laut Bourdieu auch relativ unabhängig voneinander. Beide Werte sind für die Funktion des Feldes essenziell: Denn kulturelle Güter und auch die Strategien der Kulturproduzenten und Künstler können „danach unterschieden werden, ob sie (eher) auf den Handelswert oder (eher) auf den genuin symbolischen Kulturwert ausgerichtet sind“ (Schwingel 1997: 123). Aus diesem Gegensatz folgen zwei komplementäre Prinzipien der künstlerischen Produktion, welche auf die grundlegende Struktur des künstlerischen Feldes verweisen.

4.4 Zwei Hierarchisierungsprinzipien

Das Feld der Kunst weist zwei konkurrierende Hierarchisierungsprinzipien auf: das heteronome Prinzip, das diejenigen begünstigt, die das Feld ökonomisch und politisch beherrschen, und das autonome oder homonome Prinzip, das diejenigen begünstigt, die ihre Kunst auf Prinzipien der künstlerischen Reinheit gründen und Unabhängigkeit von den Sphären der ökonomischen und politischen Macht proklamieren. Der Kampf auf dem Feld der Kunst wird also „auf zwei unauflöslich miteinander verflochtenen Ebenen ausgetragen“, welche Bourdieu als die zwei Subfelder[45] des Feldes der Kunst analysiert (Schwingel 1997: 129). Auf der linken Seite des Feldes stehen die intellektuellen Künstler der Avantgarde. Ihre anspruchsvolle Kunst ist nur wenigen Eingeweihten verständlich und geht etwa im Bereich der Literatur mit komplizierten Formen und einer sehr geringen Auflage (etwa die

[45] In Luhmanns Konzeption existieren Subsysteme von sozialen Systemen als Unterkategorien, als kleinere Einheiten. Diese Subsysteme stellen jedoch an sich wieder autonome Einheiten dar. Es existieren also auch für ein Subsystem immer nur ein Innen und ein Außen – System und Umwelt (vgl. Luhmann 1984). Bourdieus Konzeption unterscheidet sich davon grundlegend. Zwar klärt er das Verhältnis von Feld und Subfeld an keiner Stelle systematisch, jedoch korrespondieren die Subfelder als kleinere Einheiten eines Feldes miteinander. Da Bourdieu das Feld als Kampffeld konzipiert, stellen die Subfelder so etwas wie Pole dar, die sich voneinander abstoßen und sich damit in Abgrenzung zueinander legitimieren (vgl. dazu Bourdieu 1996c: 132ff.).

experimentelle Lyrik oder Schönbergs Zwölftonmusik) einher. Bourdieu spricht hier vom Prinzip der „eingeschränkten Produktion" oder der „Produktion für Produzenten". Erfolg wird hier nicht am Verkauf oder Zuschauerinteresse gemessen, sondern am dauerhaften Ruf eines Werkes. Literarische Klassiker oder große Werke der Malerei etwa werden nicht sofort als solche erkannt, sondern begründen oft erst Jahre nach dem Ableben des Künstlers posthum seinen Ruf als verkanntes künstlerisches Genie. Die Aufnahme in den Kanon der erlesenen Werke geht sehr langsam vonstatten. Dafür kommen schließlich nur die „wahrste Kunst" und „echteste Literatur" in Frage.

Demgegenüber stehen die bürgerlichen Künstler und Werke, die sich auf der rechten Seite des Feldes befinden. Ihre Werke erscheinen weniger anspruchsvoll und sind dem breiten Publikum leichter zugänglich. Bourdieu spricht hier vom Prinzip der „Massenproduktion". Diese geht im Bereich der Literatur mit hohen Auflagen einher und dementsprechend auch mit größerem kommerziellen Erfolg, im Bereich des Theaters mit einem großen Zuschauerinteresse. Während im Subfeld der eingeschränkten Produktion die künstlerische Anerkennung im Vordergrund steht, ist im Subfeld der Massenproduktion der kommerzielle Erfolg das vorrangige Interesse. Er stellt damit auch das Prinzip der hierarchischen Ordnung dar. Folglich ist das Subfeld der Massenproduktion gegenüber den klassischen künstlerischen Bewertungsinstitutionen (Literatur- und Kunstpreise; ACADEMIE FRANCAISE; universitäre und schulische Kanonisierung) relativ autonom. Das Subfeld der eingeschränkten Produktion dagegen ist gegenüber der Wirtschaft und dem weltlichen Erfolg unabhängiger und deutlich stärker an die Institutionen der Kunstbewertung gebunden. Hier entscheiden die verhältnismäßig wenigen Rezipienten, also die künstlerischen und literarischen Kollegen und Experten, über die Feldhierarchie (vgl. Papilloud 2003: 68f.). Der Gegensatz der Hierarchisierungsprinzipien zeigt sich auch in der Geschwindigkeit und Nachhaltigkeit der Wirkung von Kunstwerken. Der autonome Künstler muss den kommerziellen Erfolg, wenn nicht systematisch verhindern, so doch für den unwahrscheinlichen Fall, dass er sich einstellen sollte, vehement ablehnen und als unglücklichen Zufall darstellen. Zumindest darf er nicht darauf hoffen, mit seiner Kunst viel Geld verdienen zu können. Ausgehend von Max Weber analogisiert Bourdieu diese Strategie mit der protestantischen Ethik. Ähnlich wie weltlicher Verzicht und lebenslanges Darben die Pforten zum Himmel öffnet, kann der lebenslange Verzicht auf Erfolg und gesellschaftliche Anerkennung zur posthumen Kanonisierung und Wertschätzung durch die Nachwelt führen (vgl. Bourdieu 1999: 238f.). Während im Subfeld der Massenproduktion auf kurzfristigen und kurzanhaltenden Erfolg gesetzt wird, erschafft der autonome Künstler seine Werke im Extremfall für ein „Leben" nach dem Tod. Ein prominentes Beispiel hierfür wäre Mozart, dem zu Lebzeiten nur verhältnismäßig bescheidener Ruhm vergönnt war und der erst nach seinem Tode vom Feld zum Inbegriff des Komponisten überhaupt erklärt wurde. Im Bereich der Literatur stehen die Bestseller ohne Langzeitperspektive den literarischen Klassikern gegenüber oder allgemeiner ausgedrückt: Der Gegensatz verläuft zwischen den kanonisierten Kunstwerken, die als kulturelles Erben weitergegeben sowie angeeignet werden, und den illegitimen Werken, die es als solche nicht verdienen, überhaupt als Teil der „Kultur" diskutiert zu werden (vgl. Bourdieu 1999: 237). Die klassischen Kunstwerke und die klassischen literarischen Werke werden erst im Laufe der Jahre oder Jahrzehnte im kunsthistorischen oder literarischen Diskurs produziert und stetig reproduziert – man denke an die Unzahl literaturwissenschaftlicher Beiträge zu Goethe und Schiller oder an die enorme Zahl an jährlichen Mozart- und Beethoven-Aufführungen. Museumskonservatoren oder Universitätsprofessoren als Mitglieder von Akademien oder Komitees (wie etwa beim Nobelpreis für Literatur) spielen in diesen Vorgängen der Heiligsprechung die Rolle einer „kulturellen Gerichtsbarkeit". Erst nach langwierigen Prozessen erfolgt die „Konsekration" (Anerkennung) und ein Kunstwerk beziehungsweise ein Künstler gelangt in den klassischen Kanon der erlesenen hohen Kunstwerke, was eine Aufnahme in die Lehr- und Studienpläne als letzte Folge nach sich zieht (vgl. Bourdieu 1999: 237). Bourdieu nennt die Werke des klassischen bildungsbürgerlichen Kanon demnach auch „Bestseller in Langzeitperspektive" (Bourdieu 1999: 237). Am kommerziellen Pol des künstlerischen Feldes dagegen, wo Erfolg als solcher eine Gütegarantie ist, werden literarische Bestseller systematisch gemacht, indem ihre Auflagenhöhe veröffentlicht wird: „Das bewirkt auch, warum auf dem Markt Erfolg hat, wer Erfolg hat." (Bourdieu 1999: 238) Folglich können die Kritiker nichts anderes tun, als einem Werk Erfolg vorauszusagen. Kommerzieller Misserfolg dagegen steht für eine Verurteilung in letzter Instanz. Die vorherrschende Logik besagt: wer keinen Erfolg hat, der hat auch kein Talent. Ein Künstler ohne Publikum ist demzufolge immer ein gescheiterter Künstler. Am entgegengesetzten Pol der reinen Produktion dagegen, wo dem Erfolg etwas Suspektes anhaftet, kommen der Erfolglosigkeit zwei unterschiedliche Bedeutungen zu: die entscheidende Differenz besteht zwischen dem Gescheiterten und dem Geächteten. Nichterfolg kann wie im ersten Fall als unfreiwillig oder wie im zweiten Fall als freiwillig aufgefasst werden. Den gescheiterten, glücklosen Künstlern wird keinerlei Anerkennung zuteil. Sie sind mit ihren Werken ökonomisch wie auch künstlerisch gescheitert und werden aus dem Feld ausgeschlossen. Den Geächteten dagegen kommt die Hochachtung der Kollegen zu. Ihr Misserfolg wird als bewusster Akt der Verweigerung gedeutet und ihre Kunst damit als eine autonome und avantgardistische anerkannt (vgl. Bourdieu 1999: 347). Modellbild des Subfeldes der eingeschränkten Produktion, so kann zusammenfassend konstatiert werden, ist der reine Künstler, „der, mit formalen Experimenten beschäftigt, sich vom gewöhnlichen Treiben der Welt eher fernhält“ (Bourdieu 1999: 248).

Im Subfeld der Massenproduktion wird das Modellbild vom Journalisten verkörpert, der als Schriftsteller tätig wurde (bevorzugte Gattungen sind dabei Biographien von populären Persönlichkeiten wie Sport- oder Popstars), oder heute auch vom Hollywood-Filmregisseur, der mit weltweit verbreiteten Blockbustern in kurzer Zeit etliche Millionen Dollar einspielt. Obwohl die beiden Subfelder in ständiger Konkurrenz zueinander stehen, sind sie durch ihre Gegensätzlichkeit miteinander verbunden und bedingen sich gegenseitig: Die Kämpfe zwischen den Positionen der reinen Kunst und der kommerziellen Kunst „tragen entscheidend zur Produktion und Reproduktion des Glaubens bei, der zugleich Grundvoraussetzung und Effekt der Funktionsweise des Feldes ist“ (Bourdieu 1999: 269). Die Produzenten der entgegengesetzten Positionen beziehen ihre Identität jeweils aus der Abgrenzung zur Gegenseite. So schöpfen die „reinen“ Künstler etwa einen guten Teil „ihrer Energie, ja ihrer Inspiration, aus der Verweigerung von irdischen Kompromittierungen aller Art“ (Bourdieu 1999: 269). In den sakralen Bereich der Kunst kommerzielle Praktiken einführen zu wollen, käme demnach einem Sakrileg gleich. Die kommerziell erfolgreichen Produzenten von Massenkunst dagegen distanzieren sich von der elitären und gekünstelten Attitüde und verstehen sich als Dienstleister und Unterhalter eines breiten Publikums.

4.5 Das Feld der Kunst und der soziale Raum

Wie bereits ausgeführt, weisen die Subfelder unterschiedliche Mechanismen der Bewertung von Kunst auf. Da Felder von Grund auf als Kampffelder konzipiert sind, entscheiden diese unterschiedlichen Mechanismen auch über den Ausgang der Kämpfe, das heißt über die Position eines Künstlers und seiner Kunst auf dem Feld. Die Anerkennung auf dem Feld sieht Bourdieu demzufolge über die zwei unterschiedliche Prinzipien der Hierarchisierung geregelt: Das Subfeld der eingeschränkten Produktion, das sowohl in weiter Distanz als auch in Opposition zu den bürgerlichen Mächten steht, reguliert die Anerkennung, das heißt die Konsekration von Kunst über das Prinzip der internen Hierarchisierung. Gegründet auf eine möglichst weitreichende Autonomie des Feldes, wird die Hierarchie auf diesem Teil des Feldes durch das Feld und ausschließlich im Feld selbst vorgenommen. Ein hoher Grad an feldspezifischer Anerkennung kann demnach nur erlangt werden, wenn Künstler bei ihren Kollegen bekannt sind und anerkannt werden. Demgegenüber steht das Prinzip der externen Hierarchisierung, das auf dem Feld der Massenproduktion zur Anwendung kommt. Hier entscheiden vorrangig feldexterne Kriterien über die Anerkennung eines Künstlers. Die politische Anerkennung und insbesondere die ökonomische Verwertbarkeit eines Kunstwerks, das heißt der weltliche Erfolg oder die gesellschaftliche Bekanntheit eines Künstlers, sind hier Kriterien der künstlerischen Konsekration (vgl. Bourdieu 1999: 345). Wie auf Abbildung 1 zu erkennen, ist das Feld der Kunst von einer horizontalen Achse durchzogen, die von der Autonomie beziehungsweise Homonomie auf der linken Seite des Feldes bis zur Heteronomie auf der rechten Seite des Feldes verläuft.

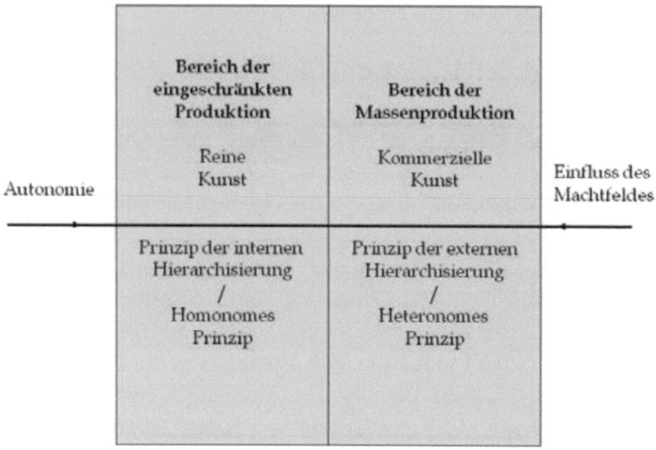

Abbildung 1: Das Feld der kulturellen Produktion

Dies ergibt sich aus Bourdieus Konzeption des sozialen Raums, welche im Folgenden kurz skizziert wird. Die soziale Struktur nationaler Gesellschaften ist bei Bourdieu als zweidimensionaler Raum konzipiert, den man wie in der Geographie als Landkarte darstellen kann. Bourdieu geht grundlegend von drei gesellschaftlichen Klassen aus, die sich vorrangig nach ihrem unterschiedlichen Volumen an ökonomischem Kapital (das heißt Geld und Besitz) und – wie in Kapitel 3.1 beschrieben – nach ihrem unterschiedlichen Volumen an kulturellem Kapital (das heißt Lebensstil, ästhetische Einstellung, Bildungstitel etc.) unterscheiden lassen. Schematisch sieht dies folgendermaßen aus:

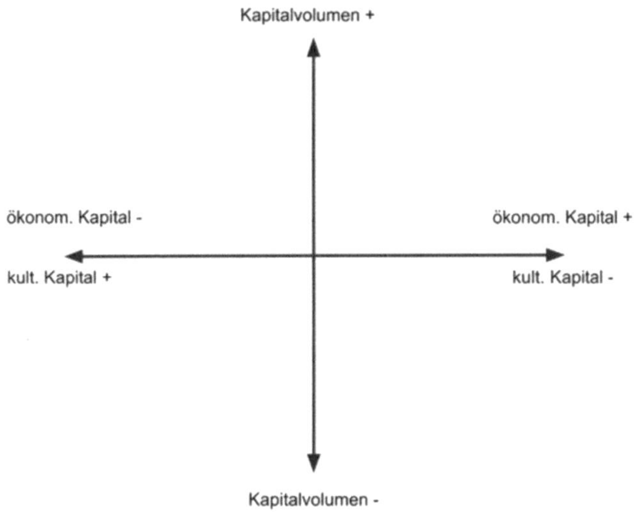

Abbildung 2: Modell des sozialen Raums, (nach Schwingel 1995: 108)

Die vertikale Position im sozialen Raum ist durch das Gesamtkapitalvolumen bestimmt, während die horizontale Position durch die Kapitalstruktur beziehungsweise die Kapitalzusammensetzung bestimmt ist. Für jede Position in diesem sozialen Raum sind ein bestimmtes Volumen und eine bestimmte Zusammensetzung an Kapital entscheidend. Die Positionen der herrschenden Klasse, dem Großbürgertum, gehen mit einem hohen Volumen an ökonomischem Kapital und einem bestimmten Lebensstil, das heißt einem hohen Volumen an kulturellem Kapital einher. Gesellschaftliche Klassen basieren bei Bourdieu also nicht wie bei Marx alleine auf ökonomischem Kapital (also auf den Gegensatz von besitzenden Kapitalisten und besitzlosen Arbeitern), sondern auch auf kulturellen Gemeinsamkeiten und Differenzen. Um von einer sozialen Gruppe akzeptiert zu werden, das heißt einer Gruppe anzugehören, ist es notwendig auch den Lebensstil dieser Gruppe zu beherrschen. Diese Fähigkeiten sind Bestandteil des kulturellen Kapitals. Soziale Positionen weisen demzufolge immer auch eine Entsprechung in den Kapitalsorten auf: Mit einer hohen Position im Bürgertum ist nicht nur ein verhältnismäßig hoher ökonomischer Besitz verbunden, sondern auch eine ästhetische Einstellung, ein Konsumstil, ein Freizeitverhalten, bestimmte kulturelle Vorlieben – kurzum: ein bürgerlicher Lebensstil.

Betrachten wir nun die herrschende Klasse, also die Positionen am oberen Rand des sozialen Raums, etwas spezifischer: Auf der linken oberen Seite befinden sich die Positionen, deren Kapitalzusammensetzung ein hohes Volumen an kulturellem und ein dazu verhältnismäßig geringeres Volumen an ökonomischem Kapital aufweist. Bourdieu verortet hier die Intellektuellen, die Künstler und Schriftsteller. Auf der rechten oberen Seite befinden sich demgegenüber die Positionen, deren Kapitalzusammensetzung ein hohes Volumen an ökonomischem Kapital und ein verhältnismäßig dazu geringeres Volumen an kulturellem Kapital aufweist. Bourdieu lokalisiert hier die Handels- und Industrieunternehmer. Die herrschende Klasse ist also unterteilt in eine kulturelle Elite, die ein verhältnismäßig höheres Bildungsniveau aufweist, und eine ökonomische Elite, die einen verhältnismäßig größeren materiellen Besitz aufweist. In kapitalistischen Gesellschaften, welche Bourdieu zufolge ökonomisch dominiert sind, liegt die größere gesellschaftliche Macht auf der rechten Seite des sozialen Raums, also auf Seiten des bürgerlichen Unternehmertums, deren Umfang an ökonomischem Kapital denjenigen aller anderen Klassen und Klassenfraktionen bei weitem übersteigt. Exemplarisch lässt sich hier auf die enorme Differenz der Einkommen von Großindustriellen und Intellektuellen verweisen: Vorstandsvorsitzende von internationalen Großunternehmen verdienen ein Vielfaches der Beamtenbezüge etwa von Hochschullehrern. An diesen beiden Beispielen der höchsten Positionen der Fraktionen der herrschenden Klasse lässt sich die Differenz sehr gut verdeutlichen. Bourdieu betrachtet demzufolge die wirtschaftliche Elite als den herrschenden Teil der herrschenden Klasse, während die kulturelle beziehungsweise intellektuelle Elite den beherrschten Teil der herrschenden Klasse darstellt. Generell lässt sich sagen: Die kulturelle Elite konzentriert sich auf den kulturellen Bereich und herrscht über diesen, auch weil sie nicht über genügend ökonomisches Kapital verfügt. In Ermangelung ökonomischer Mittel definiert sie sich nicht über Geld und Besitz, sondern über Wissen, Intellekt und Kultur. Der Bereich der weltlichen Herrschaft – die tatsächlichen gesellschaftlichen Machtpositionen also – werden von der ökonomischen Elite besetzt. Die kulturelle Elite dagegen dominiert den Bereich der Kultur und Kunst, der laut Bourdieu jedoch keinen

Bereich der tatsächlichen gesellschaftlichen Macht darstellt (vgl. dazu Lenger/Schumacher 2009).

Dieser gesamtgesellschaftliche Gegensatz im sozialen Raum zwischen den beherrschten Intellektuellen und Kulturproduzenten sowie den ökonomisch und politisch Herrschenden reproduziert sich im künstlerischen Feld im Kleinen (vgl. Kastner 2009: 57). Auf der Ebene der Kunst kommt der Gegensatz in der Opposition der beiden Subfelder und ihrer Hierarchisierungsprinzipen zum Ausdruck: Während sich auf der linken Seite der Bereich der „reinen Kunst" befindet, welchen Bourdieu zwar als symbolisch herrschend, jedoch als ökonomisch beherrscht einstuft, findet sich auf der rechten Seite des Feldes die „kommerzielle Kunst" unter umgekehrten Vorzeichen wieder (vgl. Bourdieu 2003e: 140).

Vor diesem Hintergrund der Konkurrenzsituation zwischen den beiden Fraktionen der herrschenden Klasse lässt sich auch die spezifische künstlerische Logik erklären: Die autonomen Künstler, die im Subfeld der eingeschränkten Produktion lokalisiert sind, sind als Kulturproduzenten Angehörige des beherrschten Teils der herrschenden Klasse. Im sozialen Raum sind sie also als Intellektuelle von den weltlich Herrschenden dominiert. Das Feld der Kunst, welches die umgekehrte ökonomische Logik des „Wer verliert, gewinnt" installiert, kann damit auch als Antwort und Reaktion der Intellektuellen und Künstler auf ihre sozial untergeordnete Position betrachtet werden. Denn was liegt vor dem Hintergrund der ökonomischen Dominanz näher, als ein eigenes autonomes Universum zu erschaffen, das die Vorzeichen der realen Welt auf den Kopf stellt. Die Machtposition der Intellektuellen und Künstler erscheint dann folgerichtig auch als eine besondere: Es handelt sich um eine rein symbolische Dominanzposition in einem symbolischen Universum, welches nach spezifischen Prinzipien konstituiert ist. Die symbolische Herrschaft der Künstler, Schriftsteller und Intellektuellen im Subfeld der eingeschränkten Produktion könnte damit als Verarbeitung eines kollektiven Minderwertigkeitskomplexes gedeutet werden, als inszenierter Affront gegen den herrschenden Teil der herrschenden Klasse. Die antibürgerliche Attitüde des Künstlertums, die direkt in der Umkehrung der ökonomischen Ordnung zum Ausdruck kommt, ist der Versuch, den Markt in seiner reinen Form zum Verschwinden zu bringen. Der Künstler kann unter den gegebenen sozialen Kräfteverhältnissen kapitalistischer

Gesellschaften nur über den Bürger dominieren, indem er sich einen eigenen „künstlichen" Bereich erschafft, der die realen Kräfteverhältnisse auf den Kopf stellt. Kurzum: Der Künstler kann „über den Bürger nur in dem Maße triumphieren [...], wie er ihn als potentiellen Kunden annulliert" (Schwingel 1997: 130).

Davon ausgehend lässt sich die Frage nach dem Verhältnis des künstlerischen Feldes zum sozialen Raum stellen. Handelt es sich beim Feld der Kunst und dem gesamtgesellschaftlichen Sozialraum um zwei theoretische Modelle, die sich zwar gegenseitig beeinflussen, aber ansonsten nicht miteinander kollidieren, oder ist das Feld der Kunst im sozialen Raum direkt enthalten und lässt sich an einer bestimmten Position verorten? Das Verhältnis der beiden Konzeptionen des Feldes und des sozialen Raums ist auch im Bourdieuschen Gesamtwerk ein problematisches. Ob die Gesellschaft letztendlich komplett in verschiedene Felder auflösbar ist und wie Bourdieus früher entworfene Konzeption des sozialen Raums zu diesen im Verhältnis steht, bleibt letztendlich unbeantwortet (vgl. Rehbein 2009: 102).[46]

Da sich wie bereits dargestellt der zentrale Konflikt der beiden Fraktionen der herrschenden Klasse im künstlerischen Feld im kleinen reproduziert, spricht vieles dafür, das Feld im sozialen Raum zu verorten, das heißt es tatsächlich in den sozialen Raum einzuzeichnen. Kastner lokalisiert das Feld der Kunst „inmitten des sozialen Raums, allerdings nicht in dessen Mitte" (Kastner 2009: 73). Da die Sphäre der Kunst wie gezeigt vor allem eine bürgerliche Angelegenheit ist und auch der zentrale feldinterne Konflikt zwischen dem herrschenden und dem beherrschten Teil der bürgerlichen Klasse stattfindet, erscheint diese Lokalisierung sinnvoll. Kastner verweist zudem darauf, dass die Akteure des Feldes sehr häufig aus dem Bürgertum stammen und ein relativ hohes Bildungsniveau aufweisen (vgl. Kastner 2009: 74).

---

[46] Vergleiche dazu auch Rehbein (2006: 110–117), der diese Frage gesondert erörtert und verschiedene Modelle zum Verhältnis von Raum und Feld diskutiert, die im Anschluss an Bourdieu entworfen wurden. Ein konkreter Vorschlag zum theoretischen Verhältnis zwischen Feldern und Raum findet sich außerdem bei LiPuma (1995).

4.6 Der Einfluss des Feldes der Macht

Während auf der linken Seite des künstlerischen Feldes, im Subfeld der eingeschränkten Produktion, das Prinzip der Autonomie im Vordergrund steht, ist die rechte Seite des künstlerischen Feldes, das Subfeld der Massenproduktion, von externen Faktoren dominiert. Bourdieu spricht dabei auch vom Prinzip der externen Hierarchisierung. Diesen Mechanismus der externen Hierarchisierung beschreibt Bourdieu auch als Übergriff des Feldes der Macht auf das Feld der Kunst.

Den Begriff des Machtfeldes entwickelte Bourdieu erst im Laufe seines soziologischen Schaffens. Während er im in seinem Frühwerk noch keinen spezifischen Begriff vom Feld der Macht formulierte und lediglich von herrschender Klasse sprach, entwickelte er diesen Begriff schließlich mit seinen Analysen zu den verschiedenen gesellschaftlichen Feldern, vor allem in seinem Werk „Der Staatsadel" (Bourdieu 2004), das im Original 1989 erschien. Das Feld der Macht ist nicht mit der herrschenden Klasse gleichzusetzen, sondern bezeichnet einen spezifischen gesellschaftlichen Herrschaftsbereich, der die unterschiedlichen gesellschaftlichen Felder miteinander verbindet. Das Machtfeld ist damit ein zu den anderen gesellschaftlichen Feldern querliegender Bereich: Es ist demzufolge kein Feld wie die anderen, sondern eine Art Metafeld oder Wettbewerbsfeld, „in dem die Akteure bzw. Institutionen, die in ihren jeweiligen Feldern eine dominante Position innehaben, einander konfrontieren" (vgl. Koller 2009a: 171).[47] Das Feld der Macht stellt damit einen Bereich dar, der sich zwischen den sozialen Feldern herausgebildet hat. Davon ausgehend interpretiert Papilloud das Feld der Macht als „komplexes Gewebe", das „die ganze Gesellschaft zusammenhält" (Papilloud 2003: 75). Nach Bourdieus Ausführungen in „Die Regeln der Kunst" nimmt das Feld der Kunst in diesem Metafeld der Macht eine dominierte Position ein (vgl. Bourdieu 1999: 341f.). Auf dieser übergeordneten Ebene gelingt es selbst den anerkanntesten Künstlern kaum, ihr Prestige auf

[47] Vergleiche hierzu auch Papilloud (2003: 74–76), der sich ebenfalls um eine adäquate Interpretation des Bourdieuschen Begriffes des Feldes der Macht bemüht. Papilloud veranschaulicht und interpretiert den Begriff des „Feldes der Macht" mit dem Machtbegriff Michel Foucaults, der Macht als eine Grundlage gesellschaftlicher Beziehungen überhaupt versteht. Diese Konzeption erweitert er wiederum um Foucaults Konzeption der staatlichen Macht.

andere Felder zu übertragen und auf diesen gewisse Einflüsse zu erlangen. Während etwa hohe Vertreter aus Politik oder Wirtschaft aufgrund ihres feldspezifischen Kapitals ihren Dominanzbereich erfolgreich ausweiten, gelingt dies den an ökonomischem Kapital verhältnismäßig armen Vertretern des künstlerischen Feldes nicht. Exemplarisch lässt sich an dieser Stelle auf Emile Zolas „J'accuse" verweisen, dessen erfolgreiche politische Einflussnahme für den zu Unrecht angeklagten Hauptmann Dreyfus von Bourdieu als einer der Gründungsmythen und Meilensteine zur Begründung des künstlerischen Feldes überhaupt interpretiert wird. Demgegenüber steht der weitreichende Einfluss „fremder Mächte" im Feld der Kunst. An dieser Stelle muss noch einmal auf das Prinzip der externen Hierarchisierung verwiesen werden, womit ein direkter Einfluss des ökonomischen Feldes analysiert wird, das einen Teil des Feldes der Kunst somit beinahe vollständig dominiert.

Aus dieser dominierten Position im Feld der Macht lassen sich Bourdieu zufolge „viele Verhaltensweisen und Vorstellungen von Künstlern und Schriftstellern" erklären (Bourdieu 1999: 341). Vor dem Hintergrund dieser sozialen Kräfteverhältnisse erscheinen Künstler zwar als mit wenig Macht ausgestattet, jedoch als SUPPLÉMENT, als Ergänzung und Reflexionshilfe der Mächtigen. Die Kunst wird demnach zwar als nicht lebenswichtig, jedoch als repräsentativer Teil der bürgerlichen Kultur wahrgenommen. Der Kunst und der Literatur kommen die Funktionen zu, Denkanstöße an die Mächtigen geben zu können. Da jedoch zwischen Kunst und realem Leben getrennt wird, wird die Kunst in den weltlichen Herrschaftsbereichen der Wirtschaft und der Politik kaum ernst genommen. Aus dem Machtmissverhältnis der beiden Felder resultiert deshalb ein Missverständnis: Die Herrschenden betrachten „sich selbst gegenüber den Kulturproduzenten – und insbesondere den ‚reinen' Künstlern – als Repräsentanten der Natur, des Instinktes, des Lebens, des Handelns, der Männlichkeit und auch als Vertreter des gesunden Menschenverstands" (Bourdieu 1999: 341). Diese Ordnung der Welt steht im Gegensatz zur weltfremden Kultur, die mit der Intelligenz, dem Denken und der Weiblichkeit assoziiert wird. Da die Konzepte der weltlichen Herrschaft und der reflexiven Kunst als Gegensätze zueinander in Beziehung stehen, brauchen die Herrschenden

„einige der Eigenschaften, die ihnen Schriftsteller und vor allem Künstler bieten, um sich selbst zu reflektieren und zu rechtfertigen – und zwar zunächst einmal in ihren eigenen Augen –, dass sie so leben, wie sie leben: Der Kult um die Kunst wird damit mehr und mehr zu einem notwendigen Element bürgerlicher Lebenskunst, ist doch die im ‚reinen' Konsum bewährte ‚Interesselosigkeit' mit ihrem ‚seelischen Anteil' unerlässlich bei der Distanzierung von den primitiven Bedürfnissen der ‚Natur' und derer, die ihr unterworfen sind." (Bourdieu 1999: 399)

Wie bereits in Kapitel 3.3 ausgeführt, ist die Struktur der bürgerlichen Herrschaft eine dualistische. So erscheint es den gesellschaftlich Herrschenden (dem herrschenden Teil der herrschenden Klasse) als plausibel, dass ihre Praxis auf die Theorie, ihr Handeln auf das Denken und ihr Instinkt auf die Vernunft nicht vollständig verzichten können.

4.7 Positionskämpfe – Orthodoxie und Heterodoxie

Mit der Gegenüberstellung des Feldes der internen und externen Hierarchisierung sowie mit der Diskussion über das Verhältnis zum Feld der Macht wurde die horizontale Achse des künstlerischen Feldes bestimmt. Der weitgehend autonomen künstlerischen Produktion, die an der äußersten linken Seite des Feldes stattfindet, steht die weitgehend ökonomisch dominierte Produktion an der äußersten rechten Seite des Feldes gegenüber.

Des Weiteren wird das Feld der Kunst durch eine vertikale Achse strukturiert. Auf dieser vertikalen Achse lassen sich die Künstler und ihre Positionen bezüglich ihrer Anerkennung im Feld differenzieren. Ganz oben im Feld befinden sich demnach die allgemein anerkannten etablierten Künstler. Ihnen stehen die (noch) nicht-etablierten Künstler gegenüber, die sich im Feld unten befinden. Bourdieu spricht bezüglich der künstlerischen Anerkennung im Feld auch von einer symbolischen Anerkennung, die über ein spezifisches symbolisches Kapital funktioniert. Dafür benutzt er fast durchweg auch die religiöse Metapher der Konsekration. Im religiösen Kontext ist die Konsekration eine Weihung von Dingen oder Personen. Mit der Konsekrationshandlung werden etwa Bischöfe, Kirchen oder Altäre geweiht, die damit als religiöse Vertreter oder Gegenstände initiiert werden und den profanen Kontext verlassen. Exemplarisch lässt sich die Verwandlung von Brot und Wein zum Leib und zum Blut Christi im katholischen Gottesdienst nennen. Da Felder Glaubensuniversen sind, funktioniert die künstlerische Anerkennung von Werken und Personen Bourdieu zufolge nach einem ähnlichen Muster und lässt sich mit einer religiösen Weihung analogisieren. Abbildung 3 zeigt die gegensätzlichen Grade künstlerischer Konsekration und damit die vertikale Achse des Feldes der Kunst systematisch:

Konsekrationsgrad +

Priester / Orthodoxie / dominant / alt / allgemein anerkannt

Propheten / Häresie bzw. Heterodoxie / dominiert / jung / Neuling

Konsekrationsgrad -

Abbildung 3: Die vertikale Achse des Feldes der Kunst

Zur näheren Beschreibung der Kämpfe zwischen etablierten Künstlern und noch nicht etablierten Künstlern, zwischen Alten und Jungen knüpft Bourdieu – wie bereits kurz angedeutet – an die Religionssoziologie Max Webers an und bezeichnet die konkurrierenden Positionen als diejenigen der Orthodoxie, welche der Heterodoxie oder Häresie gegenüberstehen. Auf der vertikalen Achse des Feldes handelt es sich dabei um den Kampf derjenigen Künstler, die bereits legitimiert sind und die Machtpositionen besetzt halten, gegen die (noch) nicht anerkannten Anwärter auf diese Machtpositionen (vgl. Schwingel 1997: 120). Da Bourdieu das Verhältnis der Akteure auf dem Feld als ein Konkurrenzverhältnis betrachtet, wird leicht plausibel, wieso die Etablierten zu Erhaltungsstrategien und zum Konservatismus neigen: Da die jeweils vorherrschenden Kräfteverhältnisse ihnen ihre privilegierte Position garantieren, sind sie stets an der Wahrung der bestehenden Strukturen interessiert. Die auf dem Feld allgemein anerkannte Position der kanonisierten Avantgarde wäre damit immer eine orthodoxe Position. Diese Position der Etablierten muss ständig gegen die heterodoxen Positionen des künstlerischen Nachwuchses verteidigt und erhalten werden. Diese führen einen beständigen Kampf um ihren Aufstieg und ihre Anerkennung im Feld gegen die vorherrschenden Positionen der Etablierten. Eine neue Kunstrichtung kann damit nur in Auseinandersetzung und in Abgrenzung gegen die vorherrschenden etablierten Normen entstehen. Auf dem Feld der Kunst wird ständig um die höchsten Positionen gekämpft. Diese Auseinandersetzung um Positionen jedoch findet alleine auf der symbolischen Ebene, das heißt um künstlerische Anerkennung statt. Die Akteure kämpfen je nach eigener Position immer um die Wahrung oder um die Veränderung der herrschenden Kräfteverhältnisse auf dem Feld. Bourdieu bezeichnet diesen Kampf auf dem Feld der Kunst auch als „Turnier um die Etablierung", das „auf den Bahnen einer intellektuellen Kampfstätte" ausgefochten wird und bei welchem es um den Anspruch auf „das Monopol kultureller Legitimität" geht (Bourdieu 1974a: 112).

Das Vorgehen der nicht etablierten Nachwuchskünstler im Kampf um Legitimität muss zwangsläufig ein subversives sein: Um künstlerische Legitimität zu erlangen, muss neue Kunst als Angriff und Herausforderung gegen die etablierte Kunst wahrgenommen werden. Ein Recht auf Differenz zur vorherrschenden orthodoxen Auffassung lässt sich nur gegen das künstlerische „Establishment" erstreiten und erwirken. Das künstlerische Werk der Jungen diskreditiert „die geltenden Konventionen, das heißt die Produktions- und Bewertungsnormen der ästhetischen Orthodoxie, und lässt die diesen Normen entsprechenden Produkte als überholt und altmodisch erscheinen" (Bourdieu 1999: 401). Aus Bourdieus Perspektive erscheint so die gesamte Kunstgeschichte, also die Geschichte des künstlerischen Feldes, als „die Geschichte des Kampfes um das Monopol auf Durchsetzung legitimer Wahrnehmungs- und Bewertungskategorien" (Bourdieu 1999: 253). Der Kampf erscheint damit als grundlegendes Element der Struktur des Feldes. Durch die Kämpfe auf dem Feld tritt das Feld in die Zeit ein: Künstler oder Schulen, die Epoche gemacht haben, werden von Zeit zu Zeit von Neulingen abgelöst, die noch nicht Epoche gemacht haben. Den Etablierten kann es niemals gelingen, die Zeit anzuhalten und „den gegenwärtigen Zustand zu verewigen" (Bourdieu 1999:

253). Ihre künstlerische Herrschaft, „die mit der Kontinuität, der Identität, der Reproduktion im Bunde" steht, wird irgendwann durch die Beherrschten, die Neuankömmlinge, „denen es um Diskontinuität, Bruch, Differenz, Revolution geht" (Bourdieu 1999: 253) abgelöst.

Erste Zugangsvoraussetzung zum Feld für Neulinge ist eine bestimmte Disposition, ein bestimmter Habitus, das heißt „ein spezifischer Denkmodus (ein eidos), das Prinzip einer spezifischen Wirklichkeitskonstruktion" (Papilloud 2003: 63). Entsprechend der Funktionsweise des Feldes der Kunst gehört also zum Feld, wer sich mit den Regeln des Feldes identifizieren kann. Dazu gehören die Ablehnung einer kommerziellen Profitorientierung und der Glaube an den Wert und die Wahrhaftigkeit der Kunst. Kurzum: die habituelle Verinnerlichung einer ästhetischen Einstellung. Setzen sich nun ein Künstler oder eine Gruppe von Künstlern im Feld durch und schaffen es, ihre „neue" Kunstauffassung auf dem Feld zu platzieren, so verschieben sich die Kräfteverhältnisse auf dem Feld. Bis dahin dominierende künstlerische Produktionen und Auffassungen werden durch diese neue Gruppe angegriffen und herausgefordert. Es kommt also zum Konflikt zwischen Priestern und Propheten, deren Kunstauffassungen sich direkt gegenüberstehen: „Da die Positionierungen sich größtenteils negativ, in Beziehung auf andere, definieren, bleiben sie oft nahezu leer, eingeschränkt auf eine Geste der Herausforderung, der Verweigerung, des Bruchs." (Bourdieu 1999: 379) Die Jungen „verweigern sich dem, was ihre bereits anerkannten Vorläufer sind und tun, allem, was in ihren Augen einen ‚alten Zopf' darstellt" (Bourdieu 1999: 379). Den Vertretern der etablierten oder orthodoxen Auffassung erscheint diese Herausforderung als Anmaßung, auf welche sie reagieren müssen. Alleine die Entscheidung zu reagieren jedoch, ist problematisch: denn mit einer Zurückweisung geht eine Bezugnahme und damit eine Anerkennung der neuen Auffassung einher:

> „Die Herrschenden haben folglich Mühe, sich gegen die in jeder Neufassung der expliziten oder impliziten Zulassungsvoraussetzungen eingeschlossene Drohung zu verteidigen, wenn sie die Existenz derer, die sie ausschließen wollen, nicht schon dadurch anerkennen wollen, dass sie sie bekämpfen." (Bourdieu 1999: 357)

Bourdieu begreift diese Feldstruktur grundsätzlich als eine strukturalistische: und so ist ein Recht auf eine anerkannte künstlerische Existenz gleichbedeutend mit einem Recht auf eine eigene Positionierung, einem Recht auf Differenz. Auf dem Feld der Kunst bedeutet „sein" demnach so viel wie „sich unterscheiden". Es geht, so Bourdieu, um die Durchsetzung neuer künstlerischer

„Denk- und Ausdrucksweisen, die mit den geltenden Gewohnheiten brechen und also durch ihre ‚Dunkelheit' und ihre ‚Grundlosigkeit' verstören müssen, ihre Identität, das heißt ihre Differenz, zu behaupten, ihr Bekanntheit und Anerkennung zu verschaffen (‚sich einen Namen machen')." (Bourdieu 1999: 379)

Setzt sich eine neue heterodoxe Auffassung auf dem Feld durch, so werden die bis dahin dominierenden orthodoxen Auffassungen und Künstler entweder „deklassiert oder auf den Status von Klassikern verwiesen", in jedem Fall aber verdrängt – ob in den künstlerischen Olymp weggelobt oder aus dem kollektiven Gedächtnis des Feldes gelöscht (Bourdieu 1999: 371). Hierbei spielt auch das Bildungssystem eine Rolle, also die Schulen und Universitäten, welches bestimmte Werke schließlich in den Kanon der künstlerischen oder literarischen Klassiker aufnimmt. Die Kanonisierung von Autoren erfolgt oftmals erst post mortem und nach einem langwierigen Prozess der kunst- oder literaturwissenschaftlichen Diskussion. Das „unfehlbare Siegel der Konsekration" wird dann schließlich mit der Aufnahme eines Werkes in die Lehr- und Studienpläne vollzogen, womit der Status zum Klassiker zementiert wird (Bourdieu 1999: 237).

Damit ist das abstrakte Modell des künstlerischen Feldes komplett. Abbildung 4 zeigt nun die theoretische Konzeption des Feldes mit seiner horizontalen und seiner vertikalen Achse als graphisches Schema dargestellt:

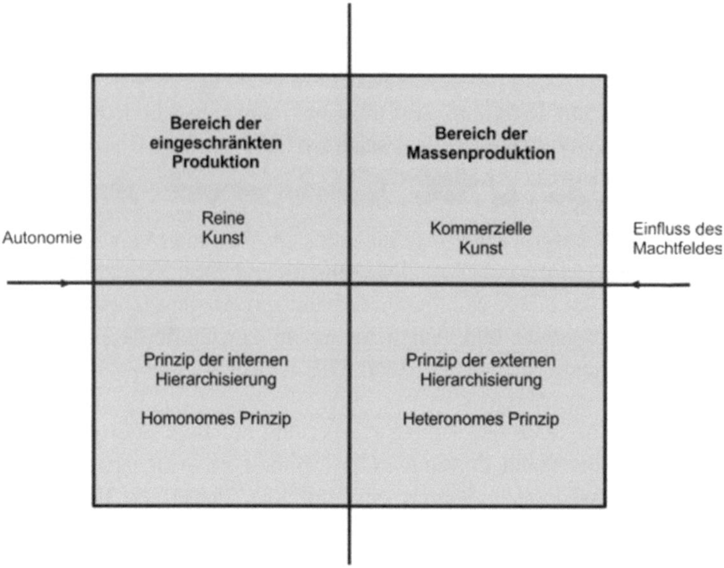

Abbildung 4: Das Feld der Kunst

4.8 Das künstlerische Feld als Glaubensuniversum

Bourdieu konzentriert sich in seinen exemplarischen Beschreibungen vor allem auf den Kampf der literarischen Avantgarden im 18. und 19. Jahrhundert. Zu dieser Zeit analysierte er das Feld als Stätte der permanenten Revolution, das heißt die Zyklen innerhalb derer sich neue literarische Doktrinen durchsetzen und zu vorherrschenden orthodoxen Positionierungen avancierten, waren sehr kurz. Da es bei künstlerischen Doktrinen um Prozesse des Glaubens geht, erscheinen diese Prozesse des Wandels als permanente Infragestellung dieser Doktrinen. Bourdieu spricht deshalb auch vom Kampf der Propheten, die gegen die vorherrschende Doktrin der anerkannten Priester zu Felde ziehen. Dem künstlerischen Kampf kommt dabei immer auch ein Aspekt der Reinigung zu. Denn es geht bei den neuen Doktrinen und Manifesten gegen die etablierten Normen immer auch um den Kampf um künstlerische „Wahrheiten“. Jede neue Doktrin erscheint damit als

Rückkehr zur eigentlichen künstlerischen Essenz (vgl. Bourdieu 1992a: 158f.). Jede neue Generation von Häretikern predigt gegen die Orthodoxen somit immer wieder eine Rückkehr zu reineren Formen der Grundsätze des Glaubens. Die künstlerische Heterodoxie findet demzufolge immer gegen die Orthodoxie statt, in gewisser Weise jedoch auch mit ihr: nämlich „im Namen dessen, was diese einst war", bevor sie zum „Establishment" wurde (Bourdieu 1999: 405). Orthodoxe Auffassungen werden immer wieder von neuen Generationen von Jungen als überlebt und dekadent gebrandmarkt. Die orthodoxen Priester, die ihre etablierte Wahrheit verkünden, sollen nach Auffassung der neuen Propheten das Feld räumen und Platz machen für eine gleichzeitige Rückkehr und Erneuerung der künstlerischen Wahrheit.

Vor diesem Hintergrund lässt sich die Illusio des Feldes veranschaulichen, das als ein Glaubensuniversum erscheint. Allen Akteuren auf dem Feld der Kunst nämlich ist eine stillschweigende Zustimmung zum Glauben an sich gemein. Eine Infragestellung des Glaubens an sich findet nicht statt, gekämpft wird lediglich um die richtige Auslegung dieses Glaubens. Wellen des Atheismus, so könnte man sagen, würden das Feld selbst in seiner Existenz bedrohen. Die Idee des Atheismus widerspricht der Idee des Feldes grundlegend und findet bei den Akteuren nicht statt:

> „Auf Fragen nach den Gründen ihrer inneren Beteiligung, ihrer blinden Hingabe ans Spiel haben die Beteiligten letzten Endes keine Antwort, und die Prinzipien, die in einem solchen Fall aufgeboten werden mögen, sind nur nachträgliche Rationalisierungen, dazu bestimmt, eine nicht zu rechtfertigende Investition seiner selbst zu rechtfertigen, und zwar in den eigenen Augen nicht weniger als in denen anderer." (Bourdieu 2001b: 129)

Aufeinander folgende Künstlergenerationen und Kunstepochen, die sich immer erst in der kunsthistorischen Reflexion ergeben, basieren demzufolge auf den Gegensätzen von Altem und Neuem: Das jeweils Aktuelle erscheint als das Originelle und Zeitgemäße, während die vergangene, abgelöste künstlerische Doktrin als überholt und veraltet deklariert wird (vgl. Bourdieu 1999: 200). Seinen grundlegenden Mechanismus findet das Feld demzufolge im „Widerstreit von sich ablösenden Avantgarden, die um künstlerische Innovation und, damit einhergehend, um die Veränderung der legitimen Wahrnehmungs- und Bewertungskriterien von Kunst streiten" (Schwingel 1997: 132f.). Die Entwicklung der Kunst wird durch diese Dynamik auf dem Feld vorangetrieben. Der Wandel auf dem Feld oder, anders ausgedrückt, künstlerische Revolutionen, die zu epochalen Veränderungen führen, ergeben sich aus der Auseinandersetzung zwischen den Etablierten und den Neuen.

4.9 Die Kämpfe um die Wahrheit der Kunst

Der Kampf auf dem Feld der Kunst besitzt noch eine weitere Dimension. Denn qua Definition wird auf den Feldern nicht nur um den Sieg im Spiel, das heißt um Positionen gespielt, sondern es stehen auch die Regeln des Spiels selbst auf dem Spiel (vgl. Rehbein 2006: 106f.). Übertragen auf das künstlerische Feld bedeutet dies, dass auch die Definition des Künstlers selbst zur Disposition steht. Die Kämpfe verlaufen also entlang der Grenze, wer sich Künstler nennen darf und als Künstler anerkannt und legitimiert wird, und wem die Teilnahme an den Kämpfen versagt bleibt. Kurz: wer Künstler ist und wer nicht. Um die eigene Definition von Kunst als die legitime und einzig wahre durchzusetzen, wird auf der anderen Seite auch der Versuch unternommen, konkurrierenden Auffassungen „die legitime Existenz abzusprechen, sie aus dem Spiel auszuschließen, sie zu exkommunizieren" (Bourdieu 1992a: 159). Die eigene Kunstauffassung wird legitimiert, indem auf der Kehrseite versucht wird, andere Auffassungen auszuschließen. So wird in den Streitigkeiten um die künstlerische Wahrheit die eigene Auffassung als „ewige und universelle Essenz" (Bourdieu 1992a: 159) postuliert, während über die Konkurrenz behauptet wird: „Das ist keine Kunst!" oder „Dies ist keine Dichtung!". Jede Auffassung versucht also, „die Grenzen des Feldes so abzustecken, dass ihr Verlauf den eigenen Interessen entgegenkommt, oder, was auf dasselbe hinausläuft, seine Definition der wahren Zugehörigkeit zum Feld [...] durchzusetzen" (Bourdieu 1999: 353). Den Konkurrenten dagegen wird diese Feldzugehörigkeit abgesprochen, indem sie als keine wirklichen oder keine wahren Künstler dargestellt werden: Im Zentrum künstlerischer Konkurrenzkämpfe steht immer das Monopol um künstlerische Legitimität (vgl. Bourdieu 1999: 345).

Erst vor dem Hintergrund des Kunstfeldes als Kampffeld, so meint Bourdieu, lassen sich künstlerische Traktate, Dogmen und Manifeste als „symbolische Strategien im Kampf um die symbolische Herrschaft, das heißt um die Macht über einen bestimmten Gebrauch einer besonderen Kategorie von Zeichen und damit über die Sicht der natürlichen und sozialen Welt", erkennen (Bourdieu 1992a: 160). Die Frage ist also, wer es vermag, den Zugang zum Feld zu kontrollieren, das heißt wer die Macht besitzt, darüber zu verfügen, wer sich Künstler nennen darf und wer nicht. Bourdieus Entwurf richtet sich an dieser Stelle unter anderem gegen den traditionellen Strukturalismus Saussurescher Prägung, welcher von einem geschlossenen Sprachsystem ausgeht und in den Auseinandersetzungen lediglich Auseinandersetzungen um Worte zu interpretieren vermag. Mit der Perspektive von Bourdieus Feldtheorie dagegen erscheinen die künstlerischen Konfrontationen als symbolische Machtkämpfe um Sein und Nichtsein auf dem Feld der Kunst. Die Definitionskämpfe werden zwar zumeist mit Worten und Zeichen ausgefochten, werden jedoch „von den Protagonisten durchaus als Fragen um Leben oder Tod erlebt" (Bourdieu 1992a: 160).

Bourdieus Kunstauffassung richtet sich darüber hinaus explizit gegen jegliche Art von Positivismus und Essentialismus: Die Grenzen des künstlerischen Feldes, welche die wahren von den falschen Künstlern unterscheiden, sind nichts anderes als Ergebnisse von Kämpfen. Die Frage, was Kunst ist und was nicht, lässt sich Bourdieu zufolge also niemals objektiv entscheiden. Kunst kann niemals etwas anderes sein als die Frage nach der legitimen Zughörigkeit zum Feld: „Wenn es eine Wahrheit gibt, dann ist die Wahrheit ein Einsatz, um den gekämpft wird." (Bourdieu 1993c: 27)

Jeglichem künstlerischen Anspruch auf Universalität lässt sich mit Bourdieu das Feld und seine Funktionsweise entgegenhalten. Dabei wird sehr schnell deutlich, dass die Wahrheit eine hergestellte ist und „dass die ‚Essenzen' Normen sind" (Bourdieu 1993c: 28).

4.10 Disposition, Position und Positionierung

Zur genauen Analyse der Kämpfe muss Bourdieu zufolge der Zusammenhang zwischen dem Feld und der auf dem Feld wirkenden Akteure genauer definiert werden. Um diese Verbindung zu beschreiben, unterscheidet Bourdieu drei Elemente, deren Zusammenhänge es zu analysieren gilt:

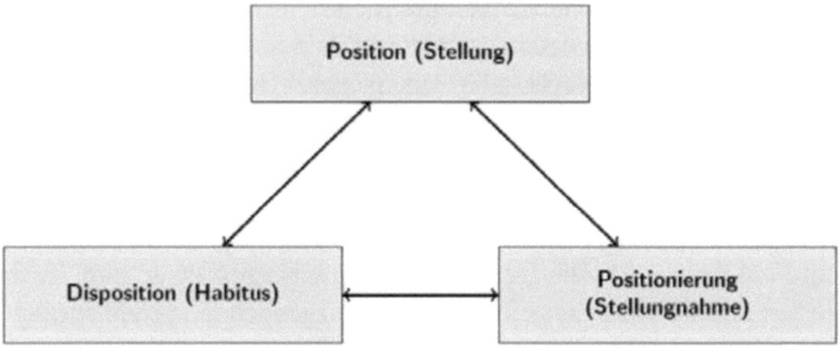

Abbildung 5: Disposition, Position, Positionierung

Das Feld besteht Bourdieu zufolge nämlich aus einem sich gegenseitig bedingenden Wechselverhältnis von Dispositionen, Positionen und Positionierungen. Die Disposition bezeichnet die habituellen Voraussetzungen, welche die Akteure mitbringen und als Einsätze im Kampf um Positionen auf dem Feld benutzen. Hierzu sind Sozialisation und Bildungsniveau von entscheidender Bedeutung. Wer in einem großbürgerlichen Umfeld aufgewachsen ist, hat eine andere ästhetische Einstellung und damit andere Voraussetzungen, um künstlerische Werke zu schaffen, als jemand, der in einer kleinbürgerlichen Umgebung groß geworden ist (vgl. Kapitel 3.2). Die Disposition einer Person hängt also von der Position im sozialen Raum ab. Entscheidend für die Disposition ist also das soziale Umfeld, in dem sie sich ausgebildet hat. Über die Disposition wird damit der Rückbezug des künstlerischen Feldes zum sozialen Raum hergestellt. So wie es bei jedem sozialen Feld der Fall ist, bietet auch auf dem künstlerischen Feld ein feldspezifisch ausgebildeter Habitus bessere Chancen im Konkurrenzkampf und weitreichendere Wirkungsmöglichkeiten. In diesem Fall etwa sind ein hohes Bildungsniveau und eine bereits in der Familie ausgebildete ästhetische Einstellung eher von Vorteil als ein enormes Vermögen an ökonomischem (Start-)Kapital, welches etwa im ökonomischen Feld von größtem Nutzen sein kann (vgl. Lenger/Schumacher 2009). Wie in Kapitel 3.4 am Beispiel der Photographie ausgeführt, lassen sich die unterschiedlichen künstlerischen Stile, Formen, Techniken, Ausdrücke und Themen auf die gesellschaftlich unterschiedlichen Wahrnehmungs- und Bewertungskategorien der sozialen Klassen rückbeziehen (vgl. Bourdieu 1999: 375). Jedoch versteht Bourdieu die soziale Herkunft nicht als „Ausgangspunkt einer linearen Serie mechanischer Determinierungen, wobei der Beruf des Vaters die eingenommene Position bestimmte, die ihrerseits die Positionierungen festlegte“ (Bourdieu 1999: 407). Die Logik und die Struktur des künstlerischen Feldes sind nicht identisch mit der Struktur des sozialen Raums. Das Feld schaltet seine eigene spezifische Logik, seine eigenen feldinternen Regeln dazwischen, und übt einen Brechungseffekt aus. Die Möglichkeiten eines Akteurs auf dem Feld der Kunst sind demnach niemals mit denjenigen im sozialen Raum identisch.

Dies lässt sich am zweiten Element, der Positionierung, aufzeigen: Mit der Positionierung bezeichnet Bourdieu den künstlerischen Output eines Akteurs. Hierzu gehören alle Aspekte eines künstlerischen Werkes, also Statements, Ausrufe, Traktate, Ausstellungen, Artikel und vor allem die geschaffenen Kunstwerke selbst, welche immer in Kontrast zu anderen Kunstwerken stehen. Das künstlerische Feld erscheint damit als Produktionsraum von Kunst, auf welchem die Kunstwerke geordnet sind. Denn der Wert eines Kunstwerks lässt sich der Bourdieuschen Konzeption zufolge immer nur in Relation zu anderen Kunstwerken bestimmen. Ein Kunstwerk erhält seinen ästhetischen Wert also nur in Bezugnahme zu anderen Kunstwerken, zu welchen es eine Positionierung darstellt. Bourdieu spricht deshalb auch von einem „Raum der Werke“ (vgl. Bourdieu 1999: 328, 369f.). Ein künstlerisches Werk steht damit immer in Konkurrenz zu anderen künstlerischen Werken. Ein Kunstwerk kann folglich überhaupt nur als ein solches wahrgenommen werden, wenn es stilistische oder auch inhaltliche Bezugspunkte zu anderen Werken enthält und damit in den Raum der Werke eingeordnet werden kann. Künstlerische Produktionen sind damit immer Fortsetzungen beziehungsweise Überholungen von bereits bestehenden Werken oder stellen Brüche zu diesen dar (vgl. Bourdieu 1999: 380). Ihnen haftet demnach immer ein distinktiver Wert an, der wie ein Alleinstellungsmerkmal funktioniert und damit als spezifische Positionierung wahrgenommen werden kann – man denke etwa an den Wiedererkennungswert berühmter künstlerischer Stile oder Handschriften wie etwa denjenigen von van Gogh, Picasso oder Rubens. Die Zitation bereits etablierter Werke ist damit immer auch eine Strategie der gleichzeitigen Abgrenzung vom bereits vorhandenen und der Einschreibung in den künstlerischen Diskurs. Hierfür ein Beispiel:

Abbildung 6: Diego Velásquez: Papst Innozenz X, 1650

Abbildung 7: Francis Bacon: Study after Velásquez's Portrait of Pope Innocent X, 1953

Francis Bacons Studie nach Velásquez' berühmtem Papstportrait kann einerseits als Hommage an den spanischen Meister verstanden werden. Damit einher geht jedoch auch eine eigene Stellungnahme, nämlich jene, Teil des kunsttheoretischen und künstlerischen Diskurses zu sein, also die Kunstgeschichte und ihre Stile zu kennen. Einem Zitat wohnt damit automatisch immer auch der Versuch der eigenen Etablierung im Feld inne. Indem Bacon Velásquez bemüht, schreibt er also sich selbst ins Feld der Kunst ein und behauptet dort seinen Platz. Denn sein Zitat verweist den Klassiker in die Schranken, nämlich ins Reich der Vergangenheit: Seine Verzerrung des gemalten Gegenstandes, insbesondere die Deformation der dargestellten Person des Papstes, ist auch als Aktualisierung und damit als stilistische Positionierung gegen den Klassiker zu verstehen. Die klaren Konturen und die personale Darstellung werden durch eine abstrahierende Verzerrung ersetzt. Der sakrale Würdenträger behauptet nun nicht mehr seine Position, sondern wird als schreiende Figur in ausufernden Stahlrohren als eine irdische und profane Gestalt gezeigt. Während

Velásquez‘ Portrait vor allem den mächtigen Repräsentanten der katholischen Kirche ins Bild setzt, stellt Bacons künstlerische Positionierung diese repräsentative Funktion der Malerei in Frage. Bacons stilistische Positionierung ist damit in gewisser Weise sowohl gegen Velásquez gerichtet als auch darüber hinaus gegen die Portraitmalerei des Barock an sich. Bacon entwickelt und behauptet eine eigene stilistische und inhaltliche Positionierung gegen den Klassiker: Velásquez‘ Portrait steht im Dienst der mächtigen Person und der katholischen Kirche. Aus der Baconschen Perspektive der Moderne wird der Papst und generell der Mensch aus seinen Bedeutungszusammenhängen herausgerissen und in seiner Kreatürlichkeit als irdisch leidender ohne jeden Sinnzusammenhang dargestellt.

Allgemein lässt sich dieser Sachverhalt mit Bourdieu folgendermaßen zusammenfassen:

„Es gibt kein anderes Kriterium für die Existenz eines Intellektuellen, eines Künstlers als seine Fähigkeit, sich als Vertreter einer Position im Feld anerkennen zu lassen, einer Position, der gegenüber sich die anderen zu positionieren, zu definieren haben [...] Konkret heißt das, dass das Auftreten eines Künstlers, einer Schule, einer Partei oder einer Bewegung im Sinne einer für das – künstlerische, politische oder sonstige – Feld konstitutiven Position sich daran erweist, dass eine Existenz für die Inhaber der anderen Positionen sozusagen ‚Probleme aufwirft‘, dass die von ihm vertretenen Thesen zu einem Objekt von Auseinandersetzungen werden, dass sie ein Glied der großen Gegensätze liefern, um die jene Auseinandersetzung organisiert ist und die herangezogen werden, um die Auseinandersetzung zu denken.“ (Bourdieu 1993a: 205f.)

Die künstlerische Positionierung steht insofern in Zusammenhang zur Disposition, als dass der Habitus einer Person die Grundlage seiner ästhetischen Wahrnehmung überhaupt bildet. Aufgrund seiner sozialen Identität ist einem Künstler eine begrenzte Menge von Möglichkeiten gegeben:

„Die soziale Definition dessen, was jemandem gestattet ist und was er sich vernünftigerweise herausnehmen kann, ohne als anmaßend oder verrückt zu gelten, zeigt sich in allen möglichen Zugeständnissen und

Einschränkungen, negativen und positiven Ordnungsrufen (noblesse oblige), die öffentlich und offiziell verlautbart werden können wie alle Formen staatlich abgesegneter Ernennungen oder Verdikte, aber auch offiziös, ja stillschweigend und fast unmerklich." (Bourdieu 1999: 412)

Die Zuwendung hin zu riskanten Positionen, also solchen, die in Differenz zu den zu einer gegebenen Zeit im künstlerischen Feld vorherrschenden Stilen stehen, findet Bourdieu zufolge signifikant häufig bei Künstlern statt, die ein gewisses Volumen an ökonomischem Kapitel besitzen. Da die radikalen Positionen der Avantgarde zwar enormen symbolischen Gewinn einbringen können, jedoch kaum finanzielle Profite erwarten lassen, ist die Freiheit von materieller Not eine praktische Voraussetzung fast jedes avantgardistischen künstlerischen Werkes. Materielle Unabhängigkeit geht also nicht nur – wie in Kapitel 3.2 gezeigt – mit dem bürgerlichen Blick für eine reine Ästhetik einher, sondern stellt auch eine wesentliche Grundlage dar, mit Kunst überhaupt überleben zu können (Bourdieu 1999: 413).[48] Es ist damit kaum überraschend, dass „es die mit ökonomischem, kulturellem und sozialem Kapital am besten Ausgestatteten [sind], die sich als erste neuen Positionen zuwenden" (Bourdieu 1999: 414). Schließlich haben sie am ehesten die Möglichkeiten, ihr Werk gegen den Geschmack des Massenpublikums zu produzieren und zu etablieren. Die Entscheidung, der Ökonomie zu trotzen, basiert demzufolge selbst auf ökonomischen Voraussetzungen. Und so sind die symbolischen Profite auf dem Feld der Kunst (die sich mitunter in ökonomische Profite umwandeln lassen) oftmals bereits mit ökonomischen Voraussetzungen verbunden. So betrachtet „dringt die Logik der ‚Ökonomie' bis ins Herz des Universums der Produktion für Produzenten vor" (Bourdieu 1999: 343).

[48] Bourdieu verweist hier auf die Differenzen zwischen großbürgerlichen und kleinbürgerlichen Schriftstellern in Frankreich während der zweiten Hälfte des 19. Jahrhunderts. Der Großteil derjenigen Autoren, die der künstlerischen Avantgarde zuzurechnen waren, verfügte über den Einsatz von Renteneinkünften oder waren durch Erbschaften finanziell großzügig abgesichert. Allen voran Charles Baudelaire, der mit dem Erreichen der Volljährigkeit auf das stattliche Erbe seines verstorbenen Vaters zurückgreifen konnte. Die Dichter kleinbürgerlicher Herkunft dagegen waren gezwungen, sich durch Nebentätigkeiten zu finanzieren oder sich populäreren Genres zuzuwenden, um ihre Existenz sichern zu können.

Vor dem Hintergrund, dass das künstlerische Feld in umgekehrtem Gegensatz zum Feld der Macht steht, analysiert Bourdieu die künstlerische Positionierung der konservativen Künstler und Intellektuellen als eine besondere: sie stellen im Feld „das passive (oder in der Sprache der Physik: das träge) Moment dar: Niemals ergreifen sie die Initiative, eine Welt zu problematisieren, der sie nichts Böses nachzusagen haben und über die sie daher auch nichts zu sagen hätten, stellte das kritische Denken sie nicht in Frage, das zu kritisieren sie nicht lassen können" (Bourdieu 1999: 439). Aber obwohl sie mit dem Lauf der Welt einverstanden sind, sind sie beständig von einer doppelten Ausschließung bedroht: Sie sehen sich nämlich einerseits der Gefahr ausgesetzt, von den Herrschenden als zu intellektuell abgewiesen zu werden, und laufen andererseits Gefahr, von den Intellektuellen als der bürgerlichen Ordnung zugehörig wahrgenommen zu werden. Dazu gezwungen, „ununterbrochen an zwei Fronten zu kämpfen und beiden Lagern das entgegenzuhalten, was sie mit dem anderen gemeinsam haben", versuchen sie einerseits beständig, „sich von allen Spielarten des primitiven Konservatismus zu unterscheiden", um als Intellektuelle wahrgenommen zu werden und bemühen sich andererseits darum, der etablierten Ordnung möglichst wenig zu widersprechen, um nicht in allzu weite Distanz zum Feld der Macht zu geraten (Bourdieu 1999: 439).

Bourdieu geht generell von einer Homologie zwischen den Dispositionen und den künstlerischen Positionierungen aus. Die sozialen Voraussetzungen zur Produktion von Kunstwerken und die stilistische wie inhaltliche Produktion stellen für ihn die beiden Elemente dar, welche die Position auf dem Feld der Kunst bestimmen (vgl. Bourdieu 1999: 365). Wie an Francis Bacon gezeigt, stellen die künstlerischen Positionierungen die Einsätze im Konkurrenzkampf auf dem künstlerischen Feld dar. Positionierungen sind demnach keine spontanen Eingebungen künstlerischer Genies, sondern strategische und reflektierte Elemente eines Schlachtplanes gegen die künstlerische Konkurrenz. Der Einsatz spezifischer Thematiken, Rhetoriken oder stilistischer Formen entspringt einem Reflexionsprozess über all das, was im Feld der Kunst bereits vorhanden und etabliert ist: „Jede (thematische, stilistische usw.) Positionierung definiert sich (objektiv und manchmal auch absichtlich) durch ihren Bezug auf das Universum der Positionierungen" (Bourdieu 1999: 368). Eine hinreichende Analyse von Kunstwerken muss Bourdieu zufolge deshalb eine doppelten Analyse sein:

„So kann eine bestimmte stilistische Strategie den Ausgangspunkt dafür bieten, dem Werdegang ihres Urhebers nachzuforschen, und eine biographische Information mag Anlass geben, diese oder jene formale Eigenheit des Werkes oder Besonderheit seiner Struktur anders zu lesen.“ (Bourdieu 1999: 370)

Das eigentliche Objekt einer Wissenschaft der Kunst basiert demnach auf einer Überwindung der Opposition zwischen interner und externer Analyse. Bourdieu weist einerseits die diskurstheoretischen und strukturalistischen Ansätze zurück, die – ausgehend von der Sprache als einem System – lediglich die Ebene des Textes betrachten. Andererseits wendet er sich auch gegen die Idee einer rein sozialen Betrachtungsweise der Kunst, in welcher von den sozialen Lebensbedingen des Künstlers mechanisch auf ihre künstlerische Produktion geschlossen wird. Bourdieu intendiert, diese sich diametral gegenüberstehenden kunsttheoretischen Anschauungen mit seiner Feldanalyse der Kunst gleichzeitig aufzulösen: Weder die Werke noch die Akteure lassen sich Bourdieu zufolge nämlich als alleingültige Ausgangspunkte zur Analyse von Kunst betrachten, sondern alleine das Feld der Kunst als ein spezifisches Glaubensuniversum mit eigenen Regeln (vgl. Bourdieu 1993a: 206).

4.11 Künstlerische Revolutionen

Ausgehend von einer solchen Definition der Kämpfe auf dem Feld lässt sich die Frage stellen, wie es zu künstlerischen Revolutionen, zu Umstürzen auf dem Feld der Kunst kommen kann: Weshalb etwa wurde die Epoche der Gotik von der Epoche der Renaissance abgelöst oder wie konnte es passieren, dass die Weimarer Klassik mit ihren dominanten Konzeptionen und ihren großen literarischen Persönlichkeiten schließlich von der zur Phantastik neigenden Romantik verdrängt werden konnte? Bourdieu zufolge lässt sich ein idealer Ausgangspunkt künstlerischer Revolutionen nicht finden, da Veränderungen und Umstürze direkt aus dem Prozess der Kämpfe entstehen: „Allerdings geht der Anstoß für einen solchen Wandel gleichsam per definitionem von den Neulingen aus.“ (Bourdieu 1999: 379) Aus Bourdieus Konzeption lassen sich zwei Gründe für Revolutionen auf dem künstlerischen Feld herauslesen: ein interner und ein externer.

Erstens: Die kanonisierten künstlerischen Werke unterliegen mit der Zeit einem Abnutzungseffekt. Dass an ihnen der Zahn der Zeit nagt, hat jedoch nichts Mechanisches, sondern ergibt sich daraus, dass „in akademischen Formen erstarrende Produktion zur Routine wird“ (Bourdieu 1999: 401). Künstlerische Programme weisen Bourdieu zufolge eine Tendenz auf, „mit der Zeit ihr eigenes Publikum zu schaffen, indem sie ihre Strukturen durch Gewöhnungseffekt als legitime Wahrnehmungskategorien aller möglichen Werke durchsetzen“ (Bourdieu 1999: 401). Mit der Ausbreitung einer künstlerischen Auffassung wird diese zunehmend zur orthodoxen Glaubensauffassung und damit zum Dogma. Mit ihrer wachsenden Bekanntheit werden künstlerische Auffassungen dementsprechend zu allgemeingültigen Wahrheiten, was schließlich mit ihrer Banalisierung einhergeht. Der Erneuerungseffekt nutzt sich sozusagen mit seiner zunehmenden Etablierung ab, und die ursprüngliche Originalität des neuen Ansatzes geht verloren (vgl. Bourdieu 1999: 401f.). Eine künstlerische Revolution kann also dann gelingen, wenn eine Reihe junger Häretiker zum richtigen Zeitpunkt beständig gegen eine vorherrschende orthodoxe Strömung ankämpft, deren Zeit sozusagen gekommen ist.[49]

Zweitens hängt die Erfolgsperspektive von Umsturzstrategien immer auch von feldexternen Veränderungen ab. Dies können sowohl radikale soziale Veränderungen im gesamten sozialen Raum sein, wie etwa der Wandel von der aristokratischen zur bürgerlichen Gesellschaft, oder auch Veränderungen in anderen sozialen Feldern, wie etwa die Entstehung eines (Massen-)Marktes für Kunst und Literatur

[49] Bourdieu geht in seiner Beschreibung soweit, Revolutionäre im künstlerischen Bereich typisiert zu beschreiben. In Anlehnung an Baudelaire und Flaubert, die für L'ART POUR L'ART stehen, nimmt er eine Verallgemeinerung des künstlerischen Revolutionärs vor: „Revolutionen sind viel eher Sache jener unklassifizierbaren Bastardwesen, deren aristokratische Dispositionen, im Verein häufig mit einer privilegierten sozialen Herkunft und dem Besitz eines umfangreichen symbolischen Kapitals (im Fall Baudelaires und Flauberts des vorweg durch den Skandal gesicherten anrüchigen Prestiges), eine tiefsitzende ‚Ungeduld gegenüber Grenzen‘, gesellschaftlichen, aber auch ästhetischen, sowie eine arrogante Intoleranz gegenüber allen Kompromissen mit den ‚Zeitläuften‘ tragen. ‚Das Streben nach irgendeiner Ehrung erscheint mir übrigens als ein unbegreiflicher Akt der Bescheidenheit!‘“ (Bourdieu 1999: 184)

im 19. Jahrhundert, also die Erschließung neuer Kundenkreise und Absatzmärkte für kulturelle Produktionen:

„Die entscheidendsten unter diesen Veränderungen sind die politischen Transformationen, revolutionäre Krisen etwa, die die Kräfteverhältnisse innerhalb des Feldes verändern (so stärkt die Revolution von 1848 den dominierten Pol und bewirkt damit einen zeitweiligen Übergang der Schriftsteller zum ‚art social', das heißt der gesellschaftlich engagierten Kunst), oder das Auftauchen neuer Konsumentengruppen, die sich in Affinität zu den neuen Produzenten befinden und den Erfolg ihrer Produkte sichern." (Bourdieu 1999: 401)

Veränderungen werden also auch „durch einen Wandel in den Beziehungen zwischen intellektuellem Feld und Feld der Macht" ermöglicht (Bourdieu 1999: 370).

4.12 Der Raum des Möglichen

Wenn man die Kämpfe der Akteure aus der Perspektive des Feldes analysiert, so erscheinen diese wie gezeigt als Kämpfe um eine Wahrheit, die von jeder Epoche neu begründet wird. Dreht man hingegen den Fokus und analysiert das Feld ausgehend von den Akteuren, so erscheint es als Aktionsraum. Als Raum, der bestimmte Möglichkeiten eröffnet und andere vollkommen ausschließt. Bourdieu bezeichnet den Zustand des künstlerischen Feldes zu jedem Zeitpunkt als einen „Raum des Möglichen". Der Raum des Möglichen ist definiert als der Rahmen, innerhalb dessen Veränderungen überhaupt möglich sind. Er stellt damit für jeden Akteur „einerseits Menge wahrscheinlicher Zwänge und andererseits Menge möglicher Nutzungen" dar (Bourdieu 1999: 372). Neues oder Revolutionäres ist Bourdieu zufolge überhaupt nur denkbar und damit eventuell umsetzbar, wenn es im bestehenden Zustand des Feldes in Form von Lücken oder blinden Flecken virtuell bereits vorhanden ist (vgl. Bourdieu 1999: 372). Betrachtet man das Feld der Kunst als Möglichkeitsraum, so ergeben sich mögliche Brüche aus seinem aktuellen Zustand, nämlich im Hinblick auf Brüche mit den aktuell vorherrschenden Normen. Der Raum des Möglichen definiert damit das jeweils zu einem bestimmten historischen Zeitpunkt des Feldes Denkbare und in negativer Abgrenzung dazu somit auch das Nicht-Denkbare. Mit dem Fortgang der Kämpfe auf dem Feld ändern sich fortwährend auch die sozialen Wahrnehmungs- und Bewertungsnormen und damit folglich auch die Möglichkeiten für künstlerische Brüche und Affronts sowie Angriffe auf orthodoxe Auffassungen: Die wahrscheinliche Zukunft des Feldes ist in der Struktur des Feldes immer bereits enthalten (vgl. Bourdieu 1999: 430). Aus der Retrospektive betrachtet, erscheint der Raum des Möglichen als „Raum vollzogener Positionierungen" (Bourdieu 1999: 371). Im Nachhinein lassen sich die zu einem vergangenen Zeitpunkt möglichen Veränderungsmöglichkeiten benennen: es sind die Bewegungen, die ins Leben gerufen wurden; die Zeitschriften, die gegründet wurden; die Stile, die neu entwickelt wurden oder einfach die Werke, die geschaffen wurden. Kurzum: Es handelt sich um die Ergebnisse der Kämpfe (vgl. Bourdieu 1999: 371). Konkret lässt sich die Wirkung des Raumes des Möglichen zeigen, wenn man imaginiert, was aus einem bestimmten Künstler hätte werden können, wenn er zu einer anderen Zeit gelebt hätte und auf einen anderen Zustand des Feldes getroffen wäre (vgl. Bourdieu 1999: 371). Anhand zweier berühmter Gemälde (Abbildung 8 und 9) soll der Raum des Möglichen im Folgenden exemplarisch veranschaulicht werden:

Abbildung 8: Sandro Botticelli: Die Geburt der Venus, 1482 (Ausschnitt)

Abbildung 9: Andy Warhol: Birth of Venus (Detail), 1984

Abgesehen davon, dass Andy Warhols Werk natürlich ein Zitat der berühmten Venus von Sandro Botticelli ist, beschränkt sich – wie oben am Beispiel von Francis Bacon ausgeführt – seine Darstellung weder darauf, dass es sich hierbei um einen Etablierungsversuch des Künstlers auf dem Feld handelt, noch darauf, dass eine künstlerische Positionierung aktualisiert wird (vgl. Kapitel 4.5). Denn Warhol zitiert nicht, um sich mit dem Meister zu schmücken, sondern um die Vorstellung vom künstlerischen Original an sich zu parodieren. Mit der Einführung des Siebdruckverfahrens in die Kunst provozierte er die Kunstwelt damit, reihenweise „Originale" herzustellen. Als weitere Spitze verlagerte er seine künstlerische Produktion auf banale Motive aus der Populärkultur und sogar aus der Werbung. Dass er seine Massenproduktion des Siebdruckverfahrens auch auf Gemälde der alten Meister anwendete, erscheint dabei als einer der Gipfel seiner Provokationen. Seine Vervielfältigungen und kolorierten Kopien berühmter Werke sind direkt an die zu seiner Zeit geltenden Regeln der Kunst gerichtet und lassen sich nur aus diesen Regeln erklären. Es sind postmoderne Provokationen und Dekonstruktionen von Subjektivität, gerichtet an die Idee des Künstlers als Genie, das geniale Werke aus sich heraus zu erschaffen vermag.

Warhols Darstellung verweist damit – und das ist hier der entscheidende Punkt – im Vergleich zum Entstehungszeitraum von Botticellis „Die Geburt der Venus" auf einen sehr deutlich veränderten Raum des

Möglichen, in welchem eine Reflexion über das künstlerischen Original überhaupt möglich war. Warhols Spiele mit der Idee des Originals funktionieren nämlich nur zu einer bestimmten Zeit und in einer bestimmten Epoche, nämlich in der Pop Art. Diese Idee der Pop Art lässt sich aus der Geschichte des Feldes erklären.

Mit der Pop Art wurden zwei Brüche mit orthodoxen künstlerischen Positionen der 1950er und 1960er Jahre vollzogen: Zum einen wendete sie sich wie gezeigt gegen die Vorstellungen von künstlerischem Original und genialer Schöpfung, zum anderen explizit gegen die zunehmenden Abstraktionen und die Reduktion des Gegenständlichen. Die Pop Art ist damit auch eine Art Rückkehr zum Realismus. Im Gewand der Pop Art erscheint dieser Realismus als eine Art Hyperrealismus: denn die Kunstrichtung der Pop Art kehrt nicht nur zum Konkreten, zur Abbildung von Gegenständen zurück, sondern wählt explizit banale Alltagsgegenstände und bekannte Sujets aus. Damit enthält sie eine Forderung nach einer absoluten Realität, sogar nach Banalität und belangloser Alltäglichkeit, die plötzlich zur Kunst erhoben werden. Diese Hinwendung zum „Niederen“ lässt sich alleine aus der Kunstgeschichte erklären. Der entscheidende Bruch liegt darin, dass dieses Alltägliche des Fernsehens, des Kinos und der kommerziellen Unterhaltung niemals zuvor Eingang in den Diskurs der legitimen Kunst erhalten hat. Kurzum: Warhols Malerei insgesamt war nur zu einer bestimmten Zeit, in einer bestimmten historischen Situation und in einem bestimmten Raum des Möglichen denkbar. Die Idee der Pop Art ergibt sich also aus dem Zustand des künstlerischen Feldes der 1950er Jahre und lässt sich nur vor diesem Hintergrund interpretieren.

Die Differenzen im Zustand des Raums des Möglichen lässt sich erkennen, sobald man Botticellis Original skizzenhaft kunsthistorisch einordnet. Man kann nun die hypothetische Frage stellen, wie Warhols Gemälde 1482, also im Entstehungsjahr des Originals, im künstlerischen Feld aufgenommen worden wäre. Die stilistischen Normen der Malerei der Frührenaissance hätten Warhols Darstellungsweise wahrscheinlich vollständig aus dem Feld der Kunst ausgeschlossen. Es ist zu vermuten, dass es vollkommen unmöglich gewesen wäre, das Gemälde überhaupt als Kunst wahrzunehmen, weil weder die Farben noch der Stil in irgendeinem Bezug zu den damaligen kunsttheoretischen Normen und Regeln der Kunst stehen. Im kunsttheoretischen

Diskurs der Frührenaissance lässt sich Botticellis Venus auf inhaltlicher wie auch auf stilistischer Ebene verorten: Das Gesamtgemälde „Die Geburt der Venus“ verweist auf die Epoche der Renaissance, weil es explizit keine christliche Motivik enthält, sondern einen Stoff aus der antiken Mythologie zeigt. Dargestellt wird eben keine Madonna, sondern eine Venus. Alleine diese Tatsache steht für die intendierte Renaissance der Antike und die Zurückweisung der christlich-mystischen Ideen des Mittelalters. Auf stilistischer Ebene jedoch verweist Botticellis Gemälde noch deutlich auf die Gotik und damit auf die Kunst des Mittelalters. Die Figur der Venus hat mit den klassisch realistischen Darstellungen der Hochrenaissance wenig gemein. Ins Bild gesetzt wird nicht der realistische und idealisierte Renaissancekörper, sondern eine tendenziell gotische Figürlichkeit mit einer unnatürlichen Anatomie: Der unrealistisch lange Hals, die langen Gliedmaßen und die feine Anatomie der Figur unterscheiden sich deutlich von den sehr körperbetonten und bewegten Figuren der Hochrenaissance. Damit ist das Gemälde stilistisch noch in der Gotik, inhaltlich jedoch bereits in der Renaissance verhaftet und erscheint damit zwischen den Epochen eben als ein Gemälde der frühen Renaissance.

Neben unterschiedlichen Zuständen des Raums des Möglichen, innerhalb derer diese beiden Gemälde hervorgebracht und als Kunst wahrgenommen werden konnten, zeigen diese beiden Beispiele im Vergleich auch, wie sehr künstlerische Positionierungen von den Regeln des Feldes abhängen. Kunstwerke schließen immer an die legitimen Debatten des Feldes an. Sie nehmen Positionierungen ein, die auf dem Feld denkbar und möglich erscheinen. Die Bezugspunkte Warhols waren zu Zeiten der Frührenaissance schlichtweg nicht vorhanden. Botticellis Venus dagegen war zu Zeiten der Pop Art Teil des künstlerischen Erbes und konnte damit als Bezugspunkt gewählt werden. Warhols Zitat von Botticellis Venus zeigt deshalb auch sehr gut, dass der Raum des Möglichen ein Produkt der Geschichte der Kunst ist. Der Raum des Möglichen nämlich enthält zu jedem Zeitpunkt die komplette Geschichte des Feldes, welche als Referenzrahmen verfügbar ist. Damit erscheint der Raum des Möglichen als „Universum möglicher Fragen“, die gestellt werden können: Diese möglichen Fragen stellen sich einerseits immer aus dem aktuellen Zustand des Feldes (das heißt aus den vorherrschenden orthodoxen Positionen) und andererseits aus dem angehäuften Erbe der kollektiven Arbeit. Aus jedem historischen Zustand des Raums des Möglichen ergeben sich „die zu lösenden Probleme, die zu nutzenden stilistischen oder thematischen Möglichkeiten, die zu überwindenden Widersprüche, ja die zu vollziehenden revolutionären Brüche“ (Bourdieu 1999: 372). Der Raum des Möglichen stellt für den Künstler damit vorrangig eine Reihe von Zwängen und Grenzen dar, denn Wiederholungen sind nichts Neues oder Abweichendes und damit nicht innovativ oder revolutionär (vgl. Bourdieu 2001b: 149). Eine künstlerische Revolution muss allen bereits vorhandenen Positionierungen immer noch eine weitere Positionierung hinzufügen. Sie muss einerseits etwas Neues zeigen, das noch nicht gedacht, noch nicht gezeigt wurde, und andererseits in direkter Verbindung zum bereits Vorhandenen stehen: „Das durch kollektive Arbeit angehäufte Erbe erscheint jedem Akteur somit als Raum des Möglichen, das heißt als eine Menge wahrscheinlicher Zwänge, zugleich Voraussetzung und Komplement einer endlichen Menge möglicher Nutzungen.“ (Bourdieu 1999: 372) Auf der anderen Seite sind „künstlerische Kühnheiten, Neues oder Revolutionäres […] überhaupt nur denkbar, wenn sie innerhalb des bestehenden Systems des Möglichen in Form struktureller Lücken virtuell bereits existieren“ und sozusagen darauf warten „als potentielle Entwicklungslinien, als Wege möglicher Erneuerung entdeckt zu werden“ (Bourdieu 1999: 372). Die künstlerische Freiheit ist also niemals eine allumfassende Freiheit, sondern lediglich der nächste Schritt, der sich aus dem Raum des Möglichen ergibt und in ihm bereits angelegt ist.

Eine vollkommen unabhängige, zeitlose Kunst, die ausschließlich auf die Genialität eines Schöpfersubjekts zurückgeht, kann demzufolge niemals möglich sein, da sie auch nicht als Kunst wahrgenommen und eingeordnet werden könnte. Künstlerische Positionierungen „müssen Aussicht haben, akzeptiert, das heißt als ‚vernünftig‘ anerkannt zu werden“, sonst finden sie im Diskurs der Kunst nicht statt (Bourdieu 1999: 372).

„Schöpferische Spontanität“ und „absolute Freiheit“, so Bourdieu, sind nur den „Naiven“ und den „Ignoranten“ verfügbar. Diese aber werden entweder vom Feld nicht akzeptiert und bleiben vom Kunstdiskurs ausgeschlossen oder gelangen durch Zufälle in den Diskurs hinein. Bourdieu zeigt dieses zufällige Hineingeraten in den Kunstdiskurs am Beispiel des Malers Henry Rousseau. Dem „Zöllner Rousseau", wie Bourdieu ihn nennt, fehlt zunächst jede Besonderheit in der Biographie, die ihn als Künstler ausweisen könnte: „Er hat nicht nur keine Geschichte, er verfügt auch über keine Bildung und kein Fachwissen." (Bourdieu 1999: 387) Rousseau kommt aus einfachen Verhältnissen und seine Kunst zeichnet sich durch eine naive Gegenständlichkeit aus: „Seine Entscheidungen hinsichtlich Sujet und Machart erscheinen als Emanationen einer ‚volkstümlichen' oder kleinbürgerlichen Ästhetik." (Bourdieu 1999: 387f.) Rousseau malt seine Motive von Raubtieren oftmals von Photographien oder aus Kinderbüchern ab. Bourdieu zeigt auf, dass nicht nur seine typisierten Darstellungen, sondern seine komplette Kunstauffassung den Vorstellungen der populären Ästhetik unterliegen (vgl. Bourdieu 1999: 389). So wurde der „naive Künstler" Rousseau vom künstlerischen Feld erst erschaffen:

„Der in Gestalt des Zöllners Rousseau geschaffene Schöpfer, den es als legitimen Schöpfer zu produzieren gilt, um sein Produkt zu legitimieren, bietet dem Feld, ohne es zu wissen, die Gelegenheit, einige ihm objektiv immanente Möglichkeiten zu verwirklichen. […] Die Kritiker und Künstler können diesen ‚Maler', der der Geschichte der Malerei nichts verdankt […], nur zum Maler machen, indem sie einen historisierenden Blick auf ihn richten, der ihn innerhalb des Raums des künstlerisch Möglichen verortet, und ihn mit Werken oder Urhebern assoziieren, die er wohl kaum kannte und die seinen Absichten jedenfalls völlig fernstehen, die Bilderbogen voll Epinal, die Teppiche von Bayeux, Paolo Uccello oder holländische Meister." (Bourdieu 1999: 390)

Der naive Künstler Rousseau war ein Ausnahmefall, der den Raum des Möglichen nicht beherrschte. Er schrieb sich nicht in den Diskurs ein, sondern konnte mangels kunsthistorischer und kunsttheoretischer Kenntnisse nicht einmal erahnen, dass seine Malerei den Nerv der Zeit und des Feldes getroffen hatte. Bourdieu bezeichnet ihn deshalb auch als ein „Spielzeug des Feldes" (Bourdieu 1999: 386).

Abgesehen von derartigen Ausnahmefällen, welche die Funktionsweise des Feldes veranschaulichen können, räumt das Feld „auf einer fortgeschritteneren Stufe seiner Entwicklung […] denen keinen Platz ein, die die Geschichte des Feldes und alles, was es hervorgebracht hat

[…] nicht kennen“ (Bourdieu 1999: 386). Sowohl Produzenten als auch Konsumenten von Kunst sind, wollen sie auf der Höhe der Anforderungen sein, dazu gezwungen, die Geschichte des Feldes praktisch und theoretisch zu beherrschen. Dazu gehören sowohl die Gesamtheit der Errungenschaften des Feldes als auch der aktuelle Stand der Dinge. Alleine daraus ergeben sich die Kenntnisse darüber, was das gerade noch Denkbare und was das Undenkbare zu einem bestimmten Zeitpunkt ist (vgl. Bourdieu 1999: 385).[50] Daraus ergibt sich, dass die Kunstgeschichte gleichermaßen ein unumkehrbarer wie auch ein kumulativer Prozess ist: Demzufolge ist, „was sich in dem Feld ereignet, […] mehr und mehr an die spezifische Geschichte des Feldes und nur an sie gebunden“ (Bourdieu 1999: 471). Damit sind es paradoxerweise auch die Vertreter der Avantgarde, die am stärksten und festesten an die Tradition des Feldes gebunden sind. Um künstlerische Revolutionen zu inszenieren, muss zunächst die komplette bestehende Kunst gekannt werden: der Bruch mit der Tradition erfordert die Kenntnis der Tradition.

4.13 Unendliche Abstraktionen

Der immerwährende Kampf der sich ablösenden Avantgarden ist nur aus sich selbst heraus verständlich und erklärbar: Die im weitgehend autonomen künstlerischen Feld geschaffenen Werke beziehen sich dabei nicht mehr (vorrangig) auf „außerästhetische Referenten“, sondern schließen an „bereits existierende Kunstformen und Werke an“

[50] Bourdieu wendet sich deshalb auch gegen die verbreitete Vorstellung, dem Naiven und Unbedarften stünde die Welt der Kunstwerke spielerisch offen. Diese Vorstellung betrachtet Bourdieu als eine ideologische. Er führt dies auf die Fähigkeiten zur Dekodierung von Kunstwerken zurück: Zugrunde liegt hier nämlich die Idee, dass ein Kunstwerk zum Betrachter quasi von sich aus spricht, „dass es einem den Schlüssel zu seiner eigenen Entschlüsselung schenke“ (Bourdieu 1974d: 180). Um bahnbrechende Kunstwerke aber tatsächlich zu erschließen, ist zuallererst die Fähigkeit notwendig, „mit allen Codes [...] brechen zu können. Diese Fähigkeit wird darüber hinaus einmal durch die häufige Beschäftigung mit Werken, die verschiedene Codes erfordern, erworben, und zum anderen durch die Erfahrung, dass die ganze Kunstgeschichte eine Folge von Brüchen mit etablierten Codes ist. Kurzum, die Fähigkeit, alle verfügbaren Codes aufzugeben, um sich dem Werk selbst in seiner zunächst unerhörten Befremdlichkeit zu überlassen, setzt die völlige Beherrschung des prinzipiellen Codes aller Codes voraus, der die angemessene Applikation der verschiedenen sozialen Codes regelt, wie sie die Gesamtheit der zu einem bestimmten Zeitpunkt verfügbaren Werke erfordert.“ (Bourdieu 1974d: 180f.)

(Schwingel 1997: 140). Die heterodoxen Positionierungen der Neuen beschränken sich keinesfalls darauf, die orthodoxen Positionierungen der Vergangenheit bloß zu kopieren oder nachzuahmen, sondern überschreiben diese „in einem spezifischen ‚coup' ästhetischer Innovation" (Schwingel 1997: 140).

Das künstlerische Feld ist damit ein Ort des kumulativen Prozesses von künstlerischen Stilen und Prinzipien. Im Verlauf der Revolutionen des Feldes bilden sich „immer elaboriertere, verfeinerte, subtilere Werke" (Jurt 2008: 97). Die neuen Avantgarden, die immer wieder Brüche mit den vorherrschenden Normen bewirken, sind dabei zu ständigen Steigerungen und Überwindungen des Bestehenden gezwungen: „Will man sich nicht vom Spiel ausschließen, kann man ein Feld nur revolutionieren, indem man die historischen Errungenschaften des Feldes mobilisiert oder anführt." (Bourdieu 1999: 168) Und so entwickelt sich die kumulative Geschichte des Feldes zu einem immer komplexeren Gebilde, da jeder erneute Bruch mit der Orthodoxie, um überhaupt ein legitimer zu sein, bereits alle früheren Brüche immer mit reflektieren muss (vgl. Bourdieu 1993c: 31). Die Kunstgeschichte erscheint so als eine endlose Reihe von Steigerungen und Überwindungen, deren Anfang Bourdieu in Flauberts Romanästhetik sieht, mit welcher die Kunst erstmals in das Stadium der Reflexivität eintrat. Flauberts Romankunst zeichnet sich Bourdieu zufolge durch die selbstreferentielle Bezugnahme auf die Geschichte der Gattung aus. Diesen mit Flaubert und vor allem mit der L'ART POUR L'ART einsetzenden Prozess der Selbstreflexion und Selbstreferentialität betrachtet Bourdieu als den entscheidenden Punkt für den weitreichenden Autonomiestatus des künstlerischen Feldes (vgl. Schwingel 1997: 139). Von hier an funktionieren das Feld und dessen Geschichte als ein autonomer Prozesse, die weniger von externen Veränderungen in der Gesellschaft oder in anderen Feldern abhängen, sondern auf dem künstlerischen Feld stattfinden und sich nur in Bezug zum künstlerischen Feld überhaupt verstehen lassen.

Mit der Zunahme an Komplexität entwickelt sich die Poesie zu einer Anti-Poesie oder, allgemein ausgedrückt, die Kunst zu einer Anti-Kunst. Da sie einem ständigen Erneuerungsdruck unterliegt, kommt es schließlich zu immer mehr Brüchen und so zwangsläufig zu Reduktionen. Nicht nur, dass die Kunst sich nur noch auf Kunst bezieht und ausschließlich den Zweck, „Kunst zu sein" erfüllt, auch richten sich

Formen gegen die Kunst selbst. Bourdieu veranschaulicht diese am Beispiel der Gattung des Romans:

„Die Geschichte des Romans kann mindestens seit Flaubert auch als eine lange Arbeit an der Aufgabe beschrieben werden, ‚das Romanhafte zu töten', wie Edmond de Goncourt sagte, das heißt, den Roman von all dem zu reinigen, was ihm eigen scheint, die Intrige, die Handlung, der Held: seit Flaubert und seinem Traum vom ‚Buch über nichts', seit den Goncourts und ihrem Streben nach einem ‚Roman ohne Wendepunkte, ohne Intrige, ohne niederes Amüsement' bis hin zum Nouveau Roman und der Auflösung linearen Erzählens sowie, bei Claude Simon, der Suche nach einer quasi bildhaften (oder musikalischen) Komposition, die auf periodischer Wiederkehr und internen Entsprechungen zwischen einer begrenzten Anzahl narrativer Elemente – Situationen, Personen, Orten, Handlungen – aufbaut, auf ihrer modifizierten oder modulierten Reprise." (Bourdieu 1999: 381f.)

Mit dem immer wieder und wiederkehrenden Prozess der Reflexion der Romanform zieht der Roman sich letztendlich selbst den Boden unter den Füßen weg, weil keine Form mehr übrig bleibt, in welcher überhaupt noch erzählt werden kann, und keine Substanz, die noch erzählt werden darf.

Sehr deutlich lässt sich dies auch an der Geschichte der Malerei zeigen, welche zu einem gewissen Zeitpunkt der Selbstreflexion jegliche Sujets sowie schließlich sämtliche Formen unmöglich machte. Aus einer groben Makroperspektive entwickelte sich die Malerei seit dem frühen Mittelalter von der Darstellung des Ideellen hin zur realistischen Darstellung und schließlich von der realistischen Darstellungsweise zur Abstraktion. Mit dem Übergang von der Moderne zur Postmoderne im 20. Jahrhundert schließlich kam es nicht nur zu einer immer weiter fortschreitenden Abstraktion und Reduktion des Gegenständlichen, sondern letztendlich auch zu einer Auslöschung des Dargestellten an sich. Postmoderne Werke erschöpfen sich in der Form. Sie beziehen sich auf kein Dargestelltes mehr, bilden also keine Gegenstände mehr ab, sondern zeigen lediglich noch Linien oder Farbkompositionen. Die postmoderne Malerei kann damit, ausgehend von Bourdieus Theorie, anschaulich als Projekt gegen die Malerei an sich interpretiert werden. Wie beim Prozess der kritischen Reflexion der Geschichte des Romans irgendwann nichts mehr übrig bleibt, was noch erzählt werden könnte, bleibt nach der kritischen Reflexion der Geschichte der Malerei letztlich nichts mehr übrig, was noch gemalt werden könnte: „Immer häufiger", so Bourdieu, „schließt das Kunstwerk – vanitas, die sich als solche bezichtigt – etwas wie Selbstverhöhnung ein" (Bourdieu 1999: 384).

5. Genese und Entwicklung des Feldes der Kunst

Im Gegensatz zu Niklas Luhmanns Entwurf sozialer Systeme (Luhmann 1984), die geschlossene Einheiten bilden und ihre Autonomie alleine aus sich heraus immer wieder neu kreieren, stehen Bourdieus Felder in ständigem Austausch mit der sozialen Welt. Die Gesellschaft stellt für ein Feld also keine (praktisch bedeutungslose) Umwelt dar. Vielmehr sind Bourdieus Felder – wie im vorherigen Kapitel aufgezeigt – Orte von Kämpfen. Ihre Struktur ergibt sich also aus den Kämpfen und Auseinandersetzungen und nicht aus der Funktion (vgl. Bourdieu 1996c: 134f.). So zeichnen sich Felder zwar durch Autonomie aus, aber durch die Kämpfe und insbesondere durch externe Einflussnahmen, schwankt der Grad dieser Autonomie ständig und steht sozusagen immer auf dem Spiel. Betrachtet man ein Feld, so muss also immer „die Frage nach dem Verhältnis zwischen diesem System und der gesellschaftlichen Welt, in der es geschaffen wird" gestellt werden (Bourdieu et al. 1985: 28). Andere Felder und Prozesse im Umfeld eines sozialen Feldes beeinflussen also dessen Konstitution und die Prozesse auf ihm. Entsprechend darf die Struktur des Feldes dabei nicht als statisch betrachtet werden. Zudem variiert der Grad an Autonomie je nach Zustand des Feldes: „Dadurch wird in das Element der Struktur auch die Dimension der Geschichte eingeführt. Diese Geschichte ist im einzelnen Feld präsent als interne Dynamik" (Jurt 2006: 72; 2008: 91f.). Bourdieu zufolge lässt sich die Feldgeschichte rekonstruieren, indem man den Verlauf seines Autonomisierungsprozesses verfolgt. Die Entstehung eines Feldes ist demnach als der Zeitraum definiert, in welchem es zu einer weitreichenden Autonomie gelangt. Was für Luhmann die Ausdifferenzierung sozialer Systeme ist, erscheint bei Bourdieu – so könnte man sagen – als Autonomisierung der Felder (vgl. Bourdieu 1996c: 134).[51]

In seinem Spätwerk „Meditationen" gibt Bourdieu einen skizzenartigen Überblick über diesen Prozess der Autonomisierung verschiedener sozialer Felder (vgl. Bourdieu 2001b: 28ff.): Bourdieu zufolge

[51] Vergleiche der theoretischen Konzeptionen Bourdieus und Luhmanns finden sich im Sammelband von Nassehi und Nollmann (2004) sowie in einem Aufsatz von Bohn (2005).

gelangte von den scholastischen Feldern zuerst das der Philosophie im 5. Jahrhundert v. Chr. zur Autonomie. Es verselbständigte sich gegenüber der Politik und der Religion.

„Die Geschichte dieses Prozesses der Autonomisierung und Institutionalisierung einer ihren eigenen Regeln unterworfenen Debattierwelt ist untrennbar mit der Geschichte des Prozesses verbunden, der von der analogischen Vernunft (der des Mythos und Ritus) zur logischen Vernunft (der der Philosophie) führt." (Bourdieu 2001b: 28)

Aus der Reflexion über die Logik der Argumentation (über den Mythos, dann über die Rhetorik, schließlich über die Logik selbst) geht die Herausbildung eines eigenen philosophischen Feldes hervor, das sich „von den Vorschriften religiöser Weisheit" befreien konnte (Bourdieu 2001b: 29).
Den Beginn des Autonomisierungsprozesses des wissenschaftlichen und des künstlerischen Feldes erkennt Bourdieu während der Zeit der Renaissance in Italien, als sich diese Felder von der Philosophie emanzipieren konnten (vgl. Bourdieu 2001b: 29f.). Zu einer weitreichenden Autonomie jedoch gelangte das künstlerische Feld erst Mitte des 19. Jahrhunderts mit der L'ART POUR L'ART.[52]

Wie in Kapitel 4.3 gezeigt, steht die Autonomisierung des künstlerischen Feldes in direktem Zusammenhang mit der Dominanz des ökonomischen Feldes. Dieses bildete sich mit der bürgerlichen Gesellschaftsordnung am Ende eines langen Prozesses heraus, in dessen Verlauf „die symbolische Dimension der Produktionsbeziehungen vernachlässigt und das Feld als ein geschlossenes Universum betrachtet wurde" (Jurt 2006: 72; 2008: 92). Während die Ökonomie alleine ihren „eigenen Gesetzen gehorcht: denen des Interessenkalküls, der Konkurrenz und der Ausbeutung", basiert die Kunst der Verdrängung

---

[52] Jurt verweist völlig zu Recht auf einen Widerspruch in „Die Regeln der Kunst", den er darin begründet sieht, dass in dieses Werk verschiedene frühere Studien Bourdieus integriert sind: „So setzt der Autor im zweiten Teil seines Buches den Beginn der Autonomisierung schon relativ früh an, in dem Augenblick, da spezifische Kultur-Schaffende erschienen" (Jurt 2007: 220), also während der Zeit des 14. Jahrhunderts (vgl. Bourdieu 1999: 493–501). Jedoch setzt Bourdieu den Autonomisierungsprozess in „Die Regeln der Kunst" generell im 19. Jahrhundert bei Flaubert, Baudelaire, Manet und der Entwicklung der L'ART POUR L'ART an.

des Materiellen und der Betonung des Symbolischen (Bourdieu 2001b: 30).

5.1 Die Geschichte des Feldes als Prozess der Autonomisierung

Bourdieus Arbeiten über bestimmte Künstler oder Schriftsteller beziehungsweise über historische Tendenzen und Entwicklungen der Feldautonomie haben nicht den Anspruch, den vollständigen Entwicklungsverlauf des Feldes zu dokumentieren. In Bourdieus Werk finden sich über einen langen Schaffenszeitraum hinweg immer wieder einzelne Arbeiten zu Künstlern (Baudelaire, Faulkner, Flaubert, Manet, Sartre)[53] und über die Situation des Feldes zu bestimmten historischen Zeitpunkten (das 14. Jahrhundert, das 19. Jahrhundert, die 1990er Jahre)[54], die schließlich in „Die Regeln der Kunst" überarbeitet und zusammengefasst wurden. Damit analysierte Bourdieu immer wieder einzelne Bereiche exemplarisch und bezog sie auf seine theoretische Konzeption des künstlerischen Feldes, jedoch kann dabei keinesfalls von einer systematischen Bourdieuschen Kunstgeschichte gesprochen werden.[55]

Die Geschichte des künstlerischen Feldes konnte jedoch keinesfalls als „lineare Evolution im Sinne einer Sozial- oder Geschichtsphilosophie" geschrieben werden, sondern eher als eine Strukturgeschichte (Jurt 2007: 218). Die Struktur des Feldes der Kunst kann immer nur zu einem bestimmten historischen Zeitpunkt als der Stand der Kämpfe beschrieben werden (vgl. Jurt 2007: 218). Die Geschichte des Feldes ist damit – als die Beschreibung des Prozesses der Autonomisierung – die Geschichte der Auseinandersetzung zwischen dem Prinzip Homo-

[53] Zu Baudelaire vgl. Bourdieu (1999: 83–134); zu Faulkner vgl. Bourdieu (1999: 503–511); zu Manet vgl. Bourdieu (1987c; engl. Übersetzung: 1993b); zu Flaubert und Sartre vgl. Kapitel 1.

[54] Zum 14. Jahrhundert vgl. Bourdieu/Delsaut (1981; überarbeitete deutsche Übersetzung siehe 1999: 493–501); zum 19. Jahrhundert vgl. generell Bourdieu (1999); zur Situation Ende der 1990er Jahre vgl. v.a. Bourdieu/Haacke (1995).

[55] Für den Bereich der Literatur muss an dieser Stelle auf Jurt verwiesen werden, der etliche Arbeiten zum Feld der Literatur vorlegte. Für einen systematischen Überblick über das französische Feld der Literatur vgl. v.a. Jurt (1995); zudem Viala (1985). Der Autonomisierungsprozess der bildenden Kunst wird untersucht in Heinich (1993); vgl. zudem Jurt (2007: 221f.).

nomie und dem Prinzip der Heteronomie (vgl. Kapitel 4.4). Damit erscheinen das Feld und seine Geschichte als dynamische Prozesse, die keinesfalls teleologisch auf ein Ziel hin ausgerichtet sind: Die Autonomie des künstlerischen Feldes ist also nicht zu einem Zeitpunkt vollständig oder mit einem Male für alle Zeiten erreicht, sondern weist unterschiedliche Grade auf und hängt entscheidend von der gesamtgesellschaftlichen Konstitution im Umfeld ab (vgl. Jurt 2008: 98). Damit variiert die Autonomie des Feldes „erheblich je nach Gesellschaft und innerhalb einer Gesellschaft je nach Epoche" (Bourdieu 1992a: 161). Kurzum: Das Kräfteverhältnis dieser Auseinandersetzung hängt also „von der Autonomie ab, über die das Feld insgesamt verfügt" (Bourdieu 1999: 344). Diese Autonomie bestimmt sich an dem Ausmaß, in dem die feldeigenen „Normen und Sanktionen sich bei der Gesamtheit der Produzenten von Kulturgütern" durchsetzen (Bourdieu 1999: 344). Zusammenfassend könnte man sagen: Wird das Feld der Kunst zu einem bestimmten Zeitpunkt von den freien, kritischen Intellektuellen und autonomen Künstlern dominiert, die in der Tradition von Sartre und Zola stehen (vgl. Kapitel 1.6), so deutet dies auf einen hohen Autonomiegrad hin. Wird das Feld der Kunst zu einem bestimmten Zeitpunkt dagegen von den Massenmedien, der journalistischen Populärkultur oder der industriellen Kunst (die etwa Adorno als Kulturindustrie beschreibt) dominiert, so deutet dies auf ein geringeres Ausmaß an Autonomie hin (vgl. Bourdieu 1992a: 161; 1999: 344). Das Ausmaß an Autonomie im Feld der Kunst zeigt sich daran, ob der homonome oder der heteronome Pol dominiert, beziehungsweise ob das Prinzip der internen oder der externen Hierarchisierung vorherrscht. Oder mit Bourdieu ausgedrückt:

„Je größer die Autonomie und je günstiger das symbolische Kräfteverhältnis den von der Nachfrage unabhängigsten Produzenten ist, desto deutlicher der Schnitt zwischen den beiden Polen des Feldes, nämlich dem Subfeld der eingeschränkten Produktion, deren Produzenten nur andere Produzenten, und damit ihre unmittelbaren Konkurrenten, beliefern, und dem Subfeld der Massenproduktion, das sich symbolisch ausgeschlossen und diskreditiert findet." (Bourdieu 1999: 344)

5.2 Die Konstellation des 14. Jahrhunderts

Der historisch am weitesten zurückliegende Zustand des künstlerischen Feldes, der von Bourdieu thematisiert wurde, ist die Zeit der italienischen Renaissance, der sich Bourdieu in einem Beitrag von 1981 widmete (Bourdieu/Delsaut 1981). Eine überarbeitete Fassung des Aufsatzes zum Quattrocento, den Bourdieu zusammen mit Ylvette Delsaut publizierte, findet sich später in „Die Regeln der Kunst" (Bourdieu 1999: 493–501).

Um eine Annäherung an die Kunst im 14. Jahrhundert zu bewerkstelligen, schlägt Bourdieu vor, zunächst „den moralischen und geistlichen Blick der Menschen" zu dieser Zeit zu rekonstruieren (Bourdieu 1999: 494). Damit meint er vor allem die sozialen Bedingungen und Voraussetzungen der Malerei. Deshalb analysiert er zunächst den damaligen Zustand des Marktes für Gemälde und fragt, in welchen Zusammenhängen der Maler in der Gesellschaft auftaucht und gesehen wird.

Trägerschicht der Kunst in der Renaissance war immer weniger die Kirche, sondern vielmehr eine Klasse von reichen Kaufmännern in den Städten, die als Kunstmäzene auftraten. Diese jedoch, so Bourdieu, zeichneten sich durch einen bestimmten Zugang zur Kunst aus, der die gesamte Kunstproduktion maßgeblich beeinflusste:

„Ein Gemälde lieben heißt für den Kaufmann des Quattrocento: auf seine Kosten kommen, seine Auslagen amortisieren, etwas für sein Geld geboten bekommen, und zwar in Form der ‚reichsten', der augenfällig kostspieligsten Farbgebung und der ostentativsten Maltechnik." (Bourdieu 1999: 499)

Darüber hinaus wollte sich der Mäzen im Gemälde völlig auskennen, das heißt er erwartete, „sich darin wiederzufinden, sich darin wohl, ja, wie zu Hause zu fühlen, seine Welt und seine Beziehung zur Welt darin wiederzuerkennen" (Bourdieu 1999: 499). Bourdieu beschreibt davon ausgehend einen Zusammenhang zwischen den Bedingungen, unter welchen das Kunstwerk entstand, und der Möglichkeit eines adäquaten Verständnisses. Die Kunstmäzene des 14. Jahrhunderts konnten sich nämlich vor allem deshalb als Kunstexperten verstehen, weil die Kunst extra für ihren Blick, für ihre Perspektive auf die soziale Welt produziert wurde. Bourdieu spricht deshalb von einer „Dialektik zwischen dem konstituierenden Akt und dem konstituierten Gegenstand, die sich gegenseitig hervorrufen“ (Bourdieu 1999: 500). Bourdieu beschreibt die Malerei der Zeit als eine Serviceleistung für die Kunden: Die Gemälde wurden direkt nach den Vorstellungen der Kunden angefertigt. Die Beziehung zwischen Auftraggeber und Maler war vorrangig eine ökonomische und so erfüllte die Kunst laut Bourdieu nur sehr nachrangig eine ästhetische Funktion:

„Solange das Verhältnis zwischen Auftraggeber und Maler sich als schlicht ökonomische Beziehung geben kann, bei der der eine dem anderen aufträgt, was er in welcher Frist mit welchen Farben zu malen hat, kann der eigentlich ästhetische Wert der Werke nicht wirklich als solcher, das heißt unabhängig von dem ökonomischen Wert, gedacht werden.“ (Bourdieu 1999: 495)

So wurden etwa die Kosten für die Kunstwerke zunächst noch nach der Größe der bemalten Fläche oder nach dem Zeitaufwand bemessen, später immer häufiger nach den Kosten der verwendeten Materialien und schließlich auch nach der Kunstfertigkeit des Malers. Anhand solcher Veränderungsprozesse zeigt sich eine teilweise Autonomisierung des Feldes. Wenn die Modalitäten der Bezahlung nicht mehr an Arbeitszeit und Materialkosten festgemacht werden, sondern an der Fertigkeit des Künstlers, dann kommt dem Kunstwerk erstmals ein symbolischer Wert zu. Trotzdem die Kunst weiterhin von einer ökonomisch wohlhabenden Schicht dominiert war, lässt sich an den Meistern der Renaissance-Kunst die erste Stufe eines Autonomisierungsprozesses des Feldes erkennen, wenn diese eine eigene künstlerische Handschrift entwickelten und damit ihren Marktwert erhöhen konnten. Die veränderten Bedingungen auf der Ebene des Gemäldehandels, in welchem zunehmend technische Aspekte des Werks zur Geltung kommen, zeigen einen Aufstieg des künstlerischen Feldes an (vgl. Bourdieu 1999: 495f). Die Maler werden schließlich

„in dem Maße, in dem das Feld der Kunstproduktion an Autonomie gewinnt, immer fähiger […], die Aufmerksamkeit auf ihre Fertigkeit, die Manier, die manifattura, also die Form zu lenken – auf all das, was

– im Unterschied zu dem oft aufgenötigten Sujet – ausschließlich ihr eigener Beitrag ist.“ (Bourdieu 1999: 495)

Während die Kunstwerke über das gesamte Mittelalter hinweg lange Zeit ausschließlich dazu bestimmt waren, „religiöse Bedeutungen herauszustellen und so die bestehende Ordnung zu untermauern, so verlor die Kunst in der Renaissance ihren sakralen Symbolcharakter und besann sich nun wieder auf die Nachahmung der Wirklichkeit“ (Zahner 2006: 20). Nicht mehr die metaphysische Wahrheit stellt nun den entscheidenden Hintergrund der Kunstproduktion dar, sondern „das Schöne“, das nun als das „richtig Erkannte“ erscheint (vgl. Zahner 2006: 20). Damit veränderte sich auch der Kunststil weg von der religiösen Repräsentation hin zur Nachahmung der Wirklichkeit. Jedoch erkannten die Künstler der Renaissance, „dass ihre Kunstwerke niemals eine Kopie der Wirklichkeit sein konnten, sondern immer eine stilisierte und idealisierte Nachbildung derselben darstellten“ (Zahner 2006: 20). Diese Stilisierung und Idealisierung jedoch konnten weder auf die religiösen Inhalte noch auf den Auftraggeber zurückgeführt werden, sondern verwiesen auf die Subjektivität der Kunstschaffenden. Damit änderte sich langsam der soziale Status des Malers, der immer weniger als Handwerker und dafür zunehmend als freischaffender Künstler wahrgenommen wurde und der den ästhetischen Mehrwert der Werke durch seine Person produzierte.
Insbesondere von dieser historischen Konstellation ausgehend „organisierte sich das geistige Leben nach und nach in dem Maße zu einem intellektuellen Kräftefeld, wie die Schaffenden sich ökonomisch und sozial der Vormundschaft von Aristokratie und Kirche mitsamt deren ästhetischen und ethischen Normen entwanden“ (Bourdieu 1974a: 77). Die Idee des Künstlers im heutigen Sinne jedoch entwickelte sich Bourdieus Untersuchungen zufolge über einen langen Zeitraum hinweg und trat erst zu Beginn des 19. Jahrhunderts auf.

5.3 Die Konstellation des 19. Jahrhunderts

Die weitreichende Autonomisierung des künstlerischen Feldes im 19. Jahrhundert beschreibt Bourdieu parallel zur Herausbildung der L'ART POUR L'ART und zur Figur des Künstlers und freien Intellektuellen. Als Grundlage für die Umwälzungen im Bereich der Kunst sieht

Bourdieu wiederum die gesamtgesellschaftliche Situation in Frankreich, die durch industrielle Expansion und ökonomisches Wachstum gekennzeichnet war. Gleichzeitig zog es eine große Anzahl von jungen Leuten aus den mittleren oder unteren Klassen aus ökonomischen Gründen von der Provinz nach Paris. Diese Gruppe verfügte über sehr wenig ökonomisches Kapital, jedoch über kulturelles Kapital in Form von höheren Bildungsabschlüssen. Trotz einer anwachsenden Stellenzahl konnten nicht alle der zahlreichen Bewerber eine adäquate Anstellung zu finden und waren deshalb mehr oder weniger dazu gezwungen, ihr Glück in anderen Bereichen zu suchen. Ein großer Teil versuchte sein Glück mit einer literarischen oder künstlerischen Laufbahn (vgl. Bourdieu 1999: 93). Eine wesentliche Veränderung im Bereich der Kunst ergab sich also daraus, dass nun eine Vielzahl von Aufsteigern in ein Feld drängte, das bislang weitgehend dem traditionellen Pariser Bürgertum und dem alten Adel vorbehalten war (vgl. Bourdieu 1999: 93). Daraus entstand Bourdieu zufolge zunächst die Bewegung der Bohème: Diese oft ökonomisch völlig erfolglose Gruppe entwickelte ihre eigene kollektive Identität sowie einen eigenständigen Lebensstil und distanzierte sich von den offiziell anerkannten Künstlern bürgerlicher oder aristokratischer Herkunft. In dieser Konstellation, welche die Bohème mit ihrer antibürgerlichen Haltung zum Vorschein brachte, sieht Bourdieu eine wesentliche Grundsäule der Erfindungen eines „autonomen künstlerischen Lebensstils" und der späteren L'ART POUR L'ART (Schwingel 1997: 127).

Darüber hinaus kam es durch die Bevölkerungsexpansion zu einer gleichzeitigen Expansion auf dem Markt für kulturelle Produkte: Gelesen wurde nun nicht mehr nur vom Großbürgertum, sondern auch von den anderen sozialen Klassen, was den Bedarf an Literatur drastisch veränderte. Es entstand damit ein ökonomischer Markt für kulturelle Massenproduktion. Indiz hierfür ist nicht nur die Entwicklung der Presse, die den massenhaften täglichen Bedarf nach Information deckte, sondern auch eine qualitative Veränderung der Literatur (vgl. Bourdieu 1999: 93): Die neuen Leser waren weniger an hochkomplexer Literatur interessiert, als vielmehr an leicht bekömmlicher Kost. Diese neue Unterhaltungsliteratur brach mit den traditionellen stilistischen Normen der Literatur und fokussierte fast ausschließlich die Bedürfnisse des Massenpublikums. Bourdieu beschreibt diese Entwicklung fast analog zu seiner in Kapitel 3.2 dargestellten früheren Differenzierung von reiner und populärer Kunst:

„Die Industriellen des Schreibens fabrizieren Werke nach Publikumsgeschmack, geschrieben in einem gängigen, scheinbar populären Stil, der aber weder das ‚literarische' Cliché ausschließt noch Effekthascherei, ‚deren Wert sich jetzt gewohnheitsmäßig nach dem bemisst, was sie einbringen'." (Bourdieu 1999: 92).

Mit der „Expansion des Marktes für kulturelle Güter" entstand auch die Figur des „Schriftsteller-Journalisten" (Bourdieu 1999: 93). Die Werke dieser neuen „Literaten" erschienen oftmals nicht als Buchausgaben, sondern als Fortsetzungsromane in Zeitungen (vgl. Bourdieu 1999: 92f.).

Die genannten Prozesse veränderten das Feld in dem Sinne, dass die traditionellen Schriftsteller plötzlich Konkurrenz aus den unteren Schichten bekamen, und eine neue Klasse von Lesern auftauchte, die sich wenig für die bisherige bürgerliche Literatur interessierte. Mit der Herausbildung der Presse, die weitgehend ökonomisch dominiert war und die zudem durch die waltende Zensur im Zweiten Kaiserreich auch der politischen Kontrolle unterlag, gelang es dem Bürgertum, den Bereich der Kultur weitgehend zu dominieren. Da der Markt, also Verkaufszahlen oder Eintrittszahlen, den Bereich der Kulturproduktion regulierte, war das gesamte Feld damit weitestgehend ökonomisch dominiert. Sanktionen und Einschränkungen für die Künstler erfolgten nicht mehr durch die Anerkennung beziehungsweise Ablehnung eines erlesenen Kreises von Lesern oder Zuschauern aus den oberen Klassen, sondern schlicht über den ökonomischen Mechanismus von Angebot und Nachfrage. Bourdieu beschreibt eine bürgerliche Welt, die durch eine allumfassende Vorherrschaft des Geldes gekennzeichnet war (vgl. Bourdieu 1999: 86). Vor diesem Hintergrund veränderte sich das Verhältnis zwischen den Kulturproduzenten sowie den politisch und ökonomisch Herrschenden im Vergleich zu den vorherigen Jahrhunderten grundlegend: es kam zu einer strukturellen Unterordnung der Kulturproduzenten (vgl. Schwingel 1997: 126).

„Das Verhältnis zwischen Kunstproduzenten und Herrschenden hat nichts mehr von dem, wodurch es in den früheren Jahrhunderten gekennzeichnet war, sei es die unmittelbare Abhängigkeit vom Auftraggeber (häufiger bei den Malern, aber auch bei Schriftstellern belegt), sei es auch die Ergebenheit gegenüber einem Mäzen oder einem offiziellen Beschützer der Künste." (Bourdieu 1999: 86)

An der Stelle der traditionellen Mäzene sieht Bourdieu teilweise die literarischen Salons, welche „zumindest einen Teil der Schriftsteller mit bestimmten Fraktionen der oberen Gesellschaft zusammenführen und mithelfen, die Generosität des staatlichen Mäzenatentums in eine bestimmte Richtung zu lenken" (Bourdieu 1999: 86). Mit dieser industriellen Expansion im Zweiten Kaiserreich tauchte, wie gezeigt, eine neue Schicht von „bildungs- und kulturlosen Aufsteigern" auf (Bourdieu 1999: 84). Diese Industriellen und vermögenden Kaufleute waren dazu bereit, „in der gesamten Gesellschaft den Mächten des Geldes und ihrer allen geistigen Dingen zutiefst feindlich eingestellten Weltsicht zum Sieg zu verhelfen" (Bourdieu 1999: 84).

Aus dieser Konstellation ergaben sich nicht nur die industrielle Kunst mit ihren Schriftsteller-Journalisten und die angepasste bürgerliche Kunst, die mit den Salons im Bunde stand (vgl. Bourdieu 1999: 87–89), sondern auch eine völlig neue Strömung: denn die Situation rief auch den Widerwillen und Widerstand der Künstler auf den Plan.[56] In dem Augenblick um die Mitte des 19. Jahrhunderts, „in dem die Bourgeoisie versuchte, das literarische Schaffen völlig zu kontrollieren", entstand als Gegenbewegung auch die Idee der reinen Kunst (Jurt 2006: 74). Diese Idee einer vollständig autonomen Kunst, einer L'ART POUR L'ART, ergibt sich Bourdieu zufolge nur vor dem Hintergrund der sozialen Situation der Kunstschaffenden.

[56] Bourdieu weist darauf hin, dass dieses Muster vom Künstler, der sich vom Bourgeois abgrenzt, bereits in der Romantik ausgeprägt war: „Gewiss war der Hass auf die ‚Bourgeois' und die ‚Philister' bereits mit den Romantikern zu einem Gemeinplatz geworden, die als Schriftsteller, Künstler oder Musiker unablässig ihren Ekel gegenüber der Gesellschaft und der von ihr verlangten und konsumierten Kunst proklamieren, aber es ist doch nicht zu übersehen, dass unter dem Zweiten Kaiserreich die Empörung und die Auflehnung einen nie dagewesenen gewalttätigen Charakter annehmen, der im Zusammenhang mit den Triumphen der Bourgeoisie und der außergewöhnlichen Entwicklung der künstlerisch-literarischen Bohème gesehen werden muss." (Bourdieu 1999: 84f.) Insbesondere im 17. Jahrhundert kann nicht von einer Autonomie des Feldes gesprochen werden, weil die Schriftsteller und Künstler in Frankreich sich noch in einem starken Abhängigkeitsverhältnis zum Staat befanden, der über die staatliche Akademie die Anerkennung von Kunst regulierte (vgl. dazu Jurt 2007: 219).

Bourdieu beschreibt diesen Prozess einer weitreichenden Autonomisierung des Feldes der Kunst exemplarisch vor allem anhand dreier Personen: der Schriftsteller Flaubert und Baudelaire sowie des Malers Manet.

5.4 Baudelaire und die Idee des totalen Bruchs

Im Unterschied zu Flaubert und Manet zeichnet sich Baudelaire durch seine Radikalität aus, denn er setzte „seine ganze Existenz und sein ganzes Werk unter das Zeichen der Provokation“ und „des Bruchs“ (Bourdieu 1999: 110). Seine künstlerische Leistung besteht darin, dass er sich als vollkommen non-konform und nicht eingliederungsfähig inszenierte. Damit verkörperte er beispielhaft „die extremste Position der Avantgarde: die der Revolte gegen alle Machtinstanzen und alle Institutionen, angefangen bei den literarischen“ (Bourdieu 1999: 110). Seine niemals abbrechenden Provokationen, die er der Welt entgegenschleudert, beziehen sich also nicht nur aufs bürgerliche Establishment, sondern auf alle anderen Strömungen – auch die linken Positionen der Art Social und der Bohème, mit der er zunächst in Verbindung stand. Damit vollzieht Baudelaire „einen radikalen Bruch mit den stillschweigenden Voraussetzungen“ des literarischen Feldes, indem er sich praktisch gegen alles wendet (Bourdieu 2001b: 115): Anders als Flaubert, der seine Romane in einem großen Verlagshaus veröffentliche und damit auch kommerziell erfolgreich wurde, traf Baudelaire die Entscheidung, seinen Gedichtband „Fleurs du Mal“ in einem kleinen Verlag zu veröffentlichen, da er ansonsten eine weite Verbreitung des Buches befürchtete (vgl. Bourdieu 1999: 113).

Ab den 1840er Jahren distanzierte er sich zudem von „der realistisch gesinnten Bohème durch die Symbolik seiner äußeren Erscheinung: Der Schlampigkeit seiner Gefährten setzt er die Eleganz des Dandy entgegen“ und wendet sich schließlich gegen alle realistischen Ambitionen überhaupt (Bourdieu 1999: 111). Zudem positionierte sich Baudelaire auch gegen alle ethischen Herausforderungen, welche die Kunst erfüllen sollte, und plädierte für eine „‘reine‘, weitgehend autonome Dichtung“ (Bourdieu 2001b: 113). Er drückte aber nicht nur seine Gleichgültigkeit gegenüber politischem und moralischem Engagement aus, sondern verweigerte sich zudem sowohl der Vorstellung, die Poesie sei gefühlte persönlichen Erfahrung, als auch der Gegenkonzeption der weltoffenen Poesie von Spiritualisten und moralischen Naturalisten (vgl. Bourdieu 2001b: 112f.).

Darüber hinaus definierte er eine neue Bestimmung für die Literaturkritik, die er nicht an den vorherrschenden Normen, sondern am Prinzip der Autonomie orientierte: Jeder Dichter sollte demzufolge sein Werk auf seine eigenen unabhängigen Kriterien verpflichten (vgl. Jurt 1995: 135f.). Alles, was Baudelaire in seinem Leben wie auch in seinem Werk unternahm, war laut Bourdieu dazu da, „die Unabhängigkeit des Künstlers zu bekräftigen – nicht nur jene Formen der Verweigerung, die nach ihm gleichsam konstitutiv geworden sind für die Schriftstellerexistenz, als da sind Ablehnung der Familie (der Herkunft wie der Zugehörigkeit), Ablehnung der Karriere, Ablehnung der Gesellschaft“ (Bourdieu 1999: 112). Bourdieu erkennt bei Baudelaire deshalb eine systematische „Politik der Unabhängigkeit“ (Bourdieu 1999: 112).

Baudelaire lehnte also alle vorhandenen literarischen Positionen ab und plädierte stattdessen für eine komplette Autonomie. Dabei stand er für den Kult der reinen Form „mit dem er sich auf den radikalen Flügel der autonomen Literatur stellt“ (Bourdieu 2001b: 113). Damit war er im damaligen literarischen Feld Bourdieu zufolge praktisch nicht mehr zu verorten: „Durch diese neuartige Verbindung sozial einander ausschließender Positionen bringt er an einem Ort hoher Spannung eine bis dahin unmögliche Position hervor.“ (Bourdieu 2001b: 114)

Das Besondere an der Figur Baudelaires ist, dass er laut Jurt „eine heroische Dimension“ ins Feld mit einbrachte (Jurt 1995: 135). Während Flaubert nach seinem gewonnenen Prozess „als größter Schriftsteller seiner Zeit“ angesehen wurde, wurde Baudelaire schließlich „stigmatisiert“ und „aus der guten Gesellschaft ausgeschlossen“ (Jurt 1995: 136). Seine „Fleurs du Mal“ wurden in der zweiten Auflage kaum noch beachtet und jegliche „Rückendeckung“ für Baudelaire war bereits durch seine Revolten gegen alle Institutionen und Positionen unmöglich geworden (vgl. Jurt 1995: 136). Indem Baudelaire die Fragen der Kunst mit einer „absoluten, totalen, rückhaltlosen Selbstinvestition“ seiner Person verknüpfte, stellt er für Bourdieu ein Modell „für alle Urheber großer symbolischer Revolutionen“ dar (Bourdieu 2001b: 117). Weil die künstlerischen Revolutionäre einem bereits formierten Raum des Möglichen gegenüberstehen, „der für sie, und nur für sie, eine zu verwirklichende Möglichkeit darstellt", müssen sie in ihrer Kunst zwangsläufig ein Unternehmen sehen, „auf das man sich blindlings einlässt, auf Gedeih und Verderb" (Bourdieu 2001b: 115). Baudelaire stellt damit in seiner Verbindung von Kunst und Existenz für Bourdieu den Prototyp des revolutionären Künstlers dar.

5.5 Manet und Flaubert – die absolute Kunst

Bourdieu interpretiert den Maler Manet analog zum Schriftsteller Flaubert als Erfinder einer neuen Position. Manet erscheint nach diesem Verständnis als ein Künstler, der eine entscheidende symbolische Revolution auf dem Feld der Kunst vollzogen hat:

„Er hat tiefgreifend unsere Weltsicht verändert, das heißt die Wahrnehmungs- und Bewertungskategorien von Welt, die Konstruktionsprinzipien von sozialer Welt, die Definition dessen, was wesentlich und was unwesentlich ist, was würdig ist, repräsentiert, dargestellt zu werden, und was nicht." (Bourdieu 1992a: 165)[57]

Manet brach auf eine bestimmte Weise mit den obersten Prinzipien der akademischen Malerei (vgl. Bourdieu 1993b: 246ff.). Indem seine Kunst des Impressionismus „formale Fragen in den Vordergrund stellte", verweigerte sie sich dem Kult der Technik, indem sie Pinselspuren und damit den Produktionsprozess sichtbar werden ließ (Kastner 2009: 50). Damit war Manets Malerei vom gebildeten Kunstpublikum nicht mehr zu entziffern, da seine Bilder erstmals nicht die abgebildeten Gegenstände, sondern die Technik der Kunstproduktion in den Vordergrund stellten. Sein Impressionismus verweigerte sich damit zunächst jeder Interpretationsmöglichkeit und damit dem gängigen Kunstdiskurs, da er gegen die Idee der technischen Meisterschaft und Perfektion verstieß. Sie durchbrachen damit die damals gängigen Normen des Kunstmarktes, auf welchem die „am tadellosesten gefertigten Bilder am besten" bezahlt wurden (Kastner 2009: 50). Indem seine Kunst etwas Skizzenhaftes und Unfertiges aufwies, vollzog sie den Bruch mit dem akademischen Stil, und ins

[57] Kastner weist darauf hin, dass Foucault und Bourdieu in ihren Interpretationen von Manet zur gleichen Einschätzung des Malers und dessen Rolle für die Entwicklung der Malerei gelangten (vgl. Kastner 2009: 49).

Kunstwerk floss endgültig etwas Persönliches mit ein, etwas Originäres, das in der Person des Künstlers begründet liegt (vgl. Bourdieu 1993c: 26; Kastner 2009: 50f).

Analog zu Flaubert, der – wie im ersten Kapitel gezeigt – sich jeder sozialen Position entzog, entzog sich Manet, indem er den Prozess der Produktion offen legte. Wie Flaubert stellt er keine einzelne Position mehr dar, sondern nahm alle möglichen Positionen im Feld ein, indem er seine Kunst auf die Metaebene der Kunst bezog. Mit seiner Betonung des Stils vollzog er die Wende vom Inhalt zur Form. Flaubert verwischt mit dem Einnehmen aller möglichen sozialen Standpunkte in „Die Erziehung des Herzens" die Möglichkeit eines realen Standpunktes der Kunst. Analog dazu dekonstruiert Manet die naive „Suche nach der Illusion von Realität" in der Abbildung, indem er das Stilistische offensichtlich betont und damit offen legt, dass es sich bei einem gemalten Gegenstandes immer um eine Abbildung handelt und niemals um die Realität (Bourdieu 1999: 174).

Mit Flaubert und Manet tritt das Feld der Kunst das erste Mal offensichtlich in ein Stadium der Selbstreflexivität ein, indem es sich vor allem auf sich selbst und seine eigenen Kriterien des Standpunktes der Produktion bezog. Flaubert und Manet ordneten beide das „Interesse für das Sujet dem Interesse für die Darstellung unter" (Bourdieu 1999: 175).

Was diese neue Form der Kunst, des L'ART POUR L'ART, auszeichnet, ist die Tatsache, dass vor allem an der künstlerischen Form selbst gearbeitet wird: „Wie Manet gibt Flaubert die einheitliche Perspektive von einem festen und zentralen Standpunkt aus auf" und präsentiert einen Raum, „der aus nebeneinandergefügten Stücken besteht und dem jeder privilegierte Standort fehlt" (Bourdieu 1999: 185). Was die Kunst seit Flaubert und Manet kennzeichnet, ist, dass sie einen vorrangig ästhetischen Standpunkt einnimmt. Pointiert ausgedrückt könnte man sagen: Kunst bildete nicht mehr die Wirklichkeit ab, sondern konstruierte eine eigene, ästhetische Wirklichkeit. Bourdieu drückt dies folgendermaßen aus:

„Die gesellschaftliche Konstruktion autonomer Produktionsfelder geht einher mit der Konstruktion spezifischer Wahrnehmungs- und Bewertungsprinzipien der natürlichen und sozialen Welt (sowie der literarischen und künstlerischen Repräsentationen dieser Welt), das heißt mit der Erarbeitung eines genuin ästhetischen Wahrnehmungsmodus, der die Grundlage des ‚schöpferischen Akts' in die Darstellung und nicht in das Dargestellte verlegt und seine Geltung vollends im Vermögen erlangt, die niederen oder vulgären Objekte der modernen Welt zu ästhetisieren." (Bourdieu 1999: 214)

Damit kommt dem Kunstwerk keine andere Funktion mehr zu als diejenige, Kunstwerk zu sein: „Das wahre Motiv des Kunstwerks ist nichts anderes als die eigentlich künstlerische Art, die Welt wahrzunehmen, das heißt der Künstler selbst, seine Manier und sein Stil, unfehlbare Zeichen dessen, dass er seine Kunst beherrscht." (Bourdieu 1999: 470) Was Baudelaire und Flaubert im Bereich der Literatur und Manet im Bereich der Malerei vollziehen, ist die „Behauptung der Allmacht des künstlerischen Blicks" (Bourdieu 1999: 470). Damit inszenieren sie den endgültigen Bruch mit der alltäglichen Welt und formulieren „zugleich die Grundnorm der gebildeten Wahrnehmung" eines autonomen künstlerischen Feldes (Bourdieu 1999: 470).

Was am Ende des Prozesses der Herausbildung eines weitgehend autonomen künstlerischen Feldes steht, ist „die ‚reine' Wahrnehmung von Werken der bildenden Kunst und der Musik" und „die ‚reine' Lektüre, wie sie von den avanciertesten Werken der literarischen Avantgarde uneingeschränkt verlangt" wird (Bourdieu 1999: 472).[58] Aus dem weitgehend autonomen künstlerischen Feld bildete sich damit sowohl der reine Schriftsteller beziehungsweise Künstler heraus als auch der reine Konsument, „den dieses Feld produziert, indem es für ihn produziert" (Bourdieu 1999: 472).

Mit dieser Entstehung des „reinen Blicks", der die grundlegende Voraussetzung für die weitgehende Autonomie des künstlerischen Feldes in der zweiten Hälfte des 19. Jahrhunderts darstellte, kam es auf dem Feld zur Trennung zweier Sphären: die reine Kunst auf der einen Seite und die kommerzielle Kunst auf der anderen Seite. Mit

[58] Jurt weist darauf hin, dass Bourdieu und Sartre unabhängig voneinander zu einer ähnlichen Bewertung über die Literatur des 19. Jahrhunderts kommen: „Wenn Bourdieu um die Mitte des 19. Jahrhunderts eine bedeutsame Wende in der Geschichte der Autonomisierung des literarischen Feldes feststellt, dann trifft er sich mit den Analysen von Sartre in Qu 'est-ce que la littérature?, der die Literatur über den Publikationsbezug definiert. Sartre stellt in der genannten Studie fest, dass nach dem Triumph der Bourgeoisie nach 1848 die Schriftsteller erstmals begannen, gegen ihr eigenes Publikum zu schreiben. [...] Nach Sartre ist dieser Prozess um die Mitte des 19. Jahrhunderts abgeschlossen." (Jurt 2006: 74f)

dieser Entstehung eines reinen Pols der L'ART POUR L'ART und eines gegenüberstehenden kommerziellen Pols des Feldes erhielt das künstlerische Feld seine grundlegende Struktur, die im vierten Kapitel ausführlich beschrieben wurde. Dem Pol der reinen Kunst steht auf der anderen Seite die bürgerliche Kunst gegenüber, von der zwei Varianten existieren. Die Produktion der „höheren käuflichen Kunst" wird vom gehobenen bürgerlichen Publikum konsumiert, während die „niedere käufliche Kunst", die industrielle Massenkunst, für die mittleren und unteren Klassen produziert wird (Bourdieu 1999: 54). Damit bildete sich die Welt der autonomen Kunst zwar innerhalb der bürgerlichen Welt heraus, jedoch auch gegen sie, indem sie die bürgerliche Ordnung auf dem Kopf stellte und ihre eigene symbolische Ordnung einführte.

5.6 Die Konstellation der 1990er Jahre

Bourdieus letztes ausführliches Statement zur Kunst und ihrem sozialen Status ist eine Aktualisierung seiner theoretischen Konzeptionen, die er für die Situation zum Ende des 20. Jahrhunderts vornimmt. Zusammen mit dem Konzeptkünstler Hans Haacke schildert Bourdieu seine Sicht der Dinge ausführlich in dem 1994 erstmals erschienen Interviewband „Freier Austausch" (Bourdieu/Haacke 1995). Darin aktualisiert und konkretisiert er einige Thesen bezüglich des Zustandes des künstlerischen Feldes, der Einflussnahme von Politik und Wirtschaft auf die Kunst und des Status des Intellektuellen, die er bereits in „Die Regeln der Kunst" aufgestellt hatte.

Wie anhand der Ausführungen zum 19. Jahrhundert gezeigt, ist die weitgehende Autonomie des künstlerischen Feldes das Ergebnis eines langen historischen Prozesses von Kämpfen. Ein professionelles Künstlertum, das nur seinen eigenen Normen und Gesetzen unterliegt, ist eine Errungenschaft, die sich aus einer sozialen Situation der bürgerlichen Gesellschaft ergab. Da dieser Autonomisierungsprozesses also „in historisch kontingenten Entstehungsbedingungen" gründet, ist er wieder revidierbar, da sich die sozialen Voraussetzungen ändern können (Schwingel 1997: 134). Autonomie und Heteronomie sind keine absoluten Alternativen, „sondern der Autonomiegrad des Feldes gründet in den Kräfteverhältnissen, die jeweils zwischen den Repräsentanten der Autonomie auf der einen und denen der Heteronomie auf der anderen Seite bestehen" (Schwingel 1997: 134). Da der Zustand des Feldes auch von den angrenzenden Feldern der Politik, des Journalismus, der Ökonomie und der Wissenschaft beziehungsweise vom Feld der Macht (vgl. Kapitel 4.6) abhängt, die Einfluss auf das Feld der Kunst nehmen, ist sein Entwicklungsverlauf jederzeit offen (vgl. Schwingel 1997: 134). Oder, um es mit Bourdieu auszudrücken:

„Mit den Epochen und nationalen Traditionen schwankt das Ausmaß an Autonomie eines Feldes (und damit der Zustand des hier wirksamen Kräfteverhältnisses) beträchtlich. Dieses Ausmaß ist durch das symbolische Kapital bestimmt, das durch das Handeln aufeinander folgender Generationen im Laufe der Zeit akkumuliert wurde (der Bezeichnungen wie Schriftsteller oder Philosoph beigemessene Wert, die mit dem entsprechenden Status verbundene, quasi institutionalisierte Lizenz zur Machtkritik usw.). Im Namen dieses kollektiven Kapitals fühlen sich die Produzenten berechtigt und verpflichtet, Ansprüche oder Forderungen weltlicher Mächte zu übergehen, ja sie im Namen ihrer eigenen Grundsätze und Werte zu bekämpfen." (Bourdieu 1999: 349f.)

In der Zeit vor der Jahrtausendwende sieht Bourdieu die Autonomie des künstlerischen Feldes mehr den je bedroht. Er erkennt eine soziale Situation, in der Künstler, Schriftsteller und Wissenschaftler „immer vollständiger von der öffentlichen Diskussion ausgeschlossen werden, teils weil sie sich weniger engagieren, teils weil ihnen immer weniger Möglichkeiten geboten werden, wirksam zu intervenieren" (Bourdieu 1999: 530). Die Bedrohung der Autonomie gründet in „der zunehmenden gegenseitigen Durchdringung der Welt der Kunst und der des Geldes" (Bourdieu 1999: 530).

Durch die Reduzierung öffentlicher Gelder, bedingt durch den schrittweisen Rückzug des Staates aus dem Bereich der Kunst und der Kultur, entstand eine Situation, in der es zu „neuen Formen von Kultursponsoring" kam (Bourdieu 1999: 530). In dieser Situation entstanden „neue Allianzen" zwischen Wirtschaftsunternehmen und Kulturproduzenten (Bourdieu 1999: 530). Bourdieu sieht die Bereiche der Kulturproduktion und der Kunst damit in einer neuen historischen Konstellation, die der Situation des 14. Jahrhunderts ähnelt. In der Zeit der Renaissance waren die Kunstschaffenden, wie gezeigt, weitgehend von ihren Mäzenen abhängig und mussten „um das Recht kämpfen [...], wenn schon nicht den Gegenstand, so doch wenigstens den Malstil frei zu wählen“ (Bourdieu/Haacke 1995: 23). In einer vergleichbaren Situation sieht Bourdieu die Kunst gegen Ende des letzten Jahrtausends. Bourdieu und Haacke differenzieren dabei zwischen dem „traditionellen Mäzenatentum“ in der Renaissance und „den Public Relations-Manövern“ großer Unternehmen, die die Kunst für ihre Zwecke nutzen (Bourdieu/Haacke 1995: 24). Während sich der traditionelle Mäzen ausdrücklich als Kunstliebhaber verstand und seine Förderung bis zu einem gewissen Grad auch eine ideelle war, folgt das Sponsoring von Kunst in der heutigen Zeit alleine den Interessen des Profits. Diese neue Form des Mäzenatentums, so konstatiert Bourdieu, „ist in Mode gekommen. Es gibt Public Relations-Firmen, die den Unternehmen beispielsweise helfen, ihre symbolischen Investitionen möglichst gut zu platzieren, und Kontakte zu Kunst oder Wissenschaft vermitteln“ (Bourdieu/Haacke 1995: 22). Sobald der Künstler dann wieder „weniger angesagt“ und selbst etwas aus der Mode gekommen ist, erscheint er für den Bereich der Werbung weniger brauchbar und wird fallengelassen. Das Unternehmen investiert dann wieder in einen anderen Künstler oder in einen anderen Bereich, um die eigenen Produkte erfolgreich zu verkaufen (vgl. Bourdieu/Haacke 1995: 75f.). Bourdieu weist in seinen Ausführungen schon vorab den Einwand zurück, dass der Bereich der kommerziellen Kunst auf dem künstlerischen Feld bereits seit dem 19. Jahrhundert existierte und dass kommerzielle Zwänge demzufolge immer Teil des Feldes gewesen seien (vgl. Bourdieu 1999: 533). Zwar ist die kommerzielle Kunst tatsächlich „nichts Neues“, so Bourdieu, „aber der Einfluss derer, die über die Zirkulations- (und Konsekrations-) Mittel verfügen, reichte noch nie so weit und so tief, die Grenze zwischen dem experimentellen Werk und dem Bestseller war noch nie so unscharf“ (Bourdieu 1999: 533). Er sieht in dieser neuen Entwicklung um die Jahrtausendwende das Szenario einer grundlegenden Verwischung der Grenzen. Das Öffnen der Türen für die Wirtschaft und den Rückzug des Staates begreift er dabei als „Trojanisches Pferd, das den Markt, die Mode, den Staat, die Politik, den Journalismus in das Feld der Kulturproduktion Einzug halten lässt“ (Bourdieu 1999: 533). Wenn weite Teile „der kulturellen Produktions- und Distributionsmittel, ja sogar der Konsekrationsinstanzen“ sich in der Hand der Wirtschaft befinden, dann wird der gesamte Kulturbereich den Anforderungen des ökonomischen Marktes unterworfen (Bourdieu 1999: 530). Bourdieu stellt vor diesem Hintergrund die gesamte Struktur des künstlerischen Feldes in Frage:

„Man könnte sich die Frage stellen, ob die seit der Mitte des 19. Jahrhunderts für die kulturellen Produktionsfelder charakteristische Spaltung in zwei Märkte – auf der einen Seite das eingeschränkte Feld der Produzenten, die für Produzenten produzieren, auf der anderen Seite das Feld der Massenproduktion und der Literaturindustrie – nicht zu schwinden droht, da die Logik der kommerziellen Produktion sich innerhalb der avantgardistischen Produktion (im Fall der Literatur über die vom Buchmarkt ausgehenden Zwänge) immer stärker durchsetzt.“ (Bourdieu 1999: 531)

Noch einen Schritt weiter geht Isabelle Graw (2008), die in ihrer Studie zum Wandel des Kunstfeldes ein Ende der agonistischen Struktur zwischen homonomem und heteronomem Pol proklamiert. Graw konstatiert eine vollständige Angleichung des künstlerischen Feldes an die Mechanismen des Feldes der Mode, das vom „Celebrity-Prinzip“ durchdrungen und vorrangig von ökonomischen Zwängen beherrscht sei. Im heteronomen Bereich des Kunstfeldes erkennt Graw folglich Tendenzen zur Bildung von Großunternehmen und Galeriezusammenschlüssen.[59]

Die massiven Übergriffe der Ökonomie auf das Feld der Kunst erwähnt Bourdieu bereits im Schlussteil von „Die Regeln der Kunst“ (Bourdieu 1999: 523–535). Dabei stellt er die Notwendigkeit in den Raum, diese „neuen Formen von Einflussnahme und Abhängigkeit zu untersuchen“ (Bourdieu 1999: 531). Darüber hinaus schlägt er vor, auf der Seite der Kunst ein „geeignetes Verteidigungssystem“ zu entwickeln (Bourdieu 1999: 531). Der Interviewband „Freier Austausch“, der einige Jahre später erscheint, greift diese Fragen schließlich wieder auf.

Bourdieu beschreibt darin zunächst den Mechanismus der Einflussnahme genauer: Der Staat rechtfertigt einerseits seinen Rückzug aus den Bereichen der Kultur und der Kunst durch andere öffentliche

[59] Eine fundierte Zurückweisung der Argumentation Graws findet sich bei Wuggenig (2009a: 46ff.).

Verpflichtungen, tritt dabei jedoch andererseits als Kollaborateur auf, denn er befördert die neue Finanzierungsstruktur systematisch: Durch Steuernachlässe wird es für privaten Unternehmen attraktiv, in Kunst, Kultur und auch Wissenschaft zu investieren. Die Unternehmen erzielen darüber hinaus eine symbolische Wirkung, indem sie sich als großzügig und uneigennützig inszenieren. Bourdieu beschreibt dies als einen „aberwitzigen Mechanismus [...], der so funktioniert, dass wir unsere eigene Irreführung subventionieren" (Bourdieu/Haacke 1995: 23). Um diesen Mechanismus zu entschleiern, müssen „die Auswirkungen des materiellen und symbolischen Austausches" beachtet werden, „der immer häufiger zwischen den Unternehmen und gewissen Kategorien von Geistesarbeiten stattfindet" (Bourdieu/Haacke 1995: 23). Durch die zunehmende Vernetzung von Kulturproduzenten mit der Wirtschaft über Gutachten, Ratschläge, Konferenzen, Delegationen, Kommissionen, Vereinigungen, Stiftungen entsteht eine Abhängigkeitsstruktur der Künstler von der Wirtschaft (vgl. Bourdieu/Haacke 1995: 24).

Bourdieu und Haacke beschreiben die weitreichende Privatisierung des Kunst- und Kulturbereichs nach dem Modell der Vereinigten Staaten, das nun für Europa zum Vorbild genommen wird: In der flächendeckenden Privatisierung des gesamten Kulturbereichs sehen sie die „Abschaffung der res publica, der öffentlichen Sache", die mit einer versteckten „Form von Zensur" einhergeht (Bourdieu/Haacke 1995: 76). Denn die Museen wie auch die Künstler sind zur Konformität gezwungen, da sie für ihre Finanzierung „kulturelle Seriosität" benötigen. Der Zugang zum Markt geht also mit einem ganzen „Netz von Abhängigkeiten" einher (Bourdieu/Haacke 1995: 18). Kultur wird damit zu einer Mode degradiert, die fast alleine von der Ökonomie dominiert ist und jeglichen kritischen Impuls zwangsläufig verlieren muss.[60] Das neue Mäzenatentum versteht Bourdieu deshalb als „eine subtile Herrschaftstechnik, die davon zehrt, dass sie nicht als solche wahrgenommen wird. Symbolische Herrschaft gründet darauf, dass sie nicht erkannt wird, das heißt auf dem Einverständnis derjenigen, die ihre Adressaten sind." (Bourdieu/Haacke 1995: 60) Bourdieus

[60] Alexander untersuchte den Bereich der Finanzierung von Kunstausstellungen in den wichtigsten Museen der USA. Ihr empirisches Material bezieht sich auf einen Zeitraum von 25 Jahren und umfasst circa 4000 Kunstausstellungen. Sie kommt dabei unter anderem zu dem Ergebnis, dass der stärkste Popularisierungsdruck von großen privaten korporativen Akteuren ausgeht (vgl. Alexander 1996a; 1996b).

Intention liegt demzufolge also darin, den verborgenen Machtmechanismus dieser neuen Herrschaftstechnik freizulegen. Dazu plädiert er für ein Engagement des Staates. Da das private Mäzenatentum historisch nie „zur nationalen Tradition" gehörte, hatte der Staat „immer ein wachsames Auge auf die Beziehungen von Kunst und Wissenschaft zur Wirtschaft" (Bourdieu/Haacke 1995: 22). Damit seien die vom Staat nicht nur gebilligten, sondern sogar beförderten Angriffe auf die künstlerische Autonomie als noch gefährlicher zu bewerten, da es keinerlei traditionelles Widerstandspotential dagegen gäbe (Bourdieu/Haacke 1995: 21). Die Existenz einer Kultur, die keinen Markt hat und an öffentliche Subventionen gebunden ist, ist somit fast vollständig infrage gestellt: „Der radikale Liberalismus eröffnet das Ende der freien künstlerischen Produktion." (Bourdieu/Haacke 1995: 75) Bourdieu und Haacke schlagen dagegen eine auf den ersten Blick etwas widersinnige Strategie vor:

„Wir müssen vom Staat die Mittel fordern, die die Freiheit gegenüber wirtschaftlichen, aber auch politischen Mächten, das heißt gegenüber dem Staat selbst, garantieren. Fängt der Staat erst einmal an, in seinem Kalkül und Handeln der Logik der Rentabilität und des Profits zu folgen, wenn es um Krankenhäuser, Schulen, Radio, Fernsehen, Museen oder Laboratorien geht, so ist all das bedroht, worauf das allgemeine Interesse gerichtet sein muss, dessen offizieller Bürge der Staat ist, ob man es will oder nicht." (Bourdieu/Haacke 1995: 76f)

Wenn diese Prophezeiung von Mitte der 1990er Jahre sich vor dem Hintergrund des Umbaus des staatlichen Gesundheitssystems und einer ganzen Reihe weiterer Privatisierungen öffentlicher Sektoren als nur allzu wahr erwiesen hat, so haftet diesem Plädoyer für einen starken Staat etwas Hilfloses und auf den ersten Blick auch etwas Problematisches an. Bourdieus Plädoyer für den Staat darf jedoch nicht als Glorifizierung staatlicher Strukturen verstanden werden. Denn ihm geht es eher darum, eine traditionelle Lücke im System zu nutzen:

„Ein öffentliches System lässt größere Freiräume, man muss sich freilich darauf verstehen, sie zu nutzen. Die Philosophen stellen gerne die Frage nach der Freiheit des Philosophieprofessors im Staatsdienst. Es ist in der Tat sehr wichtig, dass es staatlich besoldete Philosophieprofessoren gibt, jedoch nur unter der Bedingung, dass sie sich wirklich der Freiheit bedienen, die daraus resultiert, dass sie eine Stellung innehaben, die vom Staat garantiert wird, wozu möglicherweise auch gehört, dass sie sich, wenn es geboten ist, dem Staat oder, genauer gesagt, der Staatsideologie widersetzen." (Bourdieu/Haacke 1995: 80)

Die Freiheit, die der Staat dem Künstler durch die Existenz eines teilautonomen künstlerischen Feldes gewährt, soll laut Bourdieu wiederum gegen den Staat eingesetzt werden: Die Kunstschaffenden, so Bourdieu, „müssen ohne Skrupel oder schlechtes Gewissen daran arbeiten, sowohl das Engagement des Staates zu erweitern als auch ihre Wachsamkeit angesichts der Zugriffe des Staates zu schärfen" (Bourdieu/Haacke 1995: 80). Dabei sind direkte Eingriffe auf die künstlerische Autonomie von Seiten des Staats ebenso zu verhindern wie von Seiten der Wirtschaft. Den „Inhabern der staatlichen Macht" darf nicht erlaubt werden, „sich eine Klientel zu schaffen […] oder sich sogar einen regelrechten Hofstaat von ‚Schriftstellern', ‚Künstlern' und ‚Forschern' zuzulegen" (Bourdieu/Haacke 1995: 78). Dabei erkennt Bourdieu das Muster, dass staatliches Mäzenatentum stets Gefahr läuft, „die Mittelmäßigen zu fördern, die leichter zu lenken sind" (Bourdieu/Haacke 1995: 79); denn wirkliches kritisches Denken ist unbequem, da es mit der Kritik der ökonomischen und sozialen Grundlagen einhergeht, worin großes Konfliktpotenzial mit den weltlichen Herrschen liegt (vgl. Bourdieu/Haacke 1995: 79).

5.7 Die Perspektive des Widerstands

Während Bourdieu gegenüber der Figur des Intellektuellen grundsätzlich eine sehr kritische Einstellung einnahm und die Intellektuellen einerseits als Teil des bürgerlich Universums betrachtete andererseits, als progressive Aufklärer zur Kritik an den sozialen Missständen verpflichtet sah, äußert er in seinem Schlussplädoyer in „Die Regeln der Kunst" sowie in „Freier Austausch" eine darüber hinausgehende Idee: Er sieht die Intellektuellen und Künstler Ende der 1990er Jahre – wie oben ausgeführt – mehr denn je in der Pflicht, ihren sozialen und traditionellen Status zu nutzen, befürchtet jedoch durch die massiven Umwälzungen und Einflussnahmen der Ökonomie und Politik aufs intellektuelle Feld ihr Aussterben beziehungsweise die Transformation der kompletten sozialen Figur. Wenn der kritische Intellektuelle mit der weitreichenden Autonomie der kulturellen Felder geboren wurde, so kann er mit der zunehmenden Einflussnahme externer Kräfte auf dieses Feld auch wieder sterben:

„Durch die Demontage des kritischen Intellektuellen kommt es zur Neutralisierung von Gegenmacht. Wir sind überflüssig: Leute, die sich individuell oder kollektiv den heiligen Zwängen des Managements zu widersetzen trachten, sind absolut unerträglich.“ (Bourdieu/Haacke 1995: 74)

Zwar nahmen die Felder der Kunst und der Kulturproduktion in der herrschenden Klasse immer eine dominierte Position ein, jedoch analysieren Bourdieu und Haacke vor dem Hintergrund des verrückten Kräfteverhältnisses den Niedergang der kritischen Tradition des Intellektuellen an sich. Sie beschreiben eine neue Klasse systemkonformer Journalisten, die sich als Intellektuelle inszenieren und damit die Tradition vollständig demontieren (vgl. Bourdieu/Haacke 1995: 56f). Diese „neuen“ Intellektuellen versuchen, „die Gestalt und die Funktion des Intellektuellen nach ihrem Bilde, nach ihren Maßstäben neu [zu] bestimmen“ (Bourdieu/Haacke 1995: 58). Sie sehen sich weniger in der kritischen Tradition Zolas und Sartres (der vor diesem Hintergrund von Bourdieu ausnahmsweise eine uneingeschränkt positive Bedeutung zugewiesen bekommt), sondern „erwarten vom Fernsehen, ihnen einen Bekanntheitsgrad zu verschaffen, der früher nur durch ein, häufig asketisches, Arbeits- und Forschungsleben zu erlangen war“ (Bourdieu/Haacke 1995: 58). Nicht mehr die kritische Einstellung und die Unabhängigkeit des Denkens erscheinen nunmehr als Essenz der Rolle des Intellektuellen, sondern seine mediale Inszenierung und Selbstinszenierung, die mit einer weitreichenden Inkompetenz einhergeht: „Da sie sich zu allen aktuellen Problemen ohne fachliche Kompetenz und ohne verwundbare Überzeugung äußern, befinden sie sich fast immer in Einklang mit der etablierten Ordnung.“ (Bourdieu/Haacke 1995: 58)

Bourdieu und Haacke entwerfen dagegen nun Ideen des Widerstands gegen die sich verschiebende Ordnung auf dem künstlerischen Feld. Dabei stehen sie vor dem Problem, dass die gemeinsamen Interessen der Künstler und Intellektuellen „sehr schwer zu mobilisieren“

sind, da weitgehend das Bewusstsein dafür fehlt, überhaupt gemeinsame Interessen zu haben (Bourdieu/Haacke 1995: 20). Vor diesem Hintergrund, so Bourdieu, hätten die „Frontalangriffe und die direkten Bedrohungen der Autonomie zumindest einen Vorteil: Sie zwingen die Betroffenen, ihre gemeinsamen Interessen zu erkennen, und sie ermutigen sie, sich zu organisieren, um gemeinsam Widerstand zu leisten“ (Bourdieu/Haacke 1995: 20). Das gemeinsame Widerstandspotenzial, das Bourdieu und Haacke entfalten möchte, liegt auf der Ebene der Kommunikation. Zwar sehen Bourdieu und Haacke bei den Unternehmen mit ihren „höchst subtilen Public Relations-Methoden“ einen Vorsprung in diesem Bereich, jedoch setzen sie auf die „künstlerische Kompetenz“ der eigenen Seite, mit welcher dieser Vorsprung aufgeholt werden kann (Bourdieu/Haacke 1995: 27). Bourdieu und Haacke geht es darum, die „gänzlich veralteten Aktions- und Demonstrationstechniken“ zu überwinden und neue, „wirksame symbolische Werkzeuge zu schaffen, die die Journalisten dazu zwingen, Stellung zu beziehen, und zwar gegen die symbolische Intervention, die die Unternehmen vornehmlich durch das Mäzenatentum ausüben“ (Bourdieu/Haacke 1995: 27). Bourdieu und Haacke schlagen also vor, in den Kampf um die öffentliche Meinung einzusteigen und Methoden zu entwickeln, um in diesem eine Rolle spielen zu können: „Die öffentliche Meinung ist eine Art Schlachtfeld“, so Haacke, „von dem wir nicht desertieren dürfen. Man muss vom Gegner lernen“ (Bourdieu/Haacke 1995: 35). Eine adäquate Methodik soll dabei vor allem vom Bereich der Werbung abgeschaut werden, die einen strategischen Modus der Kommunikation für sich entwickelte. Diese vorhandenen Kommunikationstechniken und -strategien möchten Bourdieu und Haacke für ihr Anliegen einer Freiheit der Kunst nutzen. Das Prinzip der Strategie soll also darin bestehen, sich der Stärke des Gegners zu bedienen. Dazu schlägt Bourdieu konkret die Gründung von Arbeitsgruppen vor,

„in denen Forscher, Künstler, Theaterleute und Kommunikationsexperten (Werbefachleute, Graphiker, Journalisten usw.) zusammenarbeiten, um Stilmittel und Erkenntnisvehikel zu erfinden (und zu erproben), die gleichzeitig symbolisch wirksam und politisch komplex, stringent und kompromisslos sind, und um auf diese Weise eine

Kraft zu entfesseln, die den symbolischen Kräften adäquat ist, denen wir trotzen müssen." (Bourdieu/Haacke 1995: 111)

Für die Produktion von Kunstwerken entwickeln Bourdieu und Haacke dabei einen konkreten Vorschlag deren Politisierung betreffend. Mit der Entwicklung des Feldes hin zur Autonomie geht einher, dass die geschaffenen Werke nur noch von Kunstexperten zu verstehen sind. Wenn die Komplexität im Raum des Möglichen – wie in den Abschnitten 4.12 und 4.13 dargelegt – mit der Geschichte des Feldes ständig zunimmt, so geht auf der anderen Seite die politische Funktion der Kunst verloren. Dadurch, dass die autonomen Kunstwerke also in einem solch hohen Maße abstrakt und komplex geworden sind, ist die Autonomie der Kunst behauptet worden, indem sie sich zunehmend von der Außenwelt abschottete. Sie ist damit also möglich, aber nur im künstlerischen Elfenbeinturm, nicht jedoch im Zentrum der gesellschaftlichen Diskurse. Avantgardistische Kunst und soziale Wirklichkeit erscheinen damit als vollkommen voneinander unabhängige Sphären. Um dieses kritische Potenzial der Kunst wieder freizulegen, schlagen Bourdieu und Haacke vor, Kunstwerke mit einem doppelten Code zu produzieren: indem die Kunst sich immer mehr alleine auf der Ebene der Form abspielt und die Funktion vollkommen ausblendet, distanzierte sie sich wie erwähnt in einem langen Prozess immer weiter von der realen sozialen Welt. Dagegen plädieren Bourdieu und Haacke nicht für ein „entweder – oder", sondern für ein „sowohl – als auch": Um politische Wirkungen hervorzurufen, um also wieder an die Tradition des kritischen Intellektuellen anzuschließen und diese neu zu begründen, möchte Bourdieu die Funktion zurückholen, ohne die formale Komplexität des Kunstwerks zu verlieren. So äußert er gegenüber Haacke:

„Es gibt diejenigen, die sich für die Form interessieren und die kritische Funktion ignorieren, und diejenigen, die sich für die kritische Funktion interessieren und die Form ignorieren. Doch die Brisanz Ihrer Werke hängt damit zusammen, dass das, was Sie sagen, ebenso dringlich und subversiv ist wie die Form, in der – mit der – Sie es sagen." (Bourdieu/Haacke 1995: 89)

Der Separatismus zwischen Form und Inhalt kann demzufolge überwunden werden, indem über die Form ein Inhalt vermittelt wird, ohne dass dabei der Inhalt die Form verdrängt. Die künstlerischen Arbeiten erhalten damit einen doppelten Sinn: sie sind unter dem Aspekt der Botschaft wie auch unter dem Aspekt der Form zu verstehen (vgl. Bourdieu/Haacke 1995: 94). Die Lösung soll also darin bestehen,

> „dass Botschaften auf mehreren Ebenen hergestellt und mitgeteilt werden, so wie es bei den Dichtern üblich war, die in der Tradition der mündlichen Erzählung standen – sie führten einen Diskurs, der für jedermann entzifferbar war, der aber auch esoterisch interpretiert werden konnte und dann nur einigen wenigen sich öffnete." (Bourdieu/Haacke 1995: 110)

Mit der Massentauglichkeit eines Werkes, so der Gedankengang von Bourdieu und Haacke, gehen also nicht zwangsläufig ästhetische Kompromisse und Zugeständnisse einher, sondern könnte im Gegenteil „eine Quelle von ästhetischen Entdeckungen" ermöglicht werden (Bourdieu/Haacke 1995: 111).[61]

[61] Kastner weist diese von Bourdieu und Haacke entwickelte Idee mit Bourdieus eigener Konzeption zurück: Die Trennung von Kunst und Leben lässt sich Kastner zufolge nicht einfach aufheben, da in dieser Trennung die Existenz des künstlerischen Feldes überhaupt begründet liegt (vgl. Kastner 2009: 125f.).

Schlussbetrachtung

Auf der Grundlage der Konzeption des künstlerischen Feldes untersuchte Nina Zahner jüngst die Pop Art und geht dabei von einer weitreichenden Demokratisierung des künstlerischen Feldes aus. Mit der Integration von Konsumgütern in die Kunst, so konstatiert Zahner, habe sich die Trennung von Kunst und Leben aufgehoben (vgl. Zahner 2006: 199). Mit der Pop Art würde Kunst demzufolge einem Massenpublikum zugänglich und setze demokratisierende Potenziale frei (vgl. Zahner 2006: 289). Zahner geht dabei durchaus von einer Einflussnahme der Ökonomie aus, wenn sie bemerkt, dass „heute ökonomisches Kapital einen immensen Bedeutungszuwachs im Kunstkonsekrationsprozess erfahren" hat (Zahner 2006: 288). Dabei würden legitime Werke nicht mehr nur im Subfeld der reinen Produktion hergestellt, sondern in einem erweiterten neuen „Subfeld der erweiterten Produktion" (Zahner 2006: 288). Bourdieus Kunsttheorie attestiert sie deshalb, in „einem äußerst elitären Kunstverständnis verhaftet" zu bleiben, da er „ausschließlich der intellektuellen Fraktion die Fähigkeit zuspricht, darüber zu entscheiden, welche Artefakte das Prädikat Kunst verdienen" (Zahner 2006: 290). Wenn Zahner behauptet, dass „die Konstruktion des Bourdieuschen Kunstfeldes in Form zweier antagonistischer Subfelder selbst überlebt hat", dann müsste man ihr mit Bourdieu teilweise sogar zustimmen – jedoch auf eine andere Art und Weise: Wie im vorherigen Kapitel gezeigt, geht Bourdieu Mitte der 1990er Jahre keinesfalls von einer Demokratisierungstendenz aus, sondern von einer weitreichenden Dominanz des Feldes durch die Ökonomie. Was Zahner davon ausgehend als beginnende Demokratisierung beschreibt, stellt für Bourdieu eine Folge des Kultursponsorings des neuen Mäzenatentums dar. Vor dem Hintergrund einer ökonomischen Vormachtstellung im Feld erscheint es als wenig verwunderlich, wenn das Kunstpublikum sich auch aus den mittleren und unteren Schichten rekrutiert – schließlich entscheidet die Anzahl der Besucher über den ökonomischen Gewinn. Obwohl Wuggenig in seiner aktuellen Studie zum Kunstpublikum in Zürich durchaus auch die Tendenz ausmacht, dass die Transformation des künstlerischen Feldes mit Unbehagen verfolg wird, sind unkritische Tendenzen bei einem Großteil der Besucher weit verbreitet, wie insbesondere aus der gemeinsamen Studie mit Behnke von 1994 hervorgeht (Behnke/Wuggenig 1994; Munder/Wuggenig 2010). Während in der aktuellen Studie fast 70% der Befragten beklagen, dass Kunst ein Lifestyle-Segment geworden und nicht weniger als 87,2% die Auffassung vertreten, dass die Unabhängigkeit von ästhetischer und monetärer Bewertung von künstlerischen Arbeiten in den letzten Jahren vielfach verloren gegangen sei, begrüßte in der früheren Museumsuntersuchung eine großer Teil der Besucher die Engagements der Wirtschaft ausdrücklich und stufte sie als unproblematisch ein (vgl. Behnke/Wuggenig 1994: 236f.).[62]

In diesem Zusammenhang erscheint eine weitreichende Autonomie des künstlerischen Feldes nicht bloß – wie in der Analyse in „Die Regeln der Kunst“ – als deskriptive Kategorie, sondern als ein hohes Gut, als ein Wert, den es zu verteidigen gilt. Gegen die von Bourdieu beobachtete zunehmende Dominanz externer Kräfte im künstlerischen Feld stellt er in seinem Spätwerk die Figur des kritischen Intellektuellen, gegen die er sich insbesondere in seinen frühen Schaffensphasen in seiner Auseinandersetzung mit Sartre vehement verwehrt hatte. Zahners Vorwurf, Bourdieus Konzeption sei letztendlich in einem elitären Kunstverständnis verhaftet, erscheint damit als nicht völlig unbegründet. Solange Bourdieu Kunst im Rahmen seiner Untersuchungen zum sozialen Raum als Element eines bürgerlichen Lebensstils analysiert, bleibt er in äußerst kritischer Distanz zu ihr; denn er versteht die Kunst dabei als sozialen Mechanismus der Klassenherrschaft. Um die kulturelle Dominanz der bürgerlichen Klasse zu brechen, lotet er an verschiedenen Stellen aus, inwiefern in diesem Bereich Demokratisierungstendenzen möglich wären.[63]

Mit Bourdieus Übergang zur Konzeption des Feldes scheint sich auch seine Einstellung zur Kunst gewandelt zu haben. Auf der einen Seite sah er eine Kunst, deren relative Autonomie von der Bourgeoisie herangezogen wird, um die eigene Distanz gegenüber nackten ökonomischen Interessen – und damit zu den unteren Klassen – zu demonstrieren. Auf der anderen Seite stand für ihn eine Kunst, „deren

---

[62] Die Zahlen finden sich in einem bislang unveröffentlichten Zwischenbericht von Wuggenigs Zürcher Museumsstudie. Eine erste Veröffentlichung zu dieser Studie findet sich im *Du magazin* (vgl. Munder/Wuggenig 2010).

[63] Bourdieu schlägt etwa in seiner Museumsuntersuchung vor, den schulischen Kunstunterricht weniger theoretisch, sondern eher praktisch auszurichten, um die ängstlich-distanzierte Haltung der Schüler aus unteren sozialen Klassen gegenüber diesem Bereich zu minimieren (vgl. Bourdieu 2006: 104ff.).

Produzenten unter den Voraussetzungen von relativer Autonomie, d.h. einer Freiheit gegenüber Zwängen des ökonomischen und des politischen Machtfeldes […] in die Lage versetzt werden, Beiträge von universeller Bedeutung zu leisten“ (Kastner 2009: 15). Obwohl also das Feld der Kunst und insbesondere die hohen Positionen im Feld noch immer weitgehend eine Angelegenheit des Bürgertums sind, schreibt er dem Bereich der Kunst nun ein kritisches Potenzial zu. Damit stellt er nicht zuletzt auch die Künstler in ein anderes Licht: Das vor allem vom Staat garantierte Maß an Autonomie, das dem Künstler zukommt, betrachtet Bourdieu nun vor dem Hintergrund der Entwicklung der Figur des kritischen Intellektuellen im 19. Jahrhundert. Trotzdem er sich auf einer persönlichen Ebene zeitlebens nur wenig mit der Tatsache anfreunden konnte, dass er selbst als Intellektueller wahrgenommen wurde, endet „Die Regeln der Kunst“ mit einem pathetischen Plädoyer für die Kraft des Intellektuellen. Gerade weil Bourdieu die Figur des Intellektuellen als mit dem traditionellen „philosophischen Intellektualismus“, mit dem bürgerlichen Universitätsmenschen, im Bunde sieht, versucht er die Intellektuellen explizit auf ihr kritisches Denken zu verpflichten (vgl. Bourdieu 2001b: 15). Er beschwört den Gründungsmythos dieser sozialen Figur, den er im Akt von Zolas Widerstand und der DREYFUS-AFFÄRE erkennt. Alleine durch die Verpflichtung auf die traditionelle kritische Einstellung, die sich mit der Autonomie des künstlerischen und scholastischen Feldes entwickelte, sieht er die Zukunft eines unabhängigen sozialkritischen Denkens gesichert. Der Tod der Figur des Intellektuellen lässt sich seinen Ausführungen zufolge nur dann verhindern, wenn sich das kritische Denken nicht den Trends der Zeit anschließt und vor der ökonomischen Übermacht kapituliert:

> „Allerorten ist es Mode geworden, lauthals den Tod der Intellektuellen zu proklamieren, das Ende eines der letzten kritischen Gegengewichte, die sich den Mächten der ökonomischen und politischen Ordnung noch entgegenzustemmen vermögen. Die Propheten des Unheils entstammen selbstverständlich den Reihen derer, die sich von diesem Verschwinden am meisten versprechen dürfen.“ (Bourdieu 1999: 523)

Dabei bricht Bourdieu in gewisser Weise mit seinen frühen Untersuchungen, wenn er dafür plädiert, den Bereich der Kultur „nicht als

Herrschafts- und Distinktionsinstrument" zu begreifen (Bourdieu 1999: 524). Vielmehr sieht er in der Kultur nun das „Instrument einer Freiheit" (Bourdieu 1999: 524). Der Intellektuelle ist dazu verpflichtet, „eine freie Rede zu führen" und „keine andere Grenze" anzuerkennen „als die Zwänge und Kontrollen, denen jeder Schriftsteller und jeder Wissenschaftler, gestützt auf die Errungenschaften seiner Vorgänger, sich selbst und die anderen unterwirft" (Bourdieu 1999: 524). Und so macht er sich dafür stark, dass die Künstler und Wissenschaftler sich nicht vor die „Alternative der Unterwerfung unter die Presse oder des Rückzugs in den Elfenbeinturm" stellen dürfen, sondern den Kampf aufnehmen müssen (Bourdieu/Haacke 1995: 35–37).

Solche direkten Stellungnahmen erscheinen vor dem Hintergrund der Komplexität des Bourdieuschen Werks vielleicht verkürzt und mögen bei Betrachtung seiner Analysen der Welt um die Jahrtausendwende mitunter auch verzweifelt anmuten, aber vor dem Hintergrund des Menschen Bourdieu, der seine Soziologie zeitlebens als Aufklärung von sozialen Ungleichheitsmechanismen und -zuständen verstand, erscheinen sie überaus verständlich.

In den erstmals 1997 erschienen Meditationen (Bourdieu 2001b) äußert Bourdieu einen Gedanken, der ermutigt und positiv in die Zukunft blicken lässt: Das Verhältnis zwischen den Feldern ist demzufolge immer auch eine Art Machtspiel, das von beiden Seiten gespielt wird. Denn es ist nicht nur das künstlerische Feld, das die Politik dazu benötigt, ein Maß an Autonomie gewährt zu bekommen, auch die Politik benötigt die Kunst. Um ihre Macht ausüben zu können, muss sich die Politik nämlich stets legitimieren. Ähnlich wie auch die katholische Kirche im Mittelalter darauf angewiesen war, ihre Macht durch die Kirchenmalerei oder die Kathedralenarchitektur konkret sichtbar machen zu lassen, ist in modernen demokratischeren Gesellschaften Kritik seitens der Künstler und Intellektuellen für die weltlichen Machthaber immer auch problematisch. Da die führenden Bereiche der Ökonomie und der Politik sich nicht aus sich selbst heraus legitimieren können, sind sie in gewisser Weise auf die Instanzen des intellektuellen und kulturellen Feldes angewiesen. Anders als jedoch im Mittelalter haben deren Urteile kein Gewicht, wenn es das Produkt von Zwängen ist. Damit ist die Politik praktisch dazu gezwungen, ein gewisses Ausmaß an Autonomie zu gewähren. Bourdieu sieht dieses grundlegende Muster bereits in der aristokratischen Gesellschaftsordnung angelegt:

„Der Fürst kann von seinen Dichtern, Malern oder Juristen einen wirklich effizienten symbolischen Dienst nur dann erlangen, wenn er ihnen die (relative) Autonomie einräumt, die die Bedingung eines unabhängigen Urteils darstellt, aber auch die Möglichkeit kritischer Infragestellung zulässt (...). Die symbolische Wirksamkeit, die eine gewisse Unabhängigkeit der legitimierenden Instanz gegenüber der legitimierten Instanz voraussetzt, bringt fast unvermeidlicherweise ein entsprechendes Risiko mit sich: das Risiko, dass jene Instanz die ihr verliehene Legitimationsmacht für eigene Zwecke verwendet." (Bourdieu 2001b: 133)

Wie im vorherigen Kapitel anhand von Baudelaire, Flaubert und Manet gezeigt wurde, lobt Bourdieu die Künstler des 19. Jahrhunderts dafür, dass sie es verstanden, den sich ihnen bietenden Freiheitsraum systematisch auszunutzen und auszuweiten. Ihr konsequentes Streben nach Autonomie stellt für Bourdieu ein beispielhaftes Modell für Intellektuelle und Künstler auch in unserer Zeit dar. Wie Bourdieu auf den letzten Seiten von „Die Regeln der Kunst" formuliert, träumt er davon, dem sozialen Universum die Gesetze des intellektuellen und des künstlerischen Feldes aufzuzwingen. Über die in diesen Feldern verankerten Werte der Reinheit und des Engagements soll eine „Politik der Reinheit" hervorgebracht werden, welche die „perfekte Antithese zur Staatsraison" darstellt (Bourdieu 1999: 527). Die Figur des Intellektuellen habe sich laut Bourdieu „nicht ein für allemal mit Zola konstituiert", und so formuliert er die Utopie eines neuen Typus des Intellektuellen, der die Rolle des reinen Wissenschaftlers, Schriftstellers oder Künstlers ebenso ausfüllt wie die Rolle des politischen Akteurs und des Journalisten (vgl. Bourdieu 1999: 528). Hierbei denkt er ganz kämpferisch an die Schaffung einer „Internationale der Intellektuellen, denen die Autonomie der kulturellen Produktionswelten am Herzen liegt" (Bourdieu 1999: 530).

Ebenso wie die Figur des Intellektuellen keine statische ist, so ist der komplette Bereich der Kunst nicht statisch. Einflüsse auf den Bereich der Kunst kommen dabei nicht nur von Seiten des ökonomischen Feldes, sondern auch von einem anderen Außen: vor dem Hintergrund eines Prozesses der zunehmenden Globalisierung stellen sich die Fragen, inwiefern Bourdieus Konzeptionen zur Kunst auf diesen Rahmen adäquat anwendbar sind beziehungsweise partiell revidiert werden müssen.

Bourdieus Kunstuntersuchungen zum sozialen Raum, zur Photographie und insbesondere seine Untersuchung zum Zusammenhang von Klassenzugehörigkeit und Museumsbesuch waren weitestgehend auf Frankreich beziehungsweise auf die Gesellschaften des Westens bezogen. Seine Konzeption ist jedoch nicht in einem methodischen Nationalismus verhaftet, denn seine Ansätze sind nicht „an die Annahme einer übergreifenden Identität von ‚Gesellschaft' gebunden, welche implizit oder explizit mit dem Nationalstaat gleichgesetzt wird" (Buchholz 2008: 217; vgl. dazu auch Puwar 2008). Eine Übertragung auf die Gesellschaften des globalen Südens könnte dabei insbesondere im Bereich der Museumsuntersuchungen eine Herausforderung für die Bourdieusche Konzeption sein. Interessant sind dabei die Fragen, mit welchen sozialen Gruppen dieser Gesellschaften Museumskunst verbunden ist und ob nicht neben der Frage der sozialen Klassen andere soziale Differenzierungen, wie religiöse oder ethnische, eine entscheidende Rolle spielen und ob Kunst zudem mit der Konstruktion postkolonialer nationaler Identitäten in Zusammenhang steht.

Die Frage der Internationalisierung lässt sich zudem auf der Ebene des Kunstfeldes stellen; eine Diskussion, die in den letzten Jahren langsam begonnen hat (vgl. Jurt 1998; Karady 1998; Boschetti 2004; Bohn 2005). So diskutiert etwa Buchholz Bourdieus Feldtheorie vor dem Hintergrund der Globalisierungstheorie von Arjun Appadurai (1996) und wirft dabei die Frage nach einem globalen Kunstfeld auf (vgl. Buchholz 2008). Sie stellt dabei einerseits eine zunehmende Internationalisierung und Globalisierung des Kunstfeldes fest, verweist aber andererseits auf den Gegensatz zwischen Zentrum und Peripherie: Die internationale Welt der Kunst findet vor allem in westlichen Metropolen (insbesondere Paris und New York) statt, die zweifellos deren Zentrum darstellen (vgl. Buchholz 2008: 215). Dennoch könnten die Veränderungsprozesse in einem zunehmend transnationalen bzw. globalen Kunstfeld eine zentrale Forschungsfrage der nächsten Jahre darstellen.

Abbildungsverzeichnis

Literaturverzeichnis

Alberro, A. (Hrsg.). (2005). *Museum highlights. The writings of Andrea Fraser.* Cambridge Mass.: MIT Press Ltd.

Albertsen, N. & Diken, B. (2004). Artworlds' networks: Field, system or mediators? *Theory, Culture & Society* (21), 35–58.

Alexander, V. (1996a). Monet for money? Museum exhibitions and the role of corporate sponsorship. In R. Martorella (Hrsg.), *Art and business. An international perspective on sponsorship.* Westport Conn.: Praeger, 213–225.

Alexander, V. (1996b). Pictures of an exhibition: Conflicting pressures in museums and the display of art. *American Journal of Sociology (101)*, 797–839.

Appadurai, A. (1996). *Modernity at large. Cultural dimensions of globalization*. Minneapolis Minn.: University of Minnesota Press. (=*Public worlds* 1).

Barlösius, E. (2006). *Pierre Bourdieu.* Frankfurt/Main: Campus-Verl.

Beck, U. (1986). *Risikogesellschaft. Auf dem Weg in eine andere Moderne.* Frankfurt am Main: Suhrkamp.

Becker, H. S. (1982). *Art worlds.* Berkeley: Univ. of Calif. Pr.

Becker, H. S. (2008). *Art worlds.* Updated and expanded 25th anniversary edition. Berkeley: Univ. of Calif. Pr.

Bennet, T., Savage, M., Silva, E., Warde, A., Gayo-Cal, M. & Wright, D. (Hrsg.). (2009). *Culture, Class, Dinstinction.* London: Routledge.

Behnke, C. & Wuggenig, U. (1994). Heteronomisierung des ästhetischen Feldes. Kunst, Ökonomie und Unterhaltung im Urteil eines Avantgardekunst-Publikums. In I. Mörth & G. Fröhlich (Hrsg.), *Das symbolische Kapital der Lebensstile. Zur Kultursoziologie der Moderne nach Pierre Bourdieu.* Frankfurt/Main: Campus-Verl., 229–252.

Bismarck, B. v., Kaufmann, T. & Wuggenig, U. (Hrsg.). (2008). *Nach Bourdieu. Visualität, Kunst und Politik.* Wien: Turia & Kant.

Bohn, C. (1991). *Habitus und Kontext. Ein kritischer Beitrag zur Sozialtheorie Bourdieus.* Opladen: Westdeutscher Verlag.

Bohn, C. (2005). Eine Welt-Gesellschaft. Operative Konzepte in den Sozialtheorien Luhmanns und Bourdieus. In C. Colliot-Thélène, E. François & G. Gebauer (Hrsg.), *Pierre Bourdieu: Deutsch-Französische Perspektiven.* Frankfurt/Main: Suhrkamp, 43–79.

Bongaerts, G. (2009). Max Weber. In G. Fröhlich & B. Rehbein (Hrsg.), *Bourdieu-Handbuch. Leben - Werk - Wirkung*. Metzler, J B, 57–60.

Boschetti, A. (1985). *Sartre et "les Temps modernes". Une entreprise intellectuelle.* Paris: Les Editions de Minuit.

Boschetti, A. (1988). *The intellectual enterprise. Sartre and Les temps modernes.* Evanston IL: Northwestern University Press.

Boschetti, A. (2004). Vom Engagement zum Experimentalismus. Bemerkungen zur italienischen Literatur seit 1945 und zu ihrem Verhältnis zum transnationalen Raum. *Berliner Journal für Soziologie* (2), 189–205.

Bourdieu, P., Moulin, R., Passeron, J.-C., Chamboredon, J.-C., Maillet A., Schnapper, D. & Kaufmann, H. (1963a). *Eléments pour une sociologie de la photographie.* Paris.

Bourdieu, P., Passeron, J.-C. & Moulin, R. (1963b). *Les fonctions sociales de la photographie.* rapport de recherche.

Bourdieu, P., Passeron J.-C. & Eliard M. (1964). *Les Etudiants et leur etudes.* Paris: La Haye.

Bourdieu, P. (1974a). Künstlerische Konzeption und intellektuelles Kräftefeld. In P. Bourdieu (Hrsg.), *Zur Soziologie der symbolischen Formen.* Frankfurt am Main: Suhrkamp, 75–124.

Bourdieu, P. (1974b). Strukturalismus und soziologische Wissenschaftstheorie. In P. Bourdieu (Hrsg.), *Zur Soziologie der symbolischen Formen.* Frankfurt am Main: Suhrkamp, 7–41.

Bourdieu, P. (1974c). Der Habitus als Vermittler zwischen Struktur und Praxis. In P. Bourdieu (Hrsg.), *Zur Soziologie der symbolischen Formen.* Frankfurt am Main: Suhrkamp, 125–158.

Bourdieu, P. (1974d). Elemente einer soziologischen Theorie der Kunstwahrnehmung. In P. Bourdieu (Hrsg.), *Zur Soziologie der symbolischen Formen.* Frankfurt am Main: Suhrkamp, 159–201.

Bourdieu, P. (1976). *Entwurf einer Theorie der Praxis auf der ethnologischen Grundlage der kabylischen Gesellschaft.* Frankfurt am Main: Suhrkamp.

Bourdieu, P. (1977). La production de la croyance. Contribution à une économie des biens symboliques. *Actes de la recherche en sciences sociales,* (13), 3–44.

Bourdieu, P. (1980). Mais qui à créé les créateurs? Vortrag an der École Nationale Supérieure d'Architecture et des Arts Décoratifs (ENSAD), Paris 1980. In P. Bourdieu (Hrsg.), *Questions de sociologie.* Paris: Éd. de Minuit, 207–221.

Bourdieu, P. (1981). *Eine illegitime Kunst. Die sozialen Gebrauchsweisen der Photographie.* Frankfurt a.M.: Europ. Verl.-Anst.

Bourdieu, P. & Delsaut, Y. (1981). Pour une sociologie de la perception. *Actes de le recherche en sciences sociales (40)*, 3–9.

Bourdieu, P. (1982). *Die feinen Unterschiede. Kritik der gesellschaftlichen Urteilskraft.* Frankfurt am Main: Suhrkamp.

Bourdieu, P., Chartier, R. & Darnton, R. (1985). Dialog über die Kulturgeschichte. *Freibeuter. Vierteljahreszeitschrift für Kultur und Politik (26)*, 22–37.

Bourdieu, P. (1987a). Flaubert. Einführung in die Sozioanalyse. *Sprache im technischen Zeitalter, 25 (102 & 103)*, 173–189, 240–255.

Bourdieu, P. (1987b). *Sozialer Sinn. Kritik der theoretischen Vernunft.* Frankfurt am Main: Suhrkamp.

Bourdieu, P. (1987c). L'institutionalisation de l'anomie. *Les Cahiers du Musée National d'Art Moderne (Paris) (19/20)*, 6–19.

Bourdieu P. (1987d). La revolution impressioniste. *Noroit* (303, September-Oktober).

Bourdieu, P. (1988). *Homo academicus.* Frankfurt am Main: Suhrkamp.

Bourdieu, P. (1989). *Satz und Gegensatz. Über die Verantwortung des Intellektuellen.* Berlin: Wagenbach.

Bourdieu, P. (1991a). Das Feld der Macht und die technokratische Herrschaft. Loic J.D. Wacquant im Gespräch mit Pierre Bourdieu anlässlich des Erscheinens von "La Noblesse d'État". In P. Bourdieu (Hrsg.), *Die Intellektuellen und die Macht.* Hamburg: VSA-Verl., 67–100.

Bourdieu, P. (1991b). Einführung in die Soziologie des Kunstwerks. In P. Bourdieu (Hrsg.), *Die Intellektuellen und die Macht.* Hamburg: VSA-Verl., 101–124.

Bourdieu, P. (1992a). Das intellektuelle Feld: Eine Welt für sich. In P. Bourdieu (Hrsg.), *Rede und Antwort.* Frankfurt am Main: Suhrkamp, 155–166.

Bourdieu, P. (1992b). Commentary on the commentaries. *Contemporary Sociology, 21 (2)*, 158–161.

Bourdieu, P. (1993a). Aber wer hat denn die "Schöpfer" geschaffen? In P. Bourdieu (Hrsg.), *Soziologische Fragen.* Frankfurt am Main: Suhrkamp, 197–211.

Bourdieu, P. (1993b). Manet and the institutionalization of anomie. In P. Bourdieu (Hrsg.), *The field of cultural production. Essays on art and literature.* Cambridge: Polity, 238–253.

Bourdieu, P. (1993c). Die historische Genese der reinen Ästhetik. In G. Gebauer & C. Wulf (Hrsg.), *Praxis und Ästhetik. Neue Perspektiven im Denken Pierre Bourdieus.* Frankfurt am Main: Suhrkamp, 14–32.

Bourdieu, P. (1993d). Über einige Eigenschaften von Feldern. In P. Bourdieu (Hrsg.), *Soziologische Fragen.* Frankfurt am Main: Suhrkamp, 107–114.

Bourdieu, P. (1994). The link between literary and artistic struggles. In P. Collier & R. Lethbridge (Hrsg.), *Artistic relations. Literature and the visual arts in nineteenth-century France.* New Haven: Yale Univ. Press, 30–39.

Bourdieu, P. & Haacke, H. (1995). *Freier Austausch. Für die Unabhängigkeit der Phantasie und des Denkens.* Frankfurt am Main: S. Fischer.

Bourdieu, P. & Paphael, L. (1996). Über die Beziehung zwischen Geschichte und Soziologie in Frankreich und Deutschland. Pierre Bourdieu im Gespräch mit Lutz Raphael. *Geschichte und Gesellschaft*, (22), 62–89.

Bourdieu, P. (1996a). Die Objektivierung des objektivierenden Subjekts. In P. Bourdieu & L. J. D. Wacquant (Hrsg.), *Reflexive Anthropologie.* Frankfurt am Main: Suhrkamp, 238–249.

Bourdieu, P. (1996b). Die symbolische Gewalt. In P. Bourdieu & L. J. D. Wacquant (Hrsg.), *Reflexive Anthropologie.* Frankfurt am Main: Suhrkamp, 175–211.

Bourdieu, P. (1996c). Die Logik der Felder. In P. Bourdieu & L. J. D. Wacquant (Hrsg.), *Reflexive Anthropologie.* Frankfurt am Main: Suhrkamp, 124–147.

Bourdieu, P. (1997). *Das Elend der Welt. Zeugnisse und Diagnosen alltäglichen Leidens an der Gesellschaft.* Konstanz: UVK Univ.-Verl. Konstanz.

Bourdieu, P. (1999). *Die Regeln der Kunst. Genese und Struktur des literarischen Feldes.* Frankfurt am Main: Suhrkamp.

Bourdieu, P. (2000a). Der totale Intellektuelle. Ein Gespräch mit Pierre Bourdieu über Jean-Paul Sartre. *Sueddeutsche Zeitung.*

Bourdieu, P. (2000b). *Das religiöse Feld. Texte zur Ökonomie des Heilsgeschehens.* Universitätsverlag Konstanz.

Bourdieu, P. (2001a). Habitus, Herrschaft und Freiheit. In P. Bourdieu (Hrsg.), *Wie die Kultur zum Bauern kommt. Über Bildung, Schule und Politik.* Hamburg: VSA-Verl., 162–173.

Bourdieu, P. (2001b). *Meditationen. Zur Kritik der scholastischen Vernunft.* Frankfurt am Main: Suhrkamp.

Bourdieu, P. (2001c). Questions sur l'art pour et avec les élèves d'une école de l'art mise en question. In N. Descendre (Hrsg.), *Penser l'art a l``ecole.* Arles: Actes Sud, 13–59.

Bourdieu, P. (2002). Comprendre. In D. Buren (Hrsg.), *Mot à Mot. Centre Pompidou.* Barral: La Matinère, C82–C91. (http://www.scribd.com/doc/28983379/Comprendre-de-Pierre-Bourdieu-in-Mot-a-mot-de-Daniel-Buren; zuletzt aufgerufen: 15.8.2010).

Bourdieu, P. (2003a). Über Michel Foucault. Das Engagement eines "spezifischen Intellektuellen". In P. Bourdieu (Hrsg.), *1975 - 1990. Herrschende Ideologie & wissenschaftliche Autonomie ; Laien & Professionelle der Politik ; Erziehung & Bildungspolitik.* Hamburg: VSA-Verl., 74–78.

Bourdieu, P. (2003b). Die Erfindung des totalen Intellektuellen. In J. Jurt (Hrsg.), *Absolute Pierre Bourdieu.* Freiburg Breisgau: Orange Press, 44–51.

Bourdieu, P. (2003c). Die biografische Illusion. In J. Jurt (Hrsg.), *Absolute Pierre Bourdieu.* Freiburg Breisgau: Orange Press, 36–42.

Bourdieu, P. (2003d). „Sartre und ich". Über den „totalen Intellektuellen". In P. Bourdieu (Hrsg.), *1961-1980. Kolonialkrieg & revolutionäres Bewusstsein; Erziehung & Herrschaft; gegen die Wissenschaft von der politischen Enteignung.* Hamburg: VSA-Verl., 48–52.

Bourdieu, P. (2003e). Einführung in die Soziologie des Kunstwerks. In J. Jurt (Hrsg.), *Absolute Pierre Bourdieu.* Freiburg Breisgau: Orange Press, 130–146.

Bourdieu, P. (2004). *Der Staatsadel.* Konstanz: UVK-Verl.-Ges.

Bourdieu, P. (2005a). Foreword: Revolution and revelation. In A. Alberro (Hrsg.), *Museum highlights. The Writings of Andrea Fraser.* Cambridge Mass.: MIT Press Ltd., XIV-XV.

Bourdieu, P. (2005b). *Was heißt sprechen? Zur Ökonomie des sprachlichen Tausches.* Wien: Braumüller.

Bourdieu, P. (2006). *Die Liebe zur Kunst.* Europäische Kunstmuseen und ihre Besucher. Konstanz: UVK-Verl.

Bourdieu, P. (2009a). *In Algerien. Zeugnisse der Entwurzelung.* Konstanz: UVK.

Bourdieu, P. (2009b). The social conditions of the international circulation of ideas. In R. Shusterman (Hrsg.), *Bourdieu. A Critical Reader*. Oxford: Blackwell, 220–228.

Brunkhorst, H. (1980). Wie man sich zu dem macht, was man ist. In T. König (Hrsg.), *Sartres Flaubert lesen. Essays zu 'Der Idiot der Familie'*. Reinbek: Rowohlt, 27–43.

Buchholz, L. (2008). Feldtheorie und Globalisierung. In B. v. Bismarck, T. Kaufmann & U. Wuggenig. (Hrsg.), *Nach Bourdieu. Visualität, Kunst und Politik*. Wien: Turia & Kant, 211–238.

Bürger, P. (2007). *Sartre. Eine Philosophie des Als-ob*. Frankfurt am Main: Suhrkamp.

Bustamante M. & Sapiro, G. (2009). Translation as a measure of international consecration. Mapping the world distribution of Bourdieu's books in translation. *Sociologica* (2-3).

Butler, J. (1998). *Hass spricht. Zur Politik des Performativen*. Berlin Verlag GmbH.

Chan T.W. & Goldthorpe H. (2007). Social stratification and cultural consumption: The visual arts in England. *Poetics (Vol. 35, Issues 2-3, April June)*, 168–190.

Charle, C. (1990). *Naissance des "intellectuels". 1880 - 1900*. Paris: Éd. de Minuit.

Charle, C. (1997). *Vordenker der Moderne. Die Intellektuellen im 19. Jahrhundert*. Frankfurt am Main: Fischer-Taschenbuch-Verl.

Chomsky, N. (1969). *Aspekte der Syntaxtheorie*. Frankfurt a. M.: Suhrkamp.

Chomsky, N. (1973). *Strukturen der Syntax*. The Hague: Mouton.

Danto, A. (1996). Field Worker. *Bookforum*. A Supplement to Artforum. Winter 1996 / Spring 1997.

DiMaggio, P. (1987). Classification in art. *American Sociological Review (52)*, 440–455.

Dörner, A. & Vogt, L. (1994). *Literatursoziologie. Literatur Gesellschaft politische Kultur*. Opladen: Westdt. Verl.

Featherstone, M. (1990). Auf dem Weg zu einer Soziologie der postmodernen Kultur. In H. Haferkamp (Hrsg.), *Sozialstruktur und Kultur*. Frankfurt am Main: Suhrkamp, 209–248.

Flaubert, G. (1979). *Die Erziehung des Herzens. Geschichte eines jungen Mannes*. Zürich: Diogenes.

Foucault, M. (1974). *Die Ordnung des Diskurses. Inauguralvorlesung am Collège de France, 2. Dezember 1970*. München: Hanser.

Frank, M. (1980). Das Individuum in der Rolle des Idioten. Die hermeneutische Konzeption des Flaubert. In T. König (Hrsg.), *Sartres Flaubert lesen. Essays zu 'Der Idiot der Familie'.* Reinbek: Rowohlt, 84–108.

Fraser, A. (2008). Es geht um Kultur. In B. v. Bismarck, T. Kaufmann & U. Wuggenig (Hrsg.), *Nach Bourdieu: Kunst, Visualität, Politik.* Wien: Turia + Kant 2008, 289–302.

Fuchs, I. (2002). Das 'Familienbild' in der Photographie des 20. Jahrhunderts. In N. Goldschmidt, G. Beestermöller & G. Steger (Hrsg.), *Die Zukunft der Familie und deren Gefährdungen. Norbert Glatzel zum 65. Geburtstag.* Münster: Lit, 165–187.

Fuchs-Heinritz, W. & König, A. (2005). *Pierre Bourdieu. Eine Einführung.* Konstanz: UVK-Verl.-Ges.

Galster, I. & Boschetti, A. (2001). *La naissance du "phénomène Sartre". Raisons d'un succès, 1938-1945.* Paris: Seuil.

Gans, H. (1985). American Popular Culture and High Culture in a Changing Class Structure. In J. H. Balfe & M. J. Wyszomirski (Hrsg.), *Art, ideology, and politics.* New York: Praeger, 40–57.

Gerhards, J. (1997). Kunstsoziologie. Einleitende Bemerkungen. In J. Gerhards (Hrsg.), *Soziologie der Kunst. Produzenten, Vermittler und Rezipienten.* Opladen: Westdeutscher Verl., 7–21.

Goto, H. (2004). *Der Begriff der Person in der Phänomenologie Edmund Husserls. Ein Interpretationsversuch der Husserlschen Phänomenologie als Ethik im Hinblick auf den Begriff der Habitualität.* Würzburg: Königshausen & Neumann.

Graw, I. (2008). *Der große Preis. Kunst zwischen Markt und Celebrity Kultur.* Köln: DuMont.

Gemperle, M. (2009). The double character of the German 'Bourdieu'. On the twofold use of Pierre Bourdieu's work in the german-speaking social sciences. *Sociologica*, (1).

Grenfell, M. & Hardy, C. (2007). *Art rules. Pierre Bourdieu and the visual arts.* Oxford: Berg.

Haacke, H. (1975). *Framing and Being Framed.* Halifax/ New York: The Press of the Nova Scotia College of Art and Design; New York University Press.

Haacke, H. (1986). *Unifinished Business.* New York/ Cambridge Mass.: New Museum of Contemporary Art; MIT Press.

Hall, J. (1992). The capital(s) of culture. A nonholistic approach to status situations, class, gender and ethnicity. In M. Lamont & M. Fournier (Hrsg.), *Cultivating differences: Symbolic boundaries and the making of inequality.* The University of Chicago Press, 257–285.

Heim, C., Lenger, A. & Schumacher, F. (2009). Bildungssoziologie. In G. Fröhlich & B. Rehbein (Hrsg.), *Bourdieu-Handbuch. Leben - Werk - Wirkung.* Metzler, J B, 254–263.

Heinich, N. (1993). *Du peintre à l'artiste. Artisans et académiciens à l'âge classique.* Paris: Éd. de Minuit.

Heinich, N. (2004). Sociologie de l'art: avec et sans Bourdieu. In P. Bourdieu. *Son oeuvre, son héritage.* Paris 2008, 57–63

Hengelbrock, J. (2005). *Jean-Paul Sartre. Freiheit als Notwendigkeit; Einführung in das philosophische Werk.* Freiburg: Alber.

Husserl, E. (1977). *Die Krisis der europäischen Wissenschaften und die transzendentale Phänomenologie. Eine Einleitung in die phänomenologische Philosophie.* Hamburg: Meiner.

Iser, M. (1983). *Der Habitus als illegitimer Normalfall gesellschaftlicher Reproduktion.* Dissertation. Universität Wien.

Jameson, F. (1986). Hans Haacke and the Cultural Logic of Postmodernism. In H. Haacke (Hrsg.), *Unifinished Business.* New York: Cambridge, Mass.: New Museum of Contemporary Art and MIT Press.

Jurt, J. (1995). *Das literarische Feld. Das Konzept Pierre Bourdieus in Theorie und Praxis.* Darmstadt: Wiss. Buchges.

Jurt, J. (1997). Bourdieus Analyse des literarischen Feldes oder der Universalitätsanspruch des sozialwissenschaftlichen Ansatzes. *Internationales Archiv für Sozialgeschichte der deutschen Literatur, 22 (2)*, 152–180.

Jurt, J. (1998). Das Konzept des literarischen Feldes und die Internationalisierung der Literatur. In H. Turk, B. Schultze & R. Simanowski (Hrsg.), *Kulturelle Grenzziehungen im Spiegel der Literaturen. Nationalismus, Regionalismus, Fundamentalismus.* Göttingen: Wallstein, 84–103.

Jurt, J. (2006). Die Konzeption der Literatur nach Sartre und Bourdieu. In P. Knopp & V. von Wroblewsky (Hrsg.), *Carnets Jean-Paul Sartre. Der Lauf des Bösen.* Frankfurt am Main: Lang, 63–78.

Jurt, J. (2007). Potentiale und Probleme der soziologischen Literaturkritik Bourdieus. In E. Böhlke (Hrsg.), *Bourdieu und die Linke.* Berlin: Dietz, 205–226.

Jurt, J. (2008). *Bourdieu.* Stuttgart: Reclam.

Kajetzke, L. (2008). *Wissen im Diskurs. Ein Theorienvergleich von Bourdieu und Foucault.* Univ., Diplomarbeit-Marburg, 2005. http://dx.doi.org/10.1007/978-3-531-90826-7.

Kant, I. (1968). *Kritik der Urteilskraft.* Akademische Ausgabe. Bd.5 Berlin.

Karady, V. (1998). La république des lettres de temps modernes. L'internationalisation des marchés universitaires occidentaux avant la Grand Guerre. *Actes des la recherché en sciences sociales*. (121/122), 92–103.

Kastner, J. (2009). *Die ästhetische Disposition. Eine Einführung in Pierre Bourdieus Kunsttheorie.* Turia & Kant.

Klein, H.-J. & Almasan, A. (1990). *Der gläserne Besucher. Publikumsstrukturen einer Museumslandschaft.* Berlin: Mann.

König, T. (1980). Von der Neurose zur absoluten Kunst. In T. König (Hrsg.), *Sartres Flaubert lesen. Essays zu 'Der Idiot der Familie'.* Reinbek: Rowohlt, 9–26.

Koller, A. (2009a). Machtfeld. In G. Fröhlich & B. Rehbein (Hrsg.), *Bourdieu-Handbuch. Leben - Werk - Wirkung.* Metzler, J B, 171–172.

Koller, A. (2009b). Doxa. In G. Fröhlich & B. Rehbein (Hrsg.), *Bourdieu-Handbuch. Leben - Werk - Wirkung.* Metzler, J B, 79–80.

Krais, B. & Gebauer, G. (2002). *Habitus.* Bielefeld: Transcript-Verl.

Lahire B. (2004). *La Culture des individus. Dissonances culturelles et distinction de soi.* Paris: La Découverte.

Lenger, A. & Schneickert, C. (2009). "Sozialer Sinn". In G. Fröhlich & B. Rehbein (Hrsg.), *Bourdieu-Handbuch. Leben - Werk - Wirkung.* Metzler, J B, 279–288.

Lenger, A. & Schumacher, F. (2009). "Elite", herrschende Klasse, Staatsadel. In G. Fröhlich & B. Rehbein (Hrsg.), *Bourdieu-Handbuch. Leben - Werk - Wirkung.* Metzler, J B, 90–94.

LiPuma, E. (1995). Culture and the concept of culture in a theory of practice. *Bourdieu: critical perspectives*, 14–34.

Luhmann, N. (1984). *Soziale Systeme. Grundriss einer allgemeinen Theorie.* Frankfurt am Main: Suhrkamp.

Majce, G. (1983). *Kulturgeschichte als Ausstellungsthema. Soziologische Untersuchungen kulturhistorischer Großausstellungen ; Expertenmeinungen, Publikumsstruktur, Publikumsverhalten und museumspädagogische Möglichkeiten.* Wien, Univ., Diss., 1983. Wien.

Majce, G. (1988). Großausstellungen. In G. Fliedl (Hrsg.), *Museum als soziales Gedächtnis? Kritische Beiträge zu Museumswissenschaft und Museumspädagogik.* Klagenfurt: Kärntner Dr.- und Verl.-Ges., 63–80.

Mannheim, K. (1965). *Ideologie und Utopie.* Frankfurt/Main: Schulte-Bulmke.

Martin, C. (2009). *Camera phone and photography among french young users*. http://www.lirneasia.net/wp-content/uploads/2009/05/final-paper_martin.pdf (13.4.2010).

Munder, H. & Wuggenig, U. (2010). "Das Kunstpublikum hat den Glauben an seine eigene Begabung verloren". *Du magazin (807 Juni)*, 141–143.

Nassehi, A. & Nollmann, G. (Hrsg.). (2004). *Bourdieu und Luhmann. Ein Theorienvergleich.* Frankfurt am Main: Suhrkamp.

Panofsky, E. (1975). *Sinn und Deutung in der bildenden Kunst.* Köln: DuMont.

Panofsky, E. (1989). *Gotische Architektur und Scholastik. Zur Analogie von Kunst, Philosophie und Theologie im Mittelalter.* Köln: DuMont.

Panofsky, E. (1998a). Über das Verhältnis der Kunstgeschichte zur Kunsttheorie. Ein Beitrag zu der Erörterung über die Möglichkeit "kunstwissenschaftlicher Grundbegriffe". In E. Panofsky (Hrsg.), *Aufsätze zu Grundfragen der Kunstwissenschaft.* Berlin: Wissenschaftsverl. Spiess, 49–75.

Panofsky, E. (1998b). Der Begriff des Kunstwollens. In E. Panofsky (Hrsg.), *Aufsätze zu Grundfragen der Kunstwissenschaft.* Berlin: Wissenschaftsverl. Spiess, 29–43.

Panofsky, E. (1998c). Zum Problem der Beschreibung und Inhaltsdeutung von Werken der bildenden Kunst. In E. Panofsky (Hrsg.), *Aufsätze zu Grundfragen der Kunstwissenschaft.* Berlin: Wissenschaftsverl. Spiess, 85–97.

Papilloud, C. (2003). *Bourdieu lesen. Einführung in eine Soziologie des Unterschieds.* Bielefeld: Transcript-Verl.

Peterson, R. A. (1992). Understanding audience segmentation: From elite and mass to omnivore and univore. *Poetics (21)*, 243–258.

Peterson, R. A. & Kern, R. (1996). Changing highbrow taste. From snob to omnivore. *American Sociological Review (61)*, 900–907.

Puwar, N. (2008). Bourdieu, postkolonial. Anmerkungen zu einem Oxymoron. In B. v. Bismarck, T. Kaufmann & U. Wuggenig.

(Hrsg.), *Nach Bourdieu. Visualität, Kunst und Politik.* Wien: Turia & Kant, 239–248.

Rehbein, B. (2006). *Die Soziologie Pierre Bourdieus.* Konstanz: UVK-Verl.-Ges.

Rehbein, B. (2009). Feld. In G. Fröhlich & B. Rehbein (Hrsg.), *Bourdieu-Handbuch. Leben - Werk - Wirkung.* Metzler, J B, 99–103.

Rehbein, B. & Saalmann, G. (2009). Habitus. In G. Fröhlich & B. Rehbein (Hrsg.), *Bourdieu-Handbuch. Leben - Werk - Wirkung.* Metzler, J B, 110–118.

Rehbein, B., Schneickert, C. & Weiß, A. (2009). Klasse. In G. Fröhlich & B. Rehbein (Hrsg.), *Bourdieu-Handbuch. Leben - Werk - Wirkung.* Metzler, J B, 140–147.

Rosler, M. (1984). Lookers, buyers, dealers, and makers: Thoughts on audience. In B. Wallis & M. Tucker (Hrsg.), *Art after modernism: Rethinking representation.* New York: David R. Godine, 311–340.

Saalmann, G. (2009). Praxeologie. In G. Fröhlich & B. Rehbein (Hrsg.), *Bourdieu-Handbuch. Leben - Werk - Wirkung.* Metzler, J B, 196–199.

Sartre, J.-P. (1952). *Das Sein und das Nichts. Versuch einer phänomenologischen Ontologie.* Hamburg: Rowohlt.

Sartre, J.-P. (1958). *Was ist Literatur? Ein Essay.* Hamburg: Rowohlt.

Sartre, J.-P. (1964). *Die Transzendenz des Ego. Drei Essays.* Reinbek bei Hamburg: Rowohlt.

Sartre, J.-P. (1971). *Das Imaginäre. Phänomenologische Psychologie der Einbildungskraft.* Reinbek bei Hamburg: Rowohlt.

Sartre, J.-P. (1977-1980). *Der Idiot der Familie. Gustave Flaubert ; 1821-1857.* Reinbek b. Hamburg: Rowohlt.

Sartre, J.-P. (1985). *Was kann Literatur? Interviews, Reden, Texte ; 1960-1976.* Reinbek bei Hamburg: Rowohlt.

Sartre, J.-P. (1999). *Fragen der Methode.* Reinbek bei Hamburg: Rowohlt.

Sartre, J.-P. (2000). *Der Existentialismus ist ein Humanismus und andere philosophische Essays 1943 - 1948.* Reinbek bei Hamburg: Rowohlt.

Schultheis, F. (2007). *Bourdieus Wege in die Soziologie. Genese und Dynamik einer reflexiven Sozialwissenschaft.* Konstanz: UVK-Verl.-Ges.

Schulze, G. (1992). *Die Erlebnisgesellschaft. Kultursoziologie der Gegenwart.* Frankfurt/Main: Campus-Verl.

Schumacher, F. (2008). *Das Ich und der andere Körper. Eine Kulturgeschichte des Monsters und des künstlichen Menschen.* eine Kulturgeschichte des Monsters und des künstlichen Menschen. Marburg: Tectum-Verl.

Schumacher, F. (2009). Kunst. In G. Fröhlich & B. Rehbein (Hrsg.), *Bourdieu-Handbuch. Leben - Werk - Wirkung.* Metzler, J B, 361–365.

Schwengel, H. (1993). Jenseits der feinen Unterschiede. In G. Gebauer & C. Wulf (Hrsg.), *Praxis und Ästhetik. Neue Perspektiven im Denken Pierre Bourdieus.* Frankfurt am Main: Suhrkamp, 135–147.

Schwingel, M. (1995). *Bourdieu zur Einführung.* Hamburg: Junius.

Schwingel, M. (1997). Kunst, Kultur und Kampf um Anerkennung. Die Literatur- und Kunstsoziologie Pierre Bourdieus in ihrem Verhältnis zur Erkenntnis- und Kultursoziologie. *Internationales Archiv für Sozialgeschichte der deutschen Literatur, 22 (2)*, 109–151.

Shusterman, R. (Hrsg.). (2009). *Bourdieu. A Critical Reader.* Oxford: Blackwell.

Stallabrass, J. (1996). Cold eye. Photography: A middle-brow art by Pierre Bourdieu with Luc Boltanski, Robert Castel, Jean-Claude Chamboredon and Dominique Schnapper. *New Left Review* (220 (November / December), 147–152.

Tarnai, C. & Wuggenig, U. (1995). Stil und Wert. Wertorientierungen in den Kunstwelten von Wien und Hamburg. *Angewandte Sozialforschung, 19 (1)*, 51–75.

Tarnai, C. & Wuggenig, U. (1998). Normative integration of the avant-garde? Traditionalism in the art worlds of Vienna, Hamburg und Paris. In J. Blasius & M. J. Greenacre (Hrsg.), *Visualization of categorical data.* San Diego: Academic Press, 171–184.

Viala, A. (1985). *Naissance de l'écrivain. Sociologie de la littérature à l'âge classique.* Paris: Editions de Minuit.

Wallis, B. & Tucker, M. (Hrsg.). (1984). *Art after modernism: Rethinking representation.* New York: David R. Godine.

Wannicke, R. (1990). *Sartres Flaubert. Zur Misanthropie der Einbildungskraft.* Berlin: Reimer.

Weber, M. (1972). *Wirtschaft und Gesellschaft. Grundriß der verstehenden Soziologie.* Tübingen: Mohr.

Wuggenig, U. (1994). Soziale Strukturierungen der häuslichen Objektwelt. Ergebnisse einer Photobefragung. In I. Mörth & G. Fröhlich (Hrsg.), *Das symbolische Kapital der Lebensstile. Zur Kultursoziologie der Moderne nach Pierre Bourdieu.* Frankfurt/Main: Campus-Verl., 207–228.

Wuggenig, U., Kockot, V. & Symens, K. (cop. 1994). Die Pluritunktionalität der Offenen Bibliothek. Beobachtungen aus soziologischer Perspektive. In Clegg & Guttmann (Hrsg.), *Die offene Bibliothek. The open public library.* Ostfildern: Cantz, 57–93.

Wuggenig, U. (1997). Stimmen von Marcel Duchamp und Martin Heidegger. Klänge von John Cage und Vivaldi. Ergebnisse einer Befragung des Publikums von Fabrice Hyberts "1 - 1 = 2" im Musée d'Art de la Ville de Paris. In D. Stoller, F. Hybert & H.-U. Obrist (Hrsg.), *Oumeurt.: [Das Oder Stirbt] Titel einer Reihe von fünf Büchern mit dem Briefwechsel zwischen Fabrice Hybert und Hans-Ulrich Obrist.* Leipzig: Messe-Verl, 139–153.

Wuggenig, U. & Wolff, G. (2000). Stellung und Stellungnahme. Charismatische Ideologie und Anti-Ökonomismus im Kunstfeld. In J. Reinecke & C. Tarnai (Hrsg.), *Angewandte Klassifikationsanalyse in den Sozialwissenschaften.* Waxmann, 233–252.

Wuggenig, U. (2001). Soziale und kulturelle Differenz. Die Segmentierung des Publikums der Kunst. In H. Schütz (Hrsg.), *Stadt.Kunst. [die Publikation entstand unter dem Titel "Kunst in der Messestadt Riem" im Auftr. der Landeshauptstadt München].* Regensburg: Lindinger und Schmid, 33–59.

Wuggenig, U. (2006). Vom "Model Sartre" zum kollektiven Intellektuellen. Bourdieu, das intellektuelle Feld und der Algerienkrieg. *Mittelweg 36, 15*, 64–71.

Wuggenig, U. (2008). Die Übersetzung von Bildern. Das Beispiel von „La Distinction". In B. v. Bismarck, T. Kaufmann & U. Wuggenig (Hrsg.), *Nach Bourdieu: Kunst, Visualität, Politik.* Wien: Turia+Kant, 143–196.

Wuggenig, U. (2009a). Relative Autonomie und relative Heteronomie. In Montag-Stiftung Bildende Kunst, Hochschule für Grafik und Buchkunst & Symposium Heraus aus dem Elfenbeinturm! (Hrsg.), *Kunst Sichtbarkeit Ökonomie. 25. und 26. November 2008 Hochschule für Grafik und Buchkunst.* Nürnberg: Verlag f. mod. Kunst, 44–49.

Wuggenig, U. (2009b). Vorwort. In J. Kastner (Hrsg.), *Die ästhetische Disposition. Eine Einführung in die Kunsttheorie Pierre Bourdieus.* Wien: Turia & Kant, 9–18.

Zahner, N. T. (2006). *Die neuen Regeln der Kunst. Andy Warhol und der Umbau des Kunstbetriebs im 20. Jahrhundert.* Frankfurt/Main: Campus-Verl.